52 LECCIONES ACERCA DE

CÓMO DIOS USÓ PERSONAS

ORDINARIAS PARA LOGRAR

TAREAS EXTRAORDINARIAS

GRANDES PERSONAJES DE LA BIBLIA

DR. ALAN B. STRINGFELLOW

WHITAKER
HOUSE
Español

Todas las citas de la Escritura han sido tomadas de la *Santa Biblia, Versión Reina-Valera 1960*, RVR, © 1960 por las Sociedades Bíblicas en América Latina; © renovado 1988 por las Sociedades Bíblicas Unidas. Usadas con permiso.

GRANDES PERSONAJES DE LA BIBLIA

52 lecciones acerca de cómo Dios usó personas ordinarias para lograr tareas extraordinarias

Traducción al español por:
Belmonte Traductores
www.belmontetraductores.com

Edición: Henry Tejada Portales

ISBN: 979-8-88769-300-2
eBook ISBN: 979-8-88769-301-9
Impreso en los Estados Unidos de América
© 2024 por Scott Broeker

Whitaker House
1030 Hunt Valley Circle
New Kensington, PA 15068
www.espanolwh.com

1 2 3 4 5 6 7 8 9 10 11 ᵂᴴ 31 30 29 28 27 26 25 24

DEDICATORIA

Esta obra está dedicada con afecto y estima a mi querido amigo el Dr. W. A. Criswell (1909–2002), que fue el pastor durante muchos años de la Primera Iglesia Bautista en Dallas, Texas. Fue mi "papá" espiritual en el ministerio: asesor, consejero y ayuda en momentos de necesidad. Era el mejor expositor de la Palabra de Dios de mi generación. Plantó en mi corazón la necesidad de tener un estudio real y sensato de la Biblia en la iglesia. Para mí, era un hombre de Dios efervescente, con un corazón que rebosaba del amor de nuestro Señor Jesucristo.

Era verdaderamente un "personaje de la Biblia".

—Alan B. Stringfellow

LO QUE ESTE ESTUDIO HARÁ POR USTED

Está a punto de comenzar un viaje emocionante a través de la Biblia, conociendo a personas reales. No encontrará una experiencia más fascinante y satisfactoria que trazar en la vida de hombres y mujeres reales la fusión de la providencia divina con sus personalidades humanas. Estudiará personajes cuyas biografías se han preservado mediante inspiración divina en la Palabra de Dios. *Y estas cosas les acontecieron como ejemplo, y están escritas para amonestarnos a nosotros* (1 Corintios 10:11).

Aprenderá, mediante el estudio de los sesenta y un personajes, los métodos de Dios para elegir y entrenar a personas para su propósito soberano. En estos personajes verá las victorias, derrotas, alegrías y tristezas de su propia vida. Dios entra en los asuntos de los hombres, tomando sus errores y usándolos como un fuego refinador para llevar a cabo su propósito supremo.

Dios creó al hombre con libre albedrío, y el hombre siempre es libre para actuar conforme a esa libertad, pero nunca para actuar con la intención de frustrar el plan supremo de Dios.

El método de Dios siempre ha sido usar a personas para llevar a cabo su propósito. Verá esto de forma detallada en este estudio de personajes de la Biblia. Él no siempre elige a los más brillantes o los más exitosos, sino que siempre elige a personas que son sensibles a su voluntad y su propósito, aquellos que tienen la capacidad de tener una gran fe.

Al estudiar a estas personas durante este año, recuerde que nunca debería atribuirles cualidades sobrehumanas. Eran personas, no gigantes espirituales, como a menudo los imaginamos en las historias bíblicas. Eran "personas sujetas a pasiones", personas comunes y corrientes que se convirtieron en extraordinarias por el poder y la dirección de Dios.

Por lo tanto, este estudio le enseñará:

+ cómo Dios usa personas comunes y corrientes como tú;

+ cómo, en ocasiones, Él elige a los débiles en lugar de a los fuertes;

+ cómo a veces tiene que quebrantar a las personas para captar su atención;

+ cómo Dios dirige las vidas para llevar a cabo su voluntad suprema;

+ cómo se describe la naturaleza adámica —el hombre natural— en la Biblia (no se deja nada fuera, la Biblia cuenta la historia completa, tanto lo malo como lo bueno);

+ cómo Dios siempre cumple sus promesas a las personas;

+ cómo el plan de Dios para nuestra redención es el énfasis principal (el Señor prometió una "simiente" y usó a personas, seleccionó una nación, una tribu, una familia, para darnos a Su Hijo, el Señor Jesús);

+ cómo todo lo relacionado con las personas en la Biblia es relevante y tiene valor espiritual;

+ cómo conocer a algunos miembros del pueblo de Dios de una manera más íntima;

+ cómo Dios trata con nuestras imperfecciones y limitaciones;

+ cómo toda la Palabra de Dios es para nosotros, por nosotros y para nuestro aprendizaje (en casi cada página de la Biblia encuentras personas. Dios nos habla a través de ellas porque entendemos a otras personas);

♦   cómo la voluntad de Dios es lo más importante en la vida.

Está usted a punto de ver cómo se despliega el plan de redención de Dios, desde el Génesis hasta el Apocalipsis. En tiempos bíblicos, el plan involucraba a personas. Su plan sigue involucrando a personas hoy. Todas las personas que conocen a su Hijo tienen que alcanzar a las que aún no conocen a Cristo.

Cada personaje de este estudio es una historia bíblica en sí misma. Y como a todos nos gustan las historias, este material le parecerá excelente para las familias. Con toda la familia estudiando junta (a partir del quinto grado), usted tiene un entorno preparado para entrenar a sus hijos. Tan solo asegúrese de incluir siempre los hechos de la Biblia cuando cuente estas historias maravillosas.

INTRODUCCIÓN PARA ESTUDIANTES Y MAESTROS

Para recibir el máximo conocimiento e inspiración durante las próximas 52 semanas, preste atención a las siguientes sugerencias. Están diseñadas para ayudarle a convertirse en un discípulo disciplinado de la Palabra de Dios.

"Deberes" para el estudiante:

+ asistir a cada lección durante 52 semanas,

+ leer la porción asignada al final de cada lección (lo mejor es leer todo el libro asignado; si no puede, entonces lea los capítulos clave),

+ marcar su Biblia con referencias clave de un versículo a otro,

+ tomar notas en clase, y

+ examinar la Escritura y marcar las referencias en clase. Escribir las Escrituras en este cuaderno en los espacios provistos para ello.

Prométale al Señor emplear al menos dos o tres horas a la semana para leer la Escritura asignada para la lección y hacer las tareas.

¿Por qué estos "deberes"? Porque hemos esperado muy poco de nuestros estudiantes bíblicos en años anteriores. Ha llegado el momento de que los cristianos que van en serio con el Señor se dediquen al estudio de su Palabra y al aprendizaje de los principios básicos que todos deberíamos conocer. Prométase a usted mismo y prométale a Dios que cumplirá con estos "deberes".

"Deberes" para el maestro:

Primero, debe prepararse espiritualmente leyendo:

+ 1 Corintios 2:12-14

+ Efesios 1:17-18

+ Juan 14:26

+ Juan 16:12-16

Estas Escrituras le asegurarán como maestro que el Espíritu Santo le guiará y enseñará al estudiar su Palabra e impartirla a sus alumnos.

Si está en una iglesia, el programa se enseña mejor a los maestros cuando lo hace el pastor, ministro de enseñanza, director de la escuela dominical o un maestro especialmente seleccionado. Esto debería hacerse una noche entre semana antes del próximo día del Señor.

Parte de la disciplina de este curso de estudio es que asista a cada sesión nocturna cada semana sin excepción.

Debe leer todo el libro asignado para la siguiente lección. La tarea está al final de cada lección. El autor ha sugerido que lea todo el libro o los libros que debe enseñar la semana siguiente; también ha incluido capítulos clave para los alumnos si no pueden leer el libro completo.

Debe tomar notas y buscar referencias en las Escrituras. Además, debe estar preparado para responder preguntas, añadir o eliminar preguntas según vea necesario para la edad de su grupo.

Además, usted debe:

+ no salirse del tema de cada lección,

+ no tener miedo a ser demasiado básico para sus alumnos,

+ ahondar en los temas principales, no en los secundarios,

+ no complicar la enseñanza, hacerla lo más sencilla posible con todas las edades,

+ no cambiar el bosquejo de la lección. Puede añadir ilustraciones e ideas, pero no cambiar los puntos principales del bosquejo,

+ usar su propia personalidad y dejar que el Espíritu Santo le use mientras enseña, y

+ esperar que sus alumnos hagan su parte.

Debería enseñar al menos cincuenta y cinco minutos por lección. Los periodos de asamblea se pueden hacer más cortos. No es necesario tener un devocional antes de pasar al estudio bíblico. Un canto y una oración son suficientes para los periodos de asamblea. La ausencia de clase y otros asuntos se deben tratar en las reuniones de clase. Haga de su tiempo de estudio bíblico una hora de estudio bíblico concentrado.

Que Dios le bendiga, alumno o maestro, al comenzar su estudio de *Grandes personajes de la Biblia*. Dejen que el Espíritu Santo les enseñe a ambos.

PRÓLOGO

Grandes personajes de la Biblia analiza muchos personajes de la Escritura, retrocediendo hasta Adán y avanzando desde ahí por toda la Biblia hasta Pablo y el discípulo amado: Juan. Este estudio trata sobre las vidas de hombres y mujeres reales mostrando su fragilidad, su personalidad humana y la providencia divina de Dios en sus vidas.

A medida que estudia este libro, recibirá perspectivas útiles sobre los principios de una vida y un servicio cristiano eficaces hoy día. En las experiencias de los personajes de Dios podemos vernos reflejados a nosotros mismos, tanto en sus victorias como en sus derrotas. En sus vidas, registradas para nosotros en la Palabra de Dios por el Espíritu Santo, podemos descubrir su plan soberano y eterno y su propósito para nuestras vidas.

El Dr. F. B. Meyer de Gran Bretaña dijo una vez: "Para reclutar una congregación que va en disminución, para mantener el interés en una congregación abarrotada, para despertar una nueva devoción por la Biblia y para tocar los muchos acordes de la vida humana, no hay nada que se pueda comparar con volver a contar las historias de los héroes y santos de la Biblia".

El Dr. C. E. Macartney dijo: "La mayor ventaja de predicar (enseñar) los personajes de la Biblia es el hecho de que uno resume estos personajes y les permite que sean ellos quienes prediquen (enseñen)".

La Biblia cuenta toda la historia de los tratos de Dios con sus criaturas. Cuando Él escoge a un hombre o una mujer, permite que se escriba en su santa Palabra tanto lo bueno como lo malo de sus personajes.

De modo similar, Él nos acepta como somos, buenos y malos, sobre la base de nuestra fe en su Hijo, nuestro bendito Señor.

Escribí estos estudios con el alumno en mente. "Alumnos" son personas de cualquier edad que puedan leer y disfrutar de la historia, desde aproximadamente los nueve años hasta el adulto de más edad.

He usado recursos disponibles en la redacción y la enseñanza de estas lecciones. Entre ellos están las distinguidas obras de Herbert Lockyer, *Todos los hombres de la Biblia* y *Todas las mujeres de la Biblia*; Edith Deen, *Todas las mujeres de la Biblia*; los sermones y cintas del Dr. W. A. Criswell, que he preservado desde su ministerio; y finalmente las notas del estudio bíblico radial del Dr. J. Vernon McGee.

Platón dijo algo sobre tomar prestadas ideas: "Las abejas recogen sus diferentes dulzuras de esta flor y de aquella flor, aquí y allá donde puedan encontrarlas, pero hacen la miel que es puramente suya. Así, quien toma prestado de otros y mezcla lo que será absolutamente suyo, no está obligado a descubrir de dónde obtuvo sus materiales sino solo a mostrar lo que ha hecho con ellos".

La tarea de recolectar este material, estructurarlo de una forma práctica y que se pueda enseñar, probándola al enseñarla a maestros y alumnos laicos, ha sido una aventura emocionante para mí. Se otorga así el debido crédito a lo anterior: cualquier otra cosa en este estudio ha sido tomada de una experiencia de años de enseñanza, predicación y escritura.

Sobre todo, la Palabra de Dios ha sido la fuente principal de estas lecciones.

—*Alan B. Stringfellow*

ÍNDICE

Lección 1
ADÁN

(Donde se incluyen espacios, busque los versículos y escríbalos completos, o la idea principal del pasaje).

I. EL SIGNIFICADO DEL NOMBRE:

Adán significa "de la tierra, tierra roja".

II. VERSÍCULOS BÁSICOS:

Génesis 1:26-31; 2:7; 15–20; 3:1–5:5; Romanos 3:12-13; 1 Corintios 15:22, 45-49; 1 Tesalonicenses 5:23.

III. TRASFONDO FAMILIAR:

Adán fue el primer hijo humano de Dios (Lucas 3:38). Fue creado por Dios de los materiales del universo, y Dios le concedió la vida. No tuvo trasfondo familiar porque fue el primer hombre.

IV. LO QUE DICE EL ANTIGUO TESTAMENTO DE ADÁN:

1. Fue creado por la Trinidad.

   Entonces dijo Dios: Hagamos al hombre a nuestra imagen, conforme a nuestra semejanza (Génesis 1:26).

   El *"hagamos"* y *"nuestra"* son plurales: Dios Padre, Dios Hijo y Dios Espíritu Santo.

2. Fue creado a *"imagen"* y *"semejanza"* de Dios.

   "Imagen" significa *"representación"* de Dios. *"Semejanza"* significa *"carácter"* o *"modelo"* de Dios.

   Busque Efesios 4:24: _____

   _____

   También Colosenses 3:10: _____

   _____

3. Fue formado del polvo. Dios sopló en Adán y se convirtió en un ser viviente (Génesis 2:7).

   Jesús confirmó esto en Mateo 19:4: _____

   _____

4. Adán fue creado como una "trinidad" (tanto imagen como semejanza), al tener cuerpo, espíritu y alma (Génesis 2:7).

   Busque 1 Tesalonicenses 5:23:_____

   _____

   Aquí, Pablo dice que nosotros también somo cuerpo, espíritu y alma.

5. Dios creó la tierra para el hombre, y después al hombre para la tierra (Génesis 2:8, 15).

   Adán era la corona de la creación de Dios.

6. Dios le había dicho a Adán que fuera fructífero y se multiplicara, que sojuzgara la tierra y todo lo que había en ella (Génesis 1:28-30).

   Entonces Dios tomó del costado de Adán a la mujer y se la entregó a Adán (Génesis 2:21-25).

Adán no puso nombre a la mujer hasta después de la caída. Entonces la llamó Eva, que significa *"madre de todos los vivientes"* (Génesis 3:20). *Este nombre muestra la fe de Adán.*

7. En Génesis 2:15-17, Dios puso un *límite* al hombre. El hombre tenía que obedecer a Dios o moriría.

¿Cómo se llamaba el árbol del que el hombre no podía comer?_____

_____

Cuando todo alrededor era vida, Dios habló de muerte.

8. La tentación y la caída se encuentran en Génesis 3:1-7.

Cuando Eva vio que *"el árbol era bueno para comer, y que era agradable a los ojos, y árbol codiciable para alcanzar la sabiduría; y tomó de su fruto, y comió; y dio también a su marido, el cual comió así como ella"* (v. 6).

Entonces se dieron cuenta de que estaban desnudos y comenzaron a cubrir su pecado (v. 7).

9. Dios inmediatamente los buscó, y ha sido así desde entonces (Génesis 3:8-13).

10. Adán, con su esposa, recibieron la promesa del Salvador (Génesis 3:15).

Este versículo, dicho en términos laicos, se podría redactar así: "Y habrá un odio intenso entre Satanás (su simiente) y Cristo (simiente de la mujer). Al final, Cristo aplastará la cabeza de Satanás, y Satanás solo provocará una herida en el talón de Cristo".

ESTA ES LA PRIMERA PROFECÍA DIRECTA ACERCA DE CRISTO (volveremos a considerar esto en la Lección 2).

11. A consecuencia de la caída (pecado), Adán es informado sobre la maldición sobre la tierra (Génesis 3:17) y el anuncio de la muerte (v. 19).

12. Dios cubrió el pecado de ellos (Génesis 3:21).

Observe que Dios *"hizo… túnicas de pieles"*. Desde el principio, *algo tuvo que morir para cubrir el pecado.*

13. Adán tuvo dos hijos: Caín y Abel.

En Génesis 4 podemos ver la narración de la extrema maldad del pecado: el primer asesinato. *Caín fue expulsado de la presencia del Señor. Conoció a su esposa y esta concibió.*

La esposa de Caín siempre es un tema de conversación. ¿De dónde salió? Puede encontrar la respuesta en Génesis 5:4.

14. Adán murió a los 930 años de edad (Génesis 5:5).

V. LO QUE NOS ENSEÑA EL NUEVO TESTAMENTO SOBRE ADÁN:

1. En Lucas 3:23-3: la genealogía de Cristo se remonta hasta Adán.

2. El pecado entró en el mundo por un hombre: Adán.

Romanos 5:12: _____

_____

3. El primer Adán y el segundo Adán.

El primer Adán fue hecho alma viviente (1 Corintios 15:45).

Busque Génesis 2:7: _____

_____

Ahora lea 1 Corintios 15:46-47. El primer hombre, Adán, era terrenal. El segundo Adán era y es el Señor del cielo.

Lea Romanos 5:15-21. Aquí vemos que, aunque todos somos pecadores, hay abundancia de gracia para todo el que reciba al segundo Adán: *nuestro Señor Jesucristo*.

Lea 1 Corintios 15:21-22 y escriba el significado de estas palabras para usted personalmente:

_____

_____

_____

Recuerde que el primer Adán fue hecho alma viviente por el soplo de Dios (Génesis 2:7), mientras que el último Adán, Jesús, fue un espíritu dador de vida. Él fue y es la fuente de vida y da esa vida a otros (Juan 1:4; Juan 5:24).

Busque Juan 10:10:_____

_____

En el primer Adán todos morimos; pero en Cristo (el segundo Adán) todos vivimos.

Busque nuevamente 1 Corintios 15:45 y escriba el versículo:

_____

_____

VI. LA LECCIÓN QUE DEBERÍA APRENDER DE ADÁN:

El principio del segundo antes que el primero.

Siendo el principio de este estudio de los personajes de la Biblia, tenemos que entender un principio en la Palabra de Dios: el "principio del segundo antes que el primero". En 1 Corintios 1:26-27 vemos que Dios escoge "lo que no es" para sus propósitos. Solo así se destruye el autoelogio del hombre "natural". Por esta razón, es una característica predominante de todo el curso de la redención que Dios siga eligiendo al menor antes que al mayor, dé prioridad al pequeño antes que al grande, y escoja al segundo antes que al primero. Por ejemplo:

- No Caín, sino Abel y su sustituto Set.
- No Jafet, sino Sem (Génesis 10:21).
- No Ismael, sino Isaac (Génesis 17:19).
- No Esaú, sino Jacob (Génesis 25:23).
- No Manasés, sino Efraín (Génesis 48:14).
- No Aarón, sino Moisés (Éxodo 7:7).
- No Eliab, sino David (1 Samuel 16:6-13).
- No Saúl, el primer rey, sino David, el segundo (1 Samuel 15:28).
- No el antiguo pacto, sino el nuevo (Hebreos 8:13).
- No el primer Adán, sino el segundo Adán (1 Corintios 15:45).

Así, Dios continuamente *quita lo primero, para establecer esto último* (Hebreos 10:9). Escoge para sí mismo a lo débil del mundo para avergonzar a lo fuerte (1 Corintios 1:27). Llama al último y lo hace el primero, y el primero se convierte en el último (Mateo 19:30). Todo esto sucede para que *"nadie se jacte en su presencia"*, sino que *"el que se gloría, gloríese en el Señor"* (1 Corintios 1:29-31).

A medida que recorremos los personajes de la Biblia, que este principio le ayude a entender la mente y las obras de Dios entre nosotros.

RECUERDE:

1. ¿Qué significa *Adán?*
2. ¿Cómo fue creado Adán?
3. ¿Quién creó a Adán?
4. ¿Qué le hizo ser diferente: un alma?
5. ¿Cómo entró el pecado en el mundo?
6. ¿Quién es el segundo Adán?
7. ¿Qué "principio" aprendió hoy?

SU SIGUIENTE TAREA:

1. Lea Génesis 2:5:5; 1 Corintios 11:3-12; 1 Timoteo 2:15; Efesios 5:21-33.
2. Repase y vuelva a estudiar la lección sobre Adán.
3. Subraye su Biblia donde haya aprendido nuevas verdades.
4. Ore para que el Espíritu Santo le enseñe todas las verdades que usted necesite.

Lección 2
EVA

I. EL SIGNIFICADO DEL NOMBRE:

Hay tres nombres asignados a la esposa de Adán:

"Mujer" — Se llamará "Isha" porque fue tomada de "Ish" ("Mujer" tomada de "hombre").

"Adán" — Tanto Eva como su esposo son llamados Adán (Génesis 1:27; 5:2. Nota: Él "llamó el nombre de *ellos* Adán").

"Eva" — Eva fue el nombre que se le dio después de la caída (Génesis 3:20). Adán la llamó Eva, *"madre de todos los vivientes"* (dadora de vida), madre de todo el que tiene vida. Así, su vida está en *todos* nosotros.

¿Por qué no dejó Adán que fuera conocida como "Sra. Adán"? Porque le dio un nombre que expresa la vida profética de la simiente de la mujer mediante la cual vendría la vida eterna.

II. VERSÍCULOS BÁSICOS:

Génesis 2–5:5; 1 Corintios 11:3-12; 1 Timoteo 2:15; Efesios 5:21-33.

III. TRASFONDO FAMILIAR:

Eva fue la primera mujer en vivir sobre la tierra. Fue un producto de la creación divina. La primera mujer en *nacer* fue la hija de Eva (Génesis 5:4). Recuerde que Eva no "nació", sino que fue creada de Adán. En Génesis 2:21-22 puede leer sobre cómo Dios creó a la mujer.

La palabra "costilla" se usa en el v. 21 en la versión Reina-Valera, pero en ningún otro lugar de la Biblia esa palabra se traduce como "costilla". En todos los demás lugares de la Biblia se usa la palabra "lado", como a los "lados del tabernáculo", "al lado del arca" o al "lado del altar". La traducción aquí en Génesis 2:21 debería ser también "lado". *Dios tomó del lado de Adán y creó a Eva.*

Cuando Adán la vio, nos dio su trasfondo en Génesis 2:23:

_____

_____

_____

IV. LO QUE DICE EL ANTIGUO TESTAMENTO SOBRE EVA:

1. Como hemos visto, fue la *primera mujer*.

    Dios les había dicho *"fructificad y multiplicaos"* (Génesis 1:28).

2. Fue la primera *esposa* (Génesis 2:18).

    Ahora, escriba ese versículo tan importante:

Génesis 2:24: _____

_____

_____

3. Fue *"ayuda idónea"*: del *lado*, no *por encima* del hombre ni *debajo* del hombre.

    Como Dios en su creación los creó varón y hembra, eran *una carne*.

    Esta perspectiva bíblica debería ayudarnos a comprender que sus dos corazones laten el uno por el otro.

El matrimonio aún debería significar *"serán una sola carne"* (Génesis 2:24). El matrimonio, por lo tanto, no es meramente un contrato civil, sino una institución divina.

4. Eva fue creada sin pecado; venía de la mano de Dios.

   Al ser la primera mujer, Eva no había heredado pecado alguno; era pura y santa.

   Sin embargo, se convirtió en la *primera pecadora* del mundo e introdujo el pecado a sus hijos; por lo tanto, desde Eva sucede que: *"He aquí, en maldad he sido formado, y en pecado me concibió mi madre"* (Salmos 51:5).

5. Eva fue la primera persona a la que Satanás atacó en la tierra.

   Satanás comenzó su rebelión en la tierra comenzando su ataque sobre Eva: haciéndola dudar y sospechar (recuerde que la serpiente era una criatura hermosa en el Edén, pero se convirtió en un reptil que se arrastraba, como resultado de la caída. Satanás usó a esta criatura para provocar la caída del hombre).

   Observe el modo en que actúa Satanás:

   Génesis 3:1 — *"¿Con que Dios os ha dicho…"* — sembrando duda.

   Génesis 3:2-3 — *"Ni le tocaréis"* — añadido a la Palabra.

   Génesis 3:4 — *"No moriréis"* — la primera mentira.

   Génesis 3:5 — *"Seréis como Dios, sabiendo el bien y el mal"* — la apelación al orgullo.

   ¡Ahora Satanás golpea!

   Génesis 3:6

   - Y vio la mujer *"que el árbol era **bueno para comer**"*
   - *"agradable a los ojos"*
   - *"árbol codiciable para alcanzar la sabiduría"*
   - ***"y tomó de su fruto, y comió; y dio también a su marido, el cual comió así como ella"***

   En este versículo vemos la caída del hombre y también la forma en que Satanás *aún* nos sigue tentando.

   Observe:

   - *"Comer"*: lujuria de la carne.
   - *"Agradable a los ojos"*: lujuria de los ojos.
   - *"Alcanzar la sabiduría"*: orgullo de la vida.

Lea 1 Juan 2:16: _____

_____

_____

6. Eva hizo los primeros vestidos.

   Después de la caída, *vieron* que estaban desnudos. El material usado para cubrir sus cuerpos fue hojas de higuera. En Génesis 2:25 dice: *"Y estaban ambos desnudos…, y no se avergonzaban"*; pero aquí en Génesis 3:7 vieron su transgresión al participar del árbol del conocimiento del bien y del mal, algo que Dios les había prohibido hacer en Génesis 2:17.

   Tras cubrirse con hojas de higuera, comenzaron a poner excusas, a intentar cubrir sus actos con palabras:

   Observe:

   - *"Y oyeron la voz de Jehová Dios que se paseaba… y el hombre y su mujer se escondieron"* (Génesis 3:8).

♦ *"Mas Jehová Dios llamó al hombre… ¿Dónde estás tú…?"* (Génesis 3:9). Dios buscando al perdido.

♦ *"Tuve miedo… y me escondí"* (Génesis 3:10).

Escriba Génesis 3:11: _____

_____

_____

Ahora observe cómo Adán culpó a Eva, y cómo ella a su vez culpó a la serpiente (vv. 12-13). Subraye estos dos versículos. A partir de este momento en las Escrituras, Adán, cabeza de la raza humana, *es responsable del pecado adámico*.

7. Eva fue la primera en recibir la profecía divina de Cristo (también estudiado en la lección 1)

Génesis 3:15 es la primera profecía de Cristo. Este versículo se podría parafrasear para que un niño lo entendiera de la siguiente manera: "Y yo (Dios) pondré enemistad entre Satanás y Cristo (la simiente de la mujer). Al final, Cristo aplastará la cabeza de Satanás, y Satanás solo hará una herida en el talón de Cristo".

8. Eva fue la primera madre (Génesis 4:1-2).

Dios había dicho en Génesis 3:16 que *"con dolor darás a luz los hijos"*.

Ella tuvo dos hijos: Caín y Abel. Eva fue *la primera madre en perder ambos hijos en un día*. Abel murió a manos de Caín. Caín se convirtió en un fugitivo y vagabundo, alejado de su familia.

V. LO QUE DICE EL NUEVO TESTAMENTO SOBRE EVA:

1. Jesús usó las mismas palabras que Dios había dado al primer hombre y a la primera mujer.

Busque Mateo 19:4-5: _____

_____

_____

(Así Jesús confirma el relato de Génesis).

2. Pablo compara a la iglesia con Eva.

Lea 2 Corintios 11:2-3: _____

_____

_____

3. Pablo usa las mismas palabras que el Señor Dios usó en Génesis 2:24 y que Jesús usó en Mateo 19:4-5.

Pablo compara la relación de este hombre y esta mujer para ilustrar el amor de Cristo por su esposa, la Iglesia.

Escriba Efesios 5:31:_____

_____

_____

Y Efesios 5:25: _____

_____

_____

VI. LAS LECCIONES QUE DEBERÍA APRENDER DE EVA:

1. Satanás es *muy* sutil en sus métodos.
2. Deberíamos amar a quien Dios pone a nuestro lado para que amemos como nos amamos a nosotros mismos.
3. El amor de Cristo por su Iglesia.
4. Eva fue una persona real con emociones reales. Ni ella ni su esposo son mitos, sino personas reales con hijos reales, que sufrieron una angustia real.

RECUERDE:

1. ¿Qué significa *Eva*?
2. ¿Qué otros nombres se atribuyen a Eva?
3. ¿Cómo fue creada Eva?
4. ¿Ella nació?
5. Eva fue tentada de tres maneras. ¿Podría nombrarlas?

SU SIGUIENTE TAREA:

1. Lea Génesis 4–5; Lucas 3:38; Hebreos 11:4.
2. Repase y vuelva a estudiar la lección sobre Eva.
3. Subraye su Biblia y escriba versículos al margen donde un versículo vierta luz sobre otro.
4. Lea todo lo que pueda sobre estos hombres: Caín, Abel y Set. Estudiaremos a los tres en nuestra próxima lección.

Lección 3
CAÍN, ABEL Y SET

I. EL SIGNIFICADO DE LOS NOMBRES:
   * *Caín* significa "adquisición" o "posesión".
   * *Abel* significa "aliento" o "vapor".
   * *Set* significa "sustituto".

II. VERSÍCULOS BÁSICOS:

   Génesis 4–5; Lucas 3:38; Hebreos 11:4; 1 Juan 3:11-15; Judas 11.

III. TRASFONDO FAMILIAR:

   Tras crear a Adán y Eva: "*Y los bendijo Dios, y les dijo: Fructificad y multiplicaos; llenad la tierra*" (Génesis 1:28); y "*darás a luz los hijos*" (Génesis 3:16).

   Debemos recordar que Adán y Eva no tuvieron hijos hasta después de la caída en el huerto del Edén. Como padres, Adán y Eva no nacieron ni tuvieron infancia, ni juventud, sino que aparecieron como adultos perfecta y plenamente desarrollados. De ellos dos tenemos la población de la raza humana, comenzando con Caín y Abel.

   Génesis es el libro de los "comienzos", y esta lección muestra el comienzo de la vida familiar.

   (Examinaremos a los tres muchachos bajo las referencias que tanto el Antiguo como el Nuevo testamento hacen de ellos).

IV. LO QUE DICE EL ANTIGUO TESTAMENTO DE LOS TRES:

   1. Caín: el primer hijo nacido de padres naturales.

   Caín nació después de la transgresión o caída, por lo tanto "nació en pecado". La naturaleza caída se ve en este primer hijo.

   La declaración de Eva en Génesis 4:1: "*Por voluntad de Jehová he adquirido varón*" da a entender que incluso entonces, ella pensó que Génesis 3:15 se podría cumplir en su primogénito.

   Génesis 4:2 nos dice que "*Caín fue labrador de la tierra*". Su vocación era la agricultura; trabajaba en el campo.

   ¿Qué le ofreció Caín al Señor? Lea Génesis 4:3:

   _____

   _____

   Su deseo de dar una ofrenda era correcto, pero falló al intentar dar un producto de *su propio ingenio y trabajo*.

   Génesis 4:5 nos dice que Dios no "miró con agrado" o aceptó la ofrenda de Caín.

   Como su ofrenda no fue aceptada, Caín se enojó ("*ensañó*") y cometió el primer asesinato. Por lo tanto, el primer hijo se convirtió en el primer asesino y le dio a la tierra su primera tumba (Génesis 4:8).

   Lea Génesis 4:9: _____

   _____

   _____

En Génesis 4:11-15 Dios puso una marca en Caín. Las Escrituras no nos dicen exactamente en qué consistía. Fue una marca que hizo que Caín sintiera el juicio de Dios, pero a la vez estaba mezclada con misericordia. Habitó en la tierra de Nod y fue el padre de la primera civilización.

2. Abel: el segundo hijo de Adán y Eva era, por llamado, un pastor: poseía rebaños.

Génesis 4:4: _____

_____

El Señor aceptó la ofrenda de Abel (v. 4).

Aquí aprendemos que la ofrenda que presentó Abel mostraba el carácter del dador. Demostraba un corazón rendido a Dios, al no ofrecer nada que él hubiera hecho, sino *ofrecer algo que Dios le había dado a él para que lo cuidara: una ofrenda de sacrificio de sangre.*

Como Dios aceptó la ofrenda de Abel, Caín lo asesinó (v. 8).

Observe lo que dijo Dios en Génesis 4:10: _____

_____

_____

Él fue la primera víctima de los celos y el asesinato y, por lo tanto, *el primero de la raza humana en morir.*

3. Set: Dios le dio a Eva otro hijo llamado "designado" o Set.

Observe lo que dice Eva sobre Set en Génesis 4:25: _____

_____

_____

Set se convirtió en el "*designado*" para ocupar el lugar de Abel. El linaje piadoso mediante el que vendría "la simiente de la mujer" se reestableció en Set.

Siga la genealogía de Jesús en Lucas 3:23-38. Encontrará a Set en el v. 38. Esto muestra que el linaje de Cristo se remonta hasta Adán: todos ellos nacidos "según su especie". Adán no podría ser un mito; si lo fuera, entonces Jesús también sería un mito.

V. LO QUE DICE EL NUEVO TESTAMENTO SOBRE ELLOS:

1. Caín: el Nuevo Testamento tiene algunas lecciones valiosas para nosotros con referencia a Caín.

Busque 1 Juan 3:11-12:_____

_____

_____

_____

"*El camino de Caín*" se encuentra en Judas 11. Aquí, "*el camino de Caín*" se asocia a los falsos maestros. Los maestros apóstatas (falsos) son los que hablan de cosas "*que por naturaleza conocen*" (v. 10). Caín era un hombre "religioso", pero al final un hombre natural que no agradó a Dios.

El pecado de Caín fue meramente un eco del pecado de sus padres.

2. Abel: la sangre de Abel aparece en las Escrituras con la sangre derramada de Cristo, que es *mejor* que la de Abel.

La sangre de Abel clamaba pidiendo venganza; pero la sangre de Cristo clama por misericordia, expiación y perdón.

Busque Hebreos 12:24: _____

_____

_____

Jesús hace referencia a *"Abel el justo"* en Mateo 23:35.

Observe de nuevo 1 Juan 3:12 (escrito abajo). Abel está entre los grandes "héroes de la fe" de Hebreos.

Busque Hebreos 11:4. Es el primero que se menciona en la gran lista de este capítulo.

Así que Abel era "justo", dijo Jesús; al igual que el autor de Hebreos y el amado apóstol Juan. ¿Por qué?

Porque ofreció a Dios lo mejor de sus rebaños. Ofreció, por fe, un sacrificio de sangre.

3. Set: la única mención a Set en el Nuevo Testamento se encuentra en Lucas 3:38.

Se convirtió en el sustituto del *"justo Abel"*, y por eso se encuentra en el linaje de nuestro Señor.

Eva aceptó este hijo como un regalo especial de Dios.

Fue de esta simiente de donde vino nuestro Sustituto que murió por nuestros pecados.

VI. LAS LECCIONES QUE DEBERÍA APRENDER DE CAÍN, ABEL Y SET:

1. Los primeros padres tuvieron las mismas alegrías y tristezas que los padres de hoy.
2. La vida familiar fue la primera unidad organizada en la sociedad.
3. La naturaleza adámica se transmite a los hijos *"según su especie"*.
4. Nuestros dones para el Señor no son tan importantes, sino *cómo* los damos.

RECUERDE:

1. ¿Qué significa *Caín?*
2. ¿Qué significa *Abel?*
3. ¿Qué significa *Set?*
4. ¿Cuándo nacieron los primeros hijos?
5. ¿Por qué a Dios no le agradó la ofrenda de Caín?
6. ¿Por qué la ofrenda de Abel sí fue aceptable?
7. ¿No encontró en estos primeros hijos la misma naturaleza pecaminosa que encuentra en el mundo de hoy? Explíquelo.
8. ¿Cuál de los tres está entre los "héroes de la fe" en Hebreos 11?

SU SIGUIENTE TAREA:

1. Lea Génesis 5:21–10:1.
2. Repase y vuelva a estudiar la lección sobre "los primeros hijos".
3. Subraye su Biblia.
4. Lea todo lo que pueda sobre Noé y sus hijos, nuestra siguiente lección.

Lección 4
NOÉ Y SUS HIJOS

I. EL SIGNIFICADO DE LOS NOMBRES:

+ *Noé* significa "descanso" o "consuelo".

+ *Sem* significa "renombre".

+ *Cam* significa "caliente".

+ *Jafet* significa "bello" y "déjalo agrandar".

II. VERSÍCULOS BÁSICOS:

Génesis 5:21–10:1; Mateo 24:37-39; Hebreos 11:7; 1 Pedro 3:20; 2 Pedro 2:5. También vea Isaías 54:9; Ezequiel 14:14 y 20; 1 Crónicas 1.

III. TRASFONDO FAMILIAR:

No se sabe nada del comienzo de la vida de Noé, salvo que era hijo de Lamec (Génesis 5:28-29). Noé tenía 500 años de edad cuando nacieron Sem, Cam y Jafet (Génesis 5:32). Noé era del linaje de Set, el décimo hombre desde Adán.

Vivió en un tiempo en el que la maldad del hombre era grande; había una apostasía universal y una mezcla y "matrimonio" de lo piadoso con lo impío.

Noé apareció en escena como el hombre de Dios. *Dios siempre tiene a su hombre para cada situación y cada era.*

IV. LO QUE DICE EL ANTIGUO TESTAMENTO SOBRE NOÉ Y SUS HIJOS:

1. *"Pero Noé halló gracia antes los ojos de Jehová"* (Génesis 6:8).

    Esta es la primera mención de *"gracia"* en las Escrituras. Gracia significa *"favor inmerecido"*, pero dado por el Señor.

2. *"Con Dios caminó Noé"* (Génesis 6:9).

    Era un hombre justo y sincero. Solo dos hombres son descritos de esta manera antes del diluvio: Enoc y Noé. Ambos *"caminaron con Dios"*. Noé vivió con rectitud a pesar del entorno de pecado.

Observe Génesis 6:5: _____

_____

También Génesis 6:12: _____

_____

3. El juicio de Dios es claro y Noé es informado de ello en Génesis 6:13

    "Dijo, pues, Dios a Noé: He decidido el fin de todo ser, porque la tierra está llena de violencia a causa de ellos; y he aquí que yo los destruiré con la tierra". Dios dijo que destruiría la maldad con la tierra. (Dos terceras partes de la tierra son agua).

4. Noé fue obediente para seguir las instrucciones de Dios.

    Observe en Génesis 6:14-22 que Noé construyó el arca según instrucciones de Dios, y eligió una pareja de cada ser viviente para preservar las especies y los puso en el arca (Génesis 6:19).

    En Génesis 7:2 se le dijo a Noé que tomara siete pares de los animales *limpios* para el *sacrificio*, alimento y reproducción.

5. Noé, su esposa, sus hijos y sus esposas (ocho en total) entraron en el arca (Génesis 7:7 y 16). Estuvieron a salvo porque obedecieron a Dios.

6. El Señor se "acordó" de Noé y su familia y el arca estuvo a salvo.

   Lo primero que hizo Noé después de salir del arca fue construir el primer altar que se conoce (Génesis 8:20. Obsérvese *"animal limpio"*). Lea y subraye.

   _____

   _____

7. El pacto de Dios con Noé (Génesis 8:21–9:17).
   a. Dios no volvería a maldecir la tierra (Génesis 8:21).
   b. El hombre recibió lo que conocemos como el "gobierno humano". Fue hecho responsable de proteger la santidad de la vida humana (Génesis 9:1-6).
   c. Se confirmó el orden de la naturaleza (Génesis 8:22; 9:2).
   d. Se añade la carne a la dieta del hombre (Génesis 9:3-4).
   e. Dios no destruiría la tierra y a las futuras generaciones con otro diluvio. Observe la palabra *"pacto"* siete veces en los vv. 9-19. Lea Isaías 54:9.
   f. Se hace una declaración sobre el hijo de Cam: Canaán. Por el pecado de Cam, Canaán sería siervo de los hijos de los otros dos: Sem y Jafet (Génesis 9:25-26).
   g. *"Bendito por Jehová mi Dios sea Sem"* (Génesis 9:26). Jesús, según la carne, desciende de Sem. *"Engrandezca Dios a Jafet"* (Génesis 9:27). La historia ha demostrado que toda Europa, una gran parte de Asia y América son ejemplos de este engrandecimiento (observe Génesis 9:27: *"Y habite [Dios] en las tiendas de Sem"*. Esta es la lectura correcta.
   h. La señal de todo esto es el *"arcoíris"*. Yo llamo al arcoíris la "firma de Dios": su promesa, la cual realiza en colores para que nosotros la veamos en el cielo.

8. *Sem*, el segundo hijo de Noé, nació cuando Noé tenía 500 años de edad (Génesis 5:32).

   El nombre Sem significa "renombre", y presagia el nombre más grande "sobre todo nombre": Jesús. Desde Génesis 11:10 en adelante, las generaciones de Sem nos llevan hasta Abram. Mateo 1 nos lleva de Abraham hasta Jesús.

9. *Cam* significa "caliente".

   El pecado de Cam fue el resultado del pecado de su padre (Génesis 9:20-29). El resultado del pecado de Cam *no tiene nada que ver con la raza o el color*. Sin duda que las generaciones de Cam fueron al sur y a los países cálidos; pero el significado aquí en Génesis 9 es más profundo que la raza o el color. Era el hijo más joven de los tres (Génesis 9:24).

   La verdad de este versículo es sencillamente esta: cuando dejamos que la imaginación de nuestra vida corra descontrolada (mirando obscenidades, leyendo sobre actos lascivos en un libro, o cuando vamos corriendo a contarles a otros las faltas de un hermano), *entonces todos nosotros estamos actuando como Cam*. "Hay un poco de Cam en cada uno de nosotros".

10. *Jafet* significa "belleza" y "agrandamiento".

    Era el hijo mayor de Noé. Este es un dato poco conocido revelado solo en un versículo de las Escrituras. Consulte Génesis 10:21 y leerá *"hermano mayor de Jafet"*. Jafet y Sem recibieron la bendición de Noé. Jafet se agrandó hasta ser una poderosa población como se ve en la dispersión de las naciones en Génesis 10. Se esparcieron al norte y al oeste por toda la tierra.

    Estos tres hijos de Noé repoblaron el mundo, tal como les dijo el Señor Dios en Génesis 9:1. En Génesis 10:1 vemos las generaciones de los tres hijos.

11. La dispersión después del diluvio (ver diagrama).

"*Y los hijos de Noé que salieron del arca fueron Sem, Cam y Jafet; y Cam es el padre de Canaán. Estos tres son los hijos de Noé, **y de ellos fue llena toda la tierra**"* (Génesis 9:18-19).

"*Estas son las familias de los hijos de Noé por sus descendencias, en sus naciones; **y de estos se esparcieron las naciones en la tierra después del diluvio**"* (Génesis 10:32).

"*Cuando el Altísimo hizo heredar a las naciones, cuando hizo dividir a los hijos de los hombres, **estableció los límites de los pueblos según el número de los hijos de Israel**"* (Deuteronomio 32:8).

"*Y [Dios] de una sangre ha hecho todo el linaje de los hombres, para que habiten sobre toda la faz de la tierra; y les ha prefijado el orden de los tiempos, y los límites de su habitación*" (Hechos 17:26).

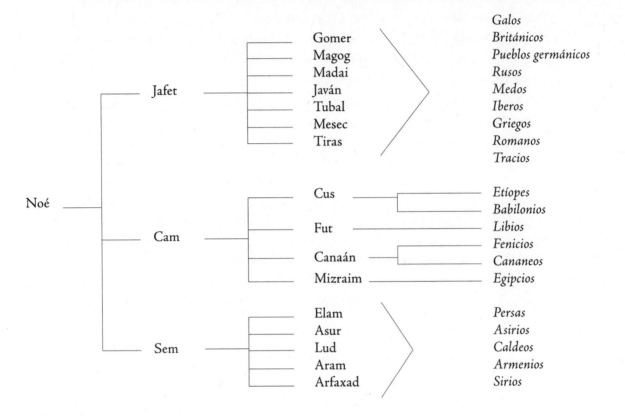

V. LO QUE DICE EL NUEVO TESTAMENTO SOBRE NOÉ Y SUS HIJOS:

1. Jesús compara los días de Noé y el diluvio con su segunda venida.

Busque Mateo 24:37-39. Escriba el v. 37:_____

_____

_____

La razón del juicio del diluvio se encuentra en Génesis 6:5 (compare con Mateo 24:37-39 arriba).

2. Noé fue salvo por la fe (Hebreos 11:7).

Escriba el significado del versículo: _____

_____

_____

3. Pedro hace alusión al diluvio dos veces.

   Lea 1 Pedro 3:20 y 2 Pedro 2:5. Note que Noé es llamado *"pregonero de justicia"*.

4. Sem es mencionado en Lucas 4:46, en la genealogía de María.

VI. LAS LECCIONES QUE DEBERÍA APRENDER DE NOÉ Y SUS HIJOS:

1. Dios siempre juzga a los malvados.

2. Dios siempre bendice a los justos, a los que creen, no solo a las buenas personas.

3. Recuerde a Noé como un hombre justo, constructor del arca, pregonero de justicia, elegido, protegido y librado por Dios. En todos sus errores y fracasos, él estaba en el pacto de seguridad de Dios. Cuando uno es sorprendido en una falta, *"vosotros que sois espirituales, restauradle con espíritu de mansedumbre, considerándote a ti mismo, no sea que tú también seas tentado"* (Gálatas 6:1).

4. Sem y Jafet hicieron justamente eso.

5. El arca salvó a Noé y su familia. El arca es una imagen perfecta de Cristo; somos sellados en su cuerpo si creemos (Efesios 1:13-14).

6. El Señor Dios siempre cuida de los suyos. Él nunca nos dejará ni se olvidará de nosotros. Estamos en su arca de seguridad: el Señor Jesucristo.

7. Para su propio conocimiento sobre la genealogía desde Adán a David, lea 1 Crónicas 1 y los vv. 1, 4, 17, 27, 28, 34; y del capítulo 2 los vv. 1, 3, 11, 12, 15.

RECUERDE:

1. ¿Quiénes son los tres hijos de Noé y cuál es el significado de sus nombres?

2. ¿Qué significa *"gracia"*? ¿Dónde se menciona por primera vez en las Escrituras?

3. Nombre tres o cuatro cosas que se mencionan en el pacto con Noé.

4. ¿Por qué envió Dios juicio a la tierra en forma de un diluvio (Génesis 6:5-7)?

5. ¿Por qué se metieron en el arca dos seres vivos de cada especie y siete parejas de los animales limpios?

SU SIGUIENTE TAREA:

1. Lea Génesis 11:10–25:9; Isaías 41:8, 51:2; Juan 8:33; Hechos 7:2-8; Romanos 4:13-25; Gálatas 3:6-29; Hebreos 11:8-13; Santiago 2:21-23.

2. Repase y vuelva a estudiar la lección sobre Noé y sus hijos.

3. Subraye su Biblia donde haya aprendido nuevas verdades.

4. Ore para que el Espíritu Santo le enseñe la riqueza de las verdades de Abraham, uno de los más grandes personajes de este estudio y el personaje de la siguiente lección.

Lección 5
ABRAHAM

I. EL SIGNIFICADO DEL NOMBRE:

Abram significa "padre alto". En Génesis 17:5 Dios cambió su nombre a Abraham, que significa "padre de muchas naciones".

II. VERSÍCULOS BÁSICOS:

Génesis 11:10–25:9; Isaías 41:8, 51:2; Juan 8:33-39; Hechos 7:2-8; Romanos 4:13-25; Gálatas 3:6-29; Hebreos 11:8-13; Santiago 2:21-23.

III. TRASFONDO FAMILIAR:

Abraham nació de Taré, en Ur de los caldeos; por lo tanto, era caldeo. Nació en el linaje de Sem, y por eso está en el linaje de Cristo (Génesis 11:10-26). Se sabe poco de sus padres. Estaba unido a su familia, o eso parece, por los registros que tenemos en las Escrituras. Se casó con Sarai, su hermanastra. Cuando murió su hermano Harán, Abraham, Sarai, Lot (sobrino de Abraham) y Taré, su padre, migraron a Harán *y se quedaron allí* (Génesis 11:31). En Génesis 12:1 leemos: *"Pero Jehová había dicho…"* en tiempo pasado. Por lo tanto, el traslado desde Ur hasta Harán fue un llamado divino de Dios para Abraham.

Abraham, nacido en la raza adámica, fue llamado por Dios y se convirtió en el primer hebreo (Génesis 14:13). No pronunció ninguna profecía ni escribió ningún libro, ni tampoco dio leyes. En la voluntad soberana de Dios, Abraham fue escogido, seleccionado para ser el heredero del pacto incondicional de Dios.

IV. LO QUE DICE EL ANTIGUO TESTAMENTO SOBRE ABRAHAM:

1. Su llamado (Génesis 12:1).

   El llamado de Dios a Abraham fue sencillo y claro.

   "Pero Jehová había dicho a Abram:

   Vete de tu tierra

   y de tu parentela,

   y de la casa de tu padre,

   a la tierra que te mostraré".

2. El pacto de Dios con Abraham (Génesis 12:2-3).

   Observe las siete promesas de Dios:

   a. *"Y haré de ti una nación grande"* (v. 2)

   b. *"Y te bendeciré"* (v. 2)

   c. *"Y engrandeceré tu nombre"* (v. 2)

   d. *"Y serás bendición"* (v. 2).

   e. *"Bendeciré a los que te bendijeren"* (v. 3)

   f. *"Y a los que te maldijeren maldeciré"* (v. 3)

   g. *"Y serán benditas en ti todas las familias de la tierra"* (v. 3)

3. La obediencia de Abraham (Génesis 12:4-9).

   Por fe, Abraham salió de Harán y se fue a la tierra de Canaán. En Abraham vemos una vida de fe, confiando en la guía divina y creyendo las promesas divinas.

En la tierra, Abraham edificó un altar al Señor que se le apareció. El Señor dijo: *"A tu descendencia daré esta tierra"* (v. 7).

4. Abraham en Egipto (Génesis 12:10-20).

Sin ningún mandato de Dios, Abraham descendió a Egipto por la hambruna en la tierra de Canaán. Abraham flaqueó y falló en Egipto. Mintió acerca de Sarai, su esposa, al decirle a Faraón que era su hermana. Abraham tuvo que aprender que su nueva vida con Dios significaba una separación de las cosas del mundo.

5. Restauración divina (Génesis 13).

En este capítulo, Abraham salió de Egipto con toda su riqueza y, por supuesto, Lot iba con él (obsérvese los vv. 3 y 4). Regresó donde había edificado un altar *"antes"*. Dios siempre nos restaura otra vez a nuestra posición de perdón, si se lo pedimos. En el v. 7, la riña entre los pastores de Abraham y de Lot provocó su separación. Lot se quedó con las ricas planicies del Jordán y asentó su tienda hacia Sodoma, un lugar malvado (vv. 12-13).

Tras la separación de Lot y Abraham, *Dios* escogió por Abraham, mientras que Lot *escogió por sí mismo* (v. 14). Dios le concedió a Abraham en un momento toda la tierra que alcanzara a ver, después para la Simiente de Abraham.

Escriba la promesa del v. 15: _____

_____

6. La primera guerra y el rescate de Lot (Génesis 14).

En Hebrón, Abraham estaba en su casa cuando recibió reportes de una guerra entre cuatro reyes del oriente y cinco reyes de Canaán. Capturaron a la gente de Sodoma, y Lot era uno de los cautivos. Abraham toma a sus 318 siervos entrenados, los sorprende en un ataque nocturno y rescata a Lot y sus bienes.

Después ocurre algo extraño. Ese misterioso rey y sacerdote de Dios, Melquisedec, aparece y bendice a Abraham (véanse vv. 18-20). Abraham entonces da el diezmo de todo a este rey y sacerdote Melquisedec. Él envía de vuelta todos los bienes tomados, quedándose solo con la gente. (Obsérvese el v. 23).

¡Qué gran lección vemos en este capítulo!

7. La promesa de una descendencia espiritual (Génesis 15).

La promesa que Dios le hace a Abraham de una gran nación en el capítulo 12 es algo que le resulta difícil creer. Dios simplemente dice: *"Mira ahora los cielos, y cuenta las estrellas, si las puedes contar. Y le dijo: Así será tu descendencia"* (Génesis 15:5).

Escriba ahora el v. 6: _____

_____

Dios vuelve a confirmar el pacto con Abraham (vv. 18-21). Observe en Génesis 13:15 que Dios dijo *"la daré a ti"*. Ahora, en Génesis 15:18 dice: *"A tu descendencia daré esta tierra"*.

8. El nacimiento de Ismael (Génesis 16).

Abraham comete el error de apresurarse a tener una relación sin preguntarle a Dios. Agar da a luz a Ismael, provocando conflicto.

9. Cambio de nombre a Abraham (Génesis 17).

Dios renueva el pacto cuando Abraham tiene 99 años (v. 28). Dios da a Abram el nombre de Abraham, *"padre de muchedumbre de gentes"* (v. 5).

La señal o prueba del pacto era la circuncisión (v. 11). El nombre de Sarai cambió a Sara, *"princesa"* (v. 15). El Señor incluso nombra al *"descendiente"* que vendría: Isaac (v. 19).

10. La intercesión de Abraham (Génesis 18 y 19). Anteriormente, Abraham había salvado a Lot *actuando*. Ahora, Abraham *ora* para que Lot salga de Sodoma.

Observe Génesis 19:16: _____

_____

También el v. 22. _____

_____

Lot tuvo dos hijos con sus propias hijas. El último paso de Lot en su recaída engendró a los moabitas y los amorreos, enemigos de Israel en años venideros.

11. Nacimiento de Isaac (Génesis 21).

Cuando Abraham tenía cien años de edad, nació Isaac. Dios cumple su promesa *"en el tiempo que Dios le había dicho"* (v. 2), veinticinco años después de su promesa (Génesis 12).

12. La prueba de fe (Génesis 22).

La fe abrahámica es igual a la prueba. Dios manda a Abraham sacrificar a Isaac, su único hijo, en el monte Moriah.

Abraham obedece. Escriba las palabras de fe de Abraham para con Isaac (v. 8).

_____

_____

Ahora observe el v. 13: Dios proveyó a su sustituto. Hay muchas lecciones en este capítulo.

13. Los últimos hechos de Abraham (Génesis 23–25).

Escoge Macpela, cerca de Hebrón, como lugar para enterrar a Sara: capítulo 23.

Escoge una novia para Isaac: capítulo 24.

Se casa con Cetura y tiene hijos con ella, pero todo lo que tenía era para Isaac: capítulo 25.

Muere a la edad de 175 años, y es enterrado junto a Sara en Macpela.

V. LO QUE DICE EL NUEVO TESTAMENTO SOBRE ABRAHAM:

1. En Juan 8:33-39 Jesús les habla a los fariseos (v. 39)

_____

_____

2. En Hechos 7:2-8 Esteban arroja nueva luz sobre el llamado de Abraham.

El llamado llegó a Abraham mientras estaba en Ur de los caldeos antes de ir a Harán (v. 2).

Esteban confirma todo lo que Dios había dicho a Abraham. Observe específicamente el v. 8.

3. En Romanos 4:13-25 Pablo declaró que la promesa hecha a Abraham no fue mediante la ley sino mediante la fe (v. 13).

Escriba Romanos 4:20 y 22: _____

_____

Ahora el v. 24: *"Sino también con respecto a nosotros… a los que creemos en el que levantó de los muertos a Jesús, Señor nuestro"*.

Pablo dice que nuestra justificación es aparte de la ley.

4. En Gálatas 3:6-29 Pablo dice que ningún hombre es justificado por la ley sino por la fe, la misma fe que tenía Abraham.

Lea y escriba el v. 14: _____

_____

Lea el v. 16: *"Ahora bien, a Abraham fueron hechas las promesas, y a su simiente. No dice: Y a las simientes, como si hablase de muchos, sino como de uno: Y a tu simiente, la cual es* **Cristo***"*.
La ley no añade al pacto abrahámico (v. 17-19).

5. Lea y subraye Hebreos 11:8-13 en su Biblia.
6. (Santiago 2:21-24). Santiago dice: *"y que la fe se perfeccionó por las obras"* (v. 22).
Abraham es llamado *"amigo de Dios"* en el v. 23. También en Isaías 41:8 y 2 Crónicas 20:7.

VI. LAS LECCIONES QUE DEBERÍA APRENDER DE ABRAHAM:

1. Vivir con una fe completa en Dios.
2. Obedecer a Dios por encima de todo.
3. Estar dispuestos a dar nuestra vida por Él si fuera necesario.
4. Ir donde Él nos envíe, por fe.
5. Mantenernos en la voluntad de Dios y *"salir de Egipto"*.
6. Creer que Dios cumple todas sus promesas, aunque tarden.
7. Ser un *"amigo de Dios"* real y verdadero porque creemos en la *"simiente"*: Jesucristo.
8. Dar al Señor. Abraham dio diezmos antes de que fuera dada la ley.
9. Anticipar *"la ciudad… cuyo arquitecto y constructor es Dios"* (Hebreos 11:10), al igual que Abraham.

RECUERDE:

1. ¿Dejó Abraham a su parentela al principio?
2. ¿Quién le estuvo causando problemas constantemente?
3. ¿Puede nombrar cuatro partes del pacto abrahámico?

_____   _____

_____   _____

4. ¿Qué le prometió Dios a Abraham?
5. ¿Qué buenas cualidades tenía Abraham?
6. Según Gálatas, ¿quién era la simiente de Abraham?

SU SIGUIENTE TAREA:

1. Lea Génesis 14; Salmos 110; Hebreos 5:1-10; 6:13-20; 7:1-28.
2. Lea todo lo que pueda desde Hebreos 4:14 hasta el capítulo 10 sobre el tema de Cristo, nuestro Sumo Sacerdote, y el sacerdocio del creyente. Nuestro siguiente personaje será Melquisedec.
3. Repase su estudio sobre Abraham.
4. Subraye en su Biblia las nuevas verdades que aprendió.

Lección 6
MELQUISEDEC

I. EL SIGNIFICADO DEL NOMBRE:

Melquisedec significa "justicia" o "rectitud". Así que él sería el "Rey de la justicia y la rectitud y el rey de Salem (paz)".

II. VERSÍCULOS BÁSICOS:

Génesis 14:17-20; Salmos 110; Hebreos 5:1-10; Hebreos 6:13-20; 7:1-28.

III. TRASFONDO FAMILIAR:

No hay registros de sus padres ni mención de su nombre en genealogía alguna. Cuando lo estudie en detalle en esta lección, quizá diga que fue una "omisión inspirada".

IV. LO QUE DICE EL ANTIGUO TESTAMENTO SOBRE MELQUISEDEC:

1. Melquisedec se menciona solo en dos porciones del Antiguo Testamento: primero en Génesis 14:17-20.

   Observe quién era: en el v. 18 se le llama *"rey de Salem"* y *"sacerdote del Dios Altísimo"*.

   "Rey de Salem", que es Jerusalén. Sabemos esto por el nombre mismo, que significa "paz", y también por los registros egipcios que se han descubierto.

   "Sacerdote del Dios Altísimo", que en hebreo, El Elyon, simplemente significa *"Dios el más alto"*.

   La primera revelación de este nombre indica sus significados distintivos. Abraham, tras regresar de su victoria sobre los reyes, se encuentra con Melquisedec, rey de Salem, el *"sacerdote del Dios Altísimo"*, quien bendice a Abraham en el nombre de *El Elyon*, "creador del cielo y la tierra". Esta revelación produjo una destacada impresión en Abraham, y de inmediato le dio *"diezmos de todo"* lo que había tomado en la batalla. Cuando el rey de Sodoma le ofreció a Abraham más bienes, Abraham respondió diciendo: *"He alzado mi mano a Jehová Dios Altísimo [El Elyon], creador de los cielos y de la tierra"* (v. 22).

   El mismo uso de *"el Dios Altísimo"* se encuentra en Deuteronomio 32:8 cuando Él *"hizo dividir a los hijos de los hombres, estableció los límites de los pueblos"*.

   Así que este "altísimo" se usa para identificar a este Melquisedec, un sacerdote, con toda la autoridad de Dios.

2. Observemos lo que hizo:

   Melquisedec *"sacó pan y vino"* (Génesis 14:18), que son símbolos de la Cena del Señor y la muerte de Jesús. Esto habla mucho de lo que dice Pablo en 1 Corintios 11:23-29: *"haced esto en memoria de mí… hasta que él venga"* (vv. 24, 26). Abraham fue bendecido, y debía recordar la bondad de Dios.

3. David escribe sobre Melquisedec en Salmos 110:1-4.

   Observe el v. 1 (traducción del autor): "Y Dios le dijo a Jesús: siéntate a mi diestra, hasta que ponga a tus enemigos a tus pies". Por lo tanto, hemos identificado quién está hablando al otro. Él (Dios) continúa en el v. 4: *"Juró Jehová, y no se arrepentirá [cambiará de idea]: Tú eres sacerdote para siempre según el orden de Melquisedec"*.

   Todo esto parece extraño hasta que vamos al Nuevo Testamento, y ahí la imagen se completa.

V. LO QUE DICE EL NUEVO TESTAMENTO SOBRE MELQUISEDEC:
1. Hebreos 5:1-10, lea y escriba el v. 6:

_____

_____

Aquí a Jesús, que no es de la tribu de Leví o de Aarón, se le llama *"sacerdote para siempre, según el orden* [rango, disposición, posición] *de Melquisedec"*.

2. Copie Hebreos 6:20:

_____

_____

3. Hebreos 7:1-10 presenta un retrato completo de Melquisedec, el cual subraya la profundidad y el significado del libro de Hebreos.

Nos relata la historia completa de Melquisedec y el significado de nuestro propio sacerdocio si tenemos a Jesús como nuestro Sumo Sacerdote.

Observe el repaso en Hebreos 7:1-2. Después en el v. 3, observe que Melquisedec era *"sin padre, sin madre, sin genealogía; que ni tiene principio de días, ni fin de vida, sino **hecho semejante al Hijo de Dios**, permanece sacerdote para siempre"*. Por lo tanto, Melquisedec fue hecho como el Hijo de Dios.

Jesús es el original, Melquisedec es la copia. Melquisedec era solo un *fragmento y queda totalmente completo en Jesucristo*.

Así que Cristo no tenía padre en la tierra en cuanto a su humanidad, ni tenía madre en cuanto a su deidad. Era el unigénito del Padre y sin linaje en cuanto a su sacerdocio.

Observe el v. 4: *"Considerad, pues, cuán grande era este"*. Incluso Aarón y Leví pagaron diezmos a este a través de Abraham (vv. 9 y 10).

4. La necesidad de un sacerdote eterno (Hebreos 7:11-28).

Lea todo esto al menos dos veces.

El sacerdocio aarónico no perfeccionó nada en la ley y mediante ella (vv. 11-13).

Jesús vino de Judá, que no tenía nada que ver con el sacerdocio (v. 14).

Por lo tanto, había una necesidad de que se hiciera uno, *"no constituido conforme a la ley… sino según el poder de una vida indestructible"* (v. 16).

Escriba el v. 22:_____

_____

Los sacerdotes aarónicos murieron, Jesús vive para siempre (vv. 23 y 24). Jesús se convirtió en Sumo Sacerdote por nosotros. Él puede salvar a todos los que acuden a Dios por medio de Él porque hace intercesión por nosotros (v. 25).

Jesús ofreció un sacrificio una sola vez: Él mismo. Los sacrificios ya no son necesarios todos los días, porque el Señor Jesús, sin pecado y sin mancha, se entregó una vez para siempre (vv. 26-28).

5. Como Jesús es nuestro Sumo Sacerdote para siempre, nosotros somos sacerdotes con el privilegio de orar a Dios por medio de Él.

Lea Hebreos 10:1-25.

6. Melquisedec, entonces, es un tipo, una imagen, una sombra de Jesús porque:

a. Fue un rey-sacerdote; igual que Jesús.

　　　b. Su nombre significa *"justo"*; lo mismo que el nombre de Jesús.

　　　c. Fue rey de Salem; Jesús será Rey en Jerusalén.

　　　d. No tiene registros de su comienzo ni de su final; Jesús era en el principio y es eterno.

　　　e. Fue hecho sumo sacerdote por el Dios Altísimo; Jesús completa el patrón.

　7. Finalmente, Abraham dio los diezmos (el diez por ciento) de todos sus bienes a Melquisedec. Esto fue *antes* de la ley y el sacerdocio levítico (Hebreos 7:1-10). El diezmo no viene de la ley. Abraham dio como un acto de amor, fe y reverencia.

　　Así, en este pasaje del Nuevo Testamento de diez versículos, seis hablan de diezmar. Diezmar vino antes que la ley, y si Jesús es el original y Melquisedec es la copia, la lección es clara con respecto a la mayordomía.

　　Algunos estudiantes se saltarán esta parte de la lección, pero es esencial que aprendamos esto y actuemos en base a toda la Palabra de Dios. Ahora lea Lucas 6:38 para saber lo que Jesús tenía que decir sobre el dar.

VI. LAS LECCIONES QUE DEBERÍA APRENDER DE MELQUISEDEC:

1. Hay tipos, símbolos, sombras, imágenes en el Antiguo Testamento que se cumplen en el Nuevo Testamento.

2. Melquisedec era un tipo de Cristo.

3. Jesús es nuestro Sumo Sacerdote para siempre.

4. El respeto y el amor de Abraham hacia Melquisedec era de Dios.

5. Dar el diezmo fue anterior a la ley y es un acto de amor y obediencia por nuestra parte.

6. Deberíamos reconocer que somos sacerdotes porque podemos orar con confianza a Dios a través de Jesús, nuestro Sumo Sacerdote.

7. Él puede salvar a todo el que acuda a Dios a través de Él (Hebreos 7:25).

RECUERDE:

1. ¿Quién es Melquisedec?

2. ¿Qué hizo?

3. ¿A quién representó?

4. ¿Qué es un ejemplo de un tipo o imagen en las Escrituras?

5. ¿Diezmar forma parte de la ley?

6. ¿Cuál es nuestro título (como cristianos) si Jesús es nuestro Sumo Sacerdote?

SU SIGUIENTE TAREA:

1. Lea Génesis 21–27; Hebreos 11:17-20; Santiago 2:21-23. También Génesis 17:19-21; 18:10-15.

2. Isaac era uno de los patriarcas y es nuestro estudio para la siguiente lección. Lea todo lo que pueda encontrar sobre él.

3. Repase su estudio sobre Melquisedec.

4. Subraye en su Biblia las nuevas verdades que aprendió.

Lección 7
ISAAC

I.   EL SIGNIFICADO DEL NOMBRE:

Isaac significa "se rio" o "el que se ríe".

II. VERSÍCULOS BÁSICOS:

Génesis 17:19-21; 18:10-15; capítulos 21–27; Hebreos 11:17-20; Santiago 2:21-23.

III. TRASFONDO FAMILIAR:

Isaac fue el hijo de Abraham y Sara, nacido cuando su padre tenía 100 años de edad y su madre 91 (Génesis 17:17, 21; 21:5). Cuando se le hizo la promesa a Sara de que daría a luz un hijo, Abraham se rio (Génesis 17:17-19). Cuando Sara escuchó la promesa, se rio (Génesis 18:10-15). Cuando nació Isaac, Sara dijo con alegría que Dios les había hecho reír a ella y a sus amigos (Génesis 21:6).

Isaac es uno de los pocos casos en la Biblia en los que Dios eligió un nombre para un hijo y lo anunció antes de que naciera (Génesis 17:19). En el Antiguo Testamento, el Señor Dios nombró a Isaac, Ismael, Salomón, Josías, Ciro y el hijo de Isaías, Maher-salal-hasbaz. En el Nuevo Testamento, a Juan el Bautista y a Jesús.

No tenemos indicios de la infancia de Isaac aparte de lo escrito de su circuncisión cuando tenía ocho días (Génesis 21:4) y su destete (Génesis 21:8).

IV. LO QUE DICE EL ANTIGUO TESTAMENTO SOBRE ISAAC:

1. Abraham ofreció a Isaac (Génesis 22).

Esto fue una prueba de fe para Abraham. Escriba el v. 2:

_____

_____

Abraham obedeció a Dios, por lo que Isaac fue con su padre al monte Moriah (en Jerusalén). La mayoría de las personas piensan que Isaac era tan solo un niño, pero Josefo dice que tenía por lo menos veinticinco años. Otros eruditos creen que tenía unos treinta y tres años.

La lección para recordar es la prueba de fe de Abraham. Dios le había prometido a Abraham que de Isaac saldría una gran nación; *ahora ordena a Abraham que ofrezca a Isaac como holocausto (ofrenda quemada)*. Abraham no sabía cómo iba a hacer Dios para reconciliar esto, ni tampoco era asunto suyo. Su misión era obedecer a Dios y confiar en Él, pasara lo que pasara.

Isaac solo hizo una pregunta: *"¿Dónde está el cordero para el holocausto?"* (v. 7).

Escriba la respuesta del v. 8:_____

_____

Subraye las palabras: *"Dios se proveerá de cordero"*.

Por lo tanto, aquí tenemos una hermosa imagen en el Antiguo Testamento de una realidad del Nuevo Testamento. Dios entregó a su único Hijo (el Cordero) como sacrificio por nuestros pecados.

Ahora, subraye los vv. 11-13. En todo esto vemos a:

+ Abraham, ofreciendo a su único hijo.
+ Isaac, obediente incluso hasta la muerte.

+ Un cordero, un sustituto.

2. Hay una verdad esencial que aprender en este punto, algo a lo cual ya hemos aludido.

   Ahora los detalles de esa verdad:

   + *El nacimiento de Isaac es un presagio del nacimiento de nuestro Señor Jesucristo.* Estas son algunas de las similitudes:

   + Tanto Isaac como Jesús habían sido prometidos. A Abraham se le prometió un hijo veinticinco años antes, y sucedió. Se prometió una simiente en Génesis 3:15 y Pablo aclara cuál es la simiente en Gálatas 3:16. Escriba este versículo:

   _____

   _____

   + El anuncio de ambos nacimientos fue inusual. Estos anuncios fueron tan increíbles que Sara y Abraham se rieron. María incluso cuestionó el nacimiento virginal de Jesús, en Lucas 1:34: *"¿Cómo será esto? pues no conozco varón".*

   + Ambos recibieron nombres antes de nacer. Dios le dijo a Abraham que llamara a su hijo Isaac (Génesis 17:19). El ángel le dijo a José que lo llamara Jesús, *"porque él salvará a su pueblo de sus pecados"* (Mateo 1:21).

   + Ambos nacimientos ocurrieron en el momento señalado por Dios (Génesis 21:2):

   _____

   _____

   _____

   + Gálatas 4:4:

   _____

   _____

   + Ambos nacimientos fueron milagrosos. Abraham tenía 100 años y Sara más de 90. Ningún hombre tuvo parte alguna en el nacimiento virginal de Jesús. Lea Romanos 4:19-25.

3. Una esposa para Isaac (Génesis 24).

   Abraham envió a un sirviente a encontrar esposa para Isaac. El sirviente, guiado por Dios (v. 27), llegó hasta Rebeca que estaba lista y preparada para ser la novia de Isaac (v. 58). Cuando ella y el sirviente se acercaron a la casa de Abraham, Isaac salió al encuentro de ella.

   Isaac la llevó a la tienda de su madre y ella se convirtió en su esposa *y la amó* (v. 67).

   Isaac fue reconfortado por el amor de Rebeca, acordándose de la muerte de Sara, su madre.

4. Isaac y sus dos hijos (Génesis 25:19-34).

   A los sesenta y cinco años de edad (v. 26), Isaac se convirtió en el padre de Esaú y Jacob.

Lea y escriba el v. 23: _____

_____

Los muchachos nacieron luchando. Esaú y Jacob eran adultos cuando las Escrituras revelan la venta de la primogenitura.

Esaú, el mayor, significa "rojo". Dios dijo en el v. 23 que *"el mayor servirá al menor". Jacob* significa "suplantador" o "usurpador".

Isaac amaba a Esaú, y Rebeca amaba a Jacob (v. 28).

En Esaú vemos a un hombre del mundo, que vivía para lo físico. Jacob no era ningún santo, pero tenía un deseo interior de hacer el bien (como veremos en la siguiente lección).

La primogenitura no significaba mucho para Esaú. Podría haber significado control y ser cabeza de la familia, pero Dios había dicho *el mayor servirá el menor*". Todo el engaño de Jacob no era necesario. Esaú estaba hambriento y renunció a su primogenitura, la cual no le importaba (v. 32). Así que Esaú entregó su primogenitura por un plato de un guiso rojo y *"por tanto fue llamado su nombre Edom"* (v. 30). *"Así menospreció Esaú la primogenitura"* (v. 34).

Dios sabía todo esto antes de que ocurriera.

5. El pacto confirmado a Isaac (Génesis 26).

En los vv. 1-5 Dios le dice a Isaac que *no* vaya a Egipto y confirma la promesa del pacto.

Pero Isaac, siendo un hombre natural, hizo lo mismo que su padre. En Gerar, al sur de Hebrón, presentó a su esposa Rebeca como su hermana (v. 9).

Isaac se convirtió en un excavador de pozos debido a la lucha por el agua. Se trasladó a Beerseba, y allí Dios se le apareció, le bendijo y repitió las promesas del pacto.

Lea el v. 24 y escríbalo:_____

_____

6. La bendición robada (Génesis 27).

Recuerde que nuestra lección es sobre Isaac. Aquí vemos a Isaac, casi sin vista, en su lecho de muerte, por así decirlo. Su único deseo es comer. Su comida favorita era el venado.

La historia habla por sí misma. Isaac sabía que Dios había dicho que el hijo mayor serviría al menor, pero lo pasó por alto y le dijo a Esaú que le llevara algo de comer y entonces lo bendeciría.

Rebeca, al oír la instrucción a Esaú, decidió engañar a Isaac porque su favorito era Jacob.

Engañaron a Isaac, y él entonces *bendijo a Jacob*. Esaú se enojó tanto que planeó matar a Jacob (v. 41). Jacob, siguiendo el consejo de su madre (v. 43) y con la bendición de Isaac (Génesis 28:1), huyó a casa de Labán, hermano de Rebeca.

Esaú se fue a Ismael y se casó con una de sus hijas (Génesis 28:9).

Al final, Rebeca perdió a sus dos hijos, porque nunca volvió a ver a Jacob.

Isaac muere en Génesis 35:27-29. Isaac se mantiene entre dos nombres majestuosos e impresionantes: Abraham y Jacob. Recuerde en su propia mente las veces que ha leído *"Abraham, Isaac y Jacob"* en las Escrituras.

V. LO QUE DICE EL NUEVO TESTAMENTO SOBRE ISAAC:

1. Hay referencias indirectas en Romanos 4:1-4; Romanos 4:13-25; Gálatas 3:6-18 (lea estos versículos y subraye en su Biblia).

Ahora escriba Gálatas 3:29:_____

_____

2. Vaya a Hebreos 11:17-20.

Esto confirma la fe de Abraham. Él ofreció *"su unigénito"* (v. 17), sabiendo *"que Dios es poderoso para levantar aun de entre los muertos, de donde, en sentido figurado, también le volvió a recibir"* (v. 19). Ahora lea Hebreos 9:9. Isaac era una figura, una imagen de Cristo. ¿Está usted confundido? No lo esté. Jesús confirmó esto con sus propias palabras en Juan 8:56:

_____

_____

¿No es esto fantástico? Las Escrituras nos enseñan las Escrituras, si leemos y estudiamos su Palabra.

3. Vaya ahora a Santiago 2:21-23.

Santiago simplemente está diciendo aquí que la fe y las obras van juntas. La prueba de fe de Abraham llegó cuando hizo exactamente lo que Dios le dijo (y eso son obras).

"¿Y que la fe se perfeccionó por las obras?" (v. 22).

VI.   LAS LECCIONES QUE DEBERÍA APRENDER DE ESTE ESTUDIO:

1. Dios siempre cumple lo que promete, aunque tarde veinticinco años (como en el caso del nacimiento de Isaac).

2. Lo que Dios requiere de nosotros debemos hacerlo, sabiendo que su camino y su voluntad son lo mejor para nuestras vidas.

3. La fe es un *requisito* para cualquier cristiano. Abraham tuvo tanta fe que ofreció a su único hijo.

4. Isaac nos enseña en el Antiguo Testamento lo que se cumplió y completó en el Nuevo Testamento.

5. El engaño y las tácticas mundanas solo producen mucho sufrimiento a cualquier familia.

RECUERDE:

1. ¿Cuándo se le puso nombre a Isaac?

2. ¿Qué edad tenían sus padres cuando nació?

3. ¿Qué significa Isaac?

4. ¿De qué manera es Isaac una imagen, un presagio de Jesucristo?

5. ¿Vio Abraham la simiente suprema, Jesucristo, en su alma? (recuerde Juan 8:56).

6. Isaac tuvo debilidades y fallos humanos. ¿Puede escribir tres de ellos?

SU SIGUIENTE TAREA:

1. Lea Génesis 27–35, 46–49; Mateo 22:29-33; Juan 4:6-13; Hechos 7:6-19; Romanos 9:9-13; Hebreos 11:20-21.

2. Jacob es nuestro siguiente estudio, y es uno de los nombres más grandes de las Escrituras. Estudie todo lo que pueda sobre él.

3. Repase su estudio sobre Isaac.

4. Subraye en su Biblia las nuevas verdades que aprendió.

Lección 8
JACOB

Antes de adentrarnos en el estudio de este famoso personaje, a estas alturas ya debería tener claro en su mente que la Biblia es un libro inusual. Dibuja tanto lo blanco como lo negro; el hombre natural y adámico, y también el hombre espiritual. Vimos esto en Adán, Noé, los hijos de Noé, Abraham, Isaac, y ahora vemos lo mismo en Jacob. Por lo tanto, la Biblia nos habla tal como somos, tanto lo carnal como lo espiritual.

I. EL SIGNIFICADO DEL NOMBRE:

   Jacob significa "suplantador" o "tomar el lugar de otro".

II. VERSÍCULOS BÁSICOS:

   Génesis 27–35; 46–49; Mateo 22:29-33; Juan 4:6-14; Hechos 7:6-19; Romanos 9:9-13; Hebreos 11:20-21.

III. TRASFONDO FAMILIAR:

   Jacob fue el segundo hijo de Isaac y Rebeca. Era el hermano gemelo de Esaú. Jacob nació solo momentos después de Esaú y, por lo tanto, se le llama el hermano *menor*. En una revelación profética a Rebeca dada *antes del nacimiento*, *"y le respondió Jehová: Dos naciones hay en tu seno… y el mayor [Esaú] servirá al menor [Jacob]"* (Génesis 25:23). ¿Por qué? Pablo explica en Romanos 9:11: *"para que el propósito de Dios conforme a la elección permaneciese"*.

IV. LO QUE DICE EL ANTIGUO TESTAMENTO SOBRE JACOB:

   1. Obtuvo la primogenitura de Esaú (Génesis 25:27-34).

      (Cubrimos esto en la lección anterior).

   2. Engañó a su padre para que le diera la bendición y así fue llamado "el suplantador", que significa *"tomar el lugar de otro"* (Génesis 27).

   Escriba Génesis 27:36: _____

   _____

   Aquí vemos una de las debilidades más comunes de la carne: intentar ayudar a Dios. Rebeca y Jacob tramaron juntos un plan para que Jacob recibiera la bendición de Isaac. Dios ya había prometido esto a Jacob al decir: "el mayor servirá al menor".

   3. Jacob huyó a Harán siguiendo el consejo de su madre (vv. 41-46).

      Rebeca no sabía que nunca volvería a ver a Jacob. Jacob tenía miedo. Huyó de Esaú hacia otra vida de dificultades y engaños. La lección aquí es la *ley inmutable de la siembra y la cosecha*.

   4. Jacob en Betel (Génesis 28).

      Jacob fue bendecido por Isaac y le dijo que fuera con Labán y escogiera allí una esposa. No debía casarse con una mujer cananea (vv. 1-5). Esaú se casó con una hija de Ismael. Ya tenía dos esposas (Génesis 26:34 y 28:9).

      La lección para nosotros aquí sobre este incidente es esta: *"No os unáis en yugo desigual con los incrédulos"* (2 Corintios 6:14).

      Jacob fue hacia Harán y se detuvo por la noche a descansar. Con una piedra como almohada, soñó con una escalera que iba desde el cielo hasta la tierra con ángeles que subían y bajaban por ella. Dios le confirmó el pacto abrahámico. Cuando Dios repite, uno debe escuchar. Él ha confirmado el pacto una y otra vez a Abraham, Isaac y ahora a Jacob. Cuando Jacob despertó, dijo: *"Ciertamente Jehová está en este lugar, y yo no lo sabía"* (Génesis 28:16).

El sueño le prometía a Jacob que su descendencia sería "como el polvo de la tierra". El sueño era una imagen de Jesucristo bajando del cielo. Los ángeles de Dios ascienden y descienden, vienen del Señor Jesús, dándonos acceso a Dios por medio de Él.

Jesús interpretó esto para nosotros en Juan 1:51 (escriba este versículo):

_____

_____

Jacob ungió la piedra que le había servido de almohada y llamó ese lugar Betel, que significa *"esta es casa de Dios"*. El lugar había sido llamado *Luz*, que significa "separación".

Betel se convierte en un lugar importante en las Escrituras.

Observe el v. 22. Jacob, al ver la gracia y la bendición de Dios, prometió *dar* un diezmo. Este versículo indica que el diezmo fue dado a Dios en la casa de Dios. Esto fue 250 años antes de la ley. (*Abraham diezmó 430 años antes de la ley*).

5. Los años de Jacob en Harán (Génesis 29).

    Jacob comenzó a cosechar lo que había sembrado. Había engañado a su padre Isaac, y fue engañado por su tío Labán. Se encuentra con Raquel en los vv. 10-12.

    Labán entra en escena en los vv. 13 y 14. Exige a Jacob que trabaje para él siete años para recibir a Raquel (v. 18). Jacob amaba a Raquel y sirvió alegremente, y entonces Labán le entregó a Lea; un sucio truco.

    Labán dijo: *"No se hace así en nuestro lugar, que se dé la menor antes de la mayor"* (v. 26).

    Jacob tuvo que trabajar otros siete años por Raquel (vv. 27 y 28). Jacob tuvo que aprender la paciencia y la humilde sujeción, algo nuevo para él, ya que había sido un engañador en el pasado. La *"semana"* en los vv. 27 y 28 es siete años más. Había servido catorce años y tenía dos esposas.

    Raquel era estéril mientras que Lea podía tener hijos.

6. Los hijos de Jacob (Génesis 29:32 hasta 30:24).

    Nacidos de Lea:

    1. Rubén (Génesis 29:32)
    2. Simeón (v. 33)
    3. Leví (v. 34)
    4. Judá (v. 35)
    5. Isacar (Génesis 30:18)
    6. Zabulón (v. 20)

    Nacidos de Bilha, sierva de Raquel:

    7. Dan (Génesis 30:5)
    8. Neftalí (v. 8)

    Nacidos de Zilpa, sierva de Lea:

    9. Gad (v. 11)
    10. Aser (v. 13)

    Nacidos de Raquel:

    11. José (v. 24)
    12. Benjamín, (no nacido hasta Génesis 35:18, de nuevo en Canaán. Raquel murió en el parto).

De estos doce hijos vienen las doce tribus de Israel. Márquelas en su Biblia.

7. Jacob parte hacia Canaán (Génesis 31).

   Tras mucho regatear y debatir con Labán, Jacob hizo lo que el Señor le dijo y regresó a la tierra que Él le había prometido (v. 3). Por lo tanto, Jacob y toda su familia y su ganado se marchan y Labán lo alcanza. De nuevo discuten, y finalmente llegan a un acuerdo. Es aquí donde encontramos el famoso Mizpa. Escriba Génesis 31:49:

   _____

   _____

   Tras veinte años (v. 41), Jacob finalmente emprende su camino a Canaán.

8. Jacob se convierte en Israel: "príncipe de Dios" (Génesis 32).

   Por temor a su hermano Esaú (o Edom), Jacob clamó a Dios pidiendo ayuda. Envió a su familia al otro lado del arroyo llamado Jaboc, y Jacob se quedó solo en el otro lado.

   Ahora lea Génesis 32:24-30.

Escriba el v. 28: _____

   _____

   ¿Quién luchó con Jacob esa noche? Las Escrituras dicen que luchó con el misterioso visitante hasta que Jacob llegó a un punto de desesperación.

   Hay muchas especulaciones en cuanto a quién era ese visitante. Yo creo que las Escrituras enseñan que era el Cristo preencarnado (v. 30). Oseas 12:5 dice: *"Jehová es su nombre"*. Josué lo vio en José 5:13-15. Isaías lo vio en Isaías 6:5. Pablo lo vio en Hechos 9:1-6.

   Por lo tanto, Jacob es ahora Israel.

   Ahora usted sabe de dónde vienen Israel y las doce tribus. Recuérdelo bien.

   Recuerde también que la carne fue vencida en Jacob, no eliminada; solamente se actuó para que confiara en el Señor Dios.

   Después de esto, Jacob fue un hombre cambiado. En el capítulo 33 se reconcilió con su hermano Esaú. Esaú incluso corrió para encontrarse con Jacob y lo abrazó (v. 4).

9. Sembrar y cosechar (Génesis 34–36).

   La lección principal del capítulo 34 es la siembra y la cosecha. Jacob se había detenido en Salem. Sus hijos Simeón y Leví mataron a los hombres por su hermana Dina (v. 25). Jacob solo podía pensar en sí mismo. Observe los pronombres personales del v. 30 y subráyelos. Solo podía hacer una cosa (lo que Dios le dijo): *"Sube a Bet-el, y quédate allí; y haz allí un altar al Dios que te apareció"* (Génesis 35:1).

   Se había detenido cerca de Bet-el, y los ídolos contaminaron su casa (v. 2). Notemos también que Jacob dijo en el v. 2: *"Limpiaos, y mudad vuestros vestidos"*. En el v. 3: *"Y levantémonos, y subamos a Bet-el"*,

   Cuando llegaron a Bet-el, Jacob edificó un altar y llamó al lugar El-bet-el, que significa *"el Dios de la casa de Dios"* (vv. 6 y 7). Después de que le fuera confirmado a Jacob otra vez el pacto abrahámico (vv. 9-13) perdió a Raquel, su esposa, al dar a luz a Benjamín (vv. 16-20).

   Sus doce hijos aparecen en este capítulo. Cuéntelos en su Biblia (vv. 22-26).

   Isaac murió y Esaú y Jacob lo enterraron (vv. 27-29).

10. Israel (Jacob), en Egipto (Génesis 46:50).

Aquí, la descendencia de Abraham salió de Canaán. No regresaron hasta que Josué los guio cientos de años después. Jacob entró en la buena y maravillosa voluntad de Dios para ver a su hijo José en la tierra de Egipto. Solo setenta personas descendieron a Egipto (para una explicación de la diferencia en la cuenta, vea el libro *A través de la Biblia en un año*).

Jacob bendijo a sus doce hijos y dio instrucciones (que fueron proféticas) a cada uno de ellos. Lea específicamente Génesis 49:8-12 con respecto a Judá y escriba el v. 10:

_____

_____

Jesús vino de la tribu de Judá.

Jacob murió en Egipto y fue llevado de regreso a Canaán y enterrado en Macpela con su padre Abraham.

V. LO QUE DICE EL NUEVO TESTAMENTO SOBRE JACOB:

Hay muchas referencias a Jacob, o Israel, pero veremos solo unas pocas.

1. Jesús responde a los saduceos con respecto a la resurrección (Mateo 22:29-33).

    Les da respuestas de la Palabra. Escriba el v. 32:

    _____

    _____

2. Esta es la historia de la mujer samaritana en el pozo, el pozo de Jacob (Juan 4:6-14).

    Lea todo el pasaje y escriba el v. 12: _____

    _____

    _____

3. Esteban usa el liderazgo de Dios en las vidas de Abraham, Isaac y Jacob en su mensaje ante el Sanedrín (Hechos 7:6-19).

    Lea los vv. 8, 14 y 15.

4. El propósito de Dios, según su "elección", debe permanecer; por lo tanto, el descendiente de Isaac, Jacob, fue la voluntad soberana de Dios (Romanos 9:9-13).

    Lea también y subraye Romanos 11:26-29.

    Note: *"Vendrá de Sion el Libertador [Redentor]",*

    "Que apartará de Jacob [Israel] la impiedad".

    "Y este será mi pacto con ellos",

    "Porque irrevocables [no pueden cambiar nunca] son los dones y el llamamiento de Dios".

5. Lea Hebreos 11:20-21, escriba el v. 21:

    _____

    _____

VI. LAS LECCIONES QUE DEBERÍA APRENDER DE JACOB:

1. Nunca vale la pena ser un engañador, un estafador.

2. Jacob pagó una y otra vez por conspirar.

3. Nunca deberíamos intentar ayudar a Dios adelantándonos a su voluntad para nosotros.

4. Siempre debemos recordar la ley inmutable de la siembra y la cosecha.

5. Dios nunca rompe una promesa. Él había prometido la bendición a Jacob antes de nacer. Dios lo cumplió a su debido tiempo.

6. A veces necesitamos *subir a Bet-el*.

7. Dios tiene un plan único para Israel, parte ya se ha cumplido y parte se tiene que cumplir aún.

RECUERDE:

1. ¿Qué significa Jacob? ¿Cuál es el otro nombre de Jacob?

2. ¿Cuándo le dio Dios a Jacob el pacto abrahámico?

3. ¿Dónde está el versículo acerca de estar en yugo desigual?

4. ¿Qué significa Bet-el?

5. ¿Cuántos hijos tuvo Jacob? ¿Por qué deberíamos hacer énfasis en ellos?

6. ¿Dónde fue Jacob en su último viaje? ¿Cuántos fueron con él?

SU SIGUIENTE TAREA:

1. Lea Génesis 37–50; Hechos 7:9-19; Hebreos 11:21-22.

2. Lea todo lo que pueda sobre José, el hombre que fue un anuncio de Cristo en muchos sentidos.

3. Repase su estudio sobre Jacob, "Israel".

4. Subraye en su Biblia las nuevas verdades que aprendió.

Lección 9
JOSÉ

I.   EL SIGNIFICADO DEL NOMBRE:

José significa "qué Él (Jehová) añada" o "añadir".

Lea Génesis 30:24: _____

_____

II. VERSÍCULOS BÁSICOS:

Génesis 37–50; Hechos 7:9-19; Hebreos 11:21-22.

III. TRASFONDO FAMILIAR:

Llegamos ahora a la cuarta figura destacada del linaje que comenzó con Abraham. Desde aquí (Génesis 37) hasta el final de Génesis la figura central es José, aunque aún se esté hablando de la familia de Jacob. Se dedican más capítulos a José que a Abraham o Isaac. ¿Por qué se le da tanta prominencia a José en las Escrituras?

En primer lugar, porque fue un buen ejemplo de una vida buena y grande.

En segundo lugar, no hay nadie en las Escrituras que sea más como Cristo en su persona y sus experiencias que José.

La semejanza no es accidental. El paralelismo es muy evidente; por lo tanto, mencionaremos algunos de estos paralelismos en esta lección.

José nació en Harán antes de que Jacob regresara a Canaán. Era el hijo favorito de Jacob porque era el hijo de su vejez y también hijo de Raquel.

IV. LO QUE DICE EL ANTIGUO TESTAMENTO SOBRE JOSÉ:

1. La humillación de José (Génesis 37–40).

José era un niño pastor (cuidaba de los rebaños) y su padre Jacob, o Israel (Génesis 37:2-3), lo amaba mucho. Sus hermanos lo odiaban porque era el hijo favorito. Tenían celos de él. Jacob le hizo una túnica de muchos colores, una marca de distinción, honor y separación (vv. 3 y 4).

En los vv. 4-11 leemos tres veces acerca del rencor que sus hermanos sentían hacia él (en el v. 4, luego en el v. 5, y de nuevo en el v. 9).

José era un soñador. Por esos sueños pudo ver que, en el futuro, sus hermanos se postrarían ante él (vv. 9-10). Esta era otra razón por la que lo odiaban. Jacob envió a José a asegurarse de que sus hermanos estuvieran bien. Cuando lo vieron llegar, maquinaron contra él.

Aunque Rubén quería salvarlo, *Judá lo vende por veinte piezas de plata* a unos ismaelitas. Sacaron a José del pozo donde los habían metido y lo vendieron. Los hermanos tomaron la túnica de José, la salpicaron de sangre y la llevaron a Jacob para hacerle creer que su amado hijo había muerto. Todo esto se relata en Génesis 37:12-35.

Observe ahora dónde estaba realmente José (v. 36). Fue vendido a Egipto. *No olvide dónde estaba José y cómo llegó hasta allí.*

2. La vergüenza de Judá (Génesis 38).

Este capítulo hace una pausa en la historia de José para contar la sórdida historia de Judá. Es importante porque nuestro Señor vino de la tribu de Judá. Cuando lea este capítulo, verá que Jesús fue a las profundidades cuando condescendió para ser hecho en forma de hombre pecador.

Judá se casó con una cananea (Génesis 38:2) y tuvo tres hijos. Su primer hijo, Er, se casó con Tamar. Tamar perdió a su esposo y engañó a Judá para hacerle creer que ella era una prostituta (v. 15). Judá le dio su sello, su cordón y su báculo. Tamar concibió y después usó los regalos para demostrar que ella era la que en realidad Judá había tomado como prostituta. Ahora lea los vv. 27-30 para ver lo que ocurrió. Tamar tuvo gemelos: Fares y Zara. Así que tenemos nombres que nos resultan familiares. Lea Mateo 1:2-3.

Escriba el v. 3: _____

_____

Este es el linaje que lleva hasta Booz, Rut, Isaí, David y hasta Jesucristo.

Lea Rut 4:18-22 para una confirmación adicional.

3. José probado por la adversidad (Génesis 39–40).

José se convirtió en un siervo en la casa de Potifar. Fue próspero, agradaba a su amo y se convirtió en una gran bendición para otros (Génesis 39:1-6).

José fue tentado muchas veces, pero no pecó (vv. 7-12).

José fue acusado falsamente y encarcelado (vv. 16:20).

Pero la prisión fue distinta con él en ella. Escriba el v. 21:

_____

_____

En el capítulo 40, observamos que José en la cárcel fue una bendición para un prisionero y una condenación para otro (vv. 5-22). En toda esta adversidad, José solo habló de Dios. Lea Génesis 39:9, y ahora Génesis 40:8. Observe también Génesis 40:23, donde el que recibió la bendición se olvidó de José.

4. La exaltación de José por Faraón (Génesis 41).

Faraón tuvo un sueño, y llamaron a José para interpretarlo. De nuevo, en el v. 16 José magnificó a Dios y no a sí mismo. Dios estaba obrando. Fue él quien sacó a José de la cárcel. José interpretó el sueño, tanto lo bueno como lo malo. Dio instrucciones explícitas a Faraón. Observe su frase sobre José en el v. 38: *"En quien esté el espíritu de Dios"*.

José fue nombrado gobernador sobre toda la tierra de Egipto (v. 41). Recibió a una esposa gentil (v. 45). Proveyó alimento para todos (v. 57).

5. La exaltación de José por su familia (Génesis 42–45).

La primera visita de los hermanos de José fue a consecuencia de la hambruna que hubo en Canaán. Fue una hambruna que les hizo ir a Egipto (Génesis 43:15).

Los hermanos no reconocieron a José, pero él sí los reconoció (vv. 6-16). No se habían visto desde que lo vendieron cuando José tenía diecisiete años. Ahora tenía treinta años.

José exigió que la próxima vez que llegaran a Egipto trajeran con ellos a Benjamín.

En los capítulos 43 y 44 Jacob consistió en que Benjamín fuera con ellos en su segundo viaje. Judá le aseguró a su padre que Benjamín regresaría. Cuando volvían de regreso a su casa, fueron humillados cuando se acercó hasta ellos un siervo de José. Fueron acusados de robar la copa de plata de José. La encontraron en la bolsa de Benjamín y fueron llevados de nuevo hasta José, y allí Judá suplicó explicando su caso.

En el capítulo 45 José se dio a conocer y lloró con fuerza (véanse vv. 1-2). Reveló que Dios lo había enviado a Egipto con un propósito definido (Génesis 45:7).

Este es uno de los versículos más importantes de Génesis. José demostró una gracia maravillosa en el v. 4 y en los vv. 14 y 15. Sus hermanos se fueron para hablar de José e incluso de los favores de Faraón.

6. Las bendiciones de Jacob sobre las doce tribus (Génesis 46–50).

En esta sección vemos un poco más de la última lección. *"Salió Israel [Jacob] con todo lo que tenía, y vino a Beerseba, y ofreció sacrificios al Dios de su padre Isaac"* (Génesis 46:1).

Dios habló a Israel en los vv. 2 y 3. Esta es la séptima y última vez que se registra que Dios le habló a Jacob:

- La primera vez (Génesis 28:13)
- La segunda vez (Génesis 31:3)
- La tercera vez (Génesis 32:1)
- La cuarta vez (Génesis 32:24)
- La quinta vez (Génesis 35:1)
- La sexta vez (Génesis 35:9)
- La séptima vez (Génesis 46:2)

Dios le dijo a Israel: *"Yo descenderé contigo a Egipto, y yo también te haré volver"* (Génesis 46:4). Ellos iban, según creían, para un corto periodo de tiempo. No imaginaban que setenta personas aumentarían hasta convertirse en una gran multitud antes de que Josué liderara su éxodo de Egipto. Fueron exaltados en Egipto por Faraón y les dieron la tierra de Ramesés, que es Gosén (Génesis 47:1-11). Jacob vivió en Egipto por setenta años. Antes de morir, Jacob tenía algunas cosas que decir y bendiciones que dar. Jacob repitió el pacto en Génesis 48:3-4. Después aceptó como suyos a los hijos de José: Efraín y Manasés. En los vv. 8-14 bendijo al segundo hijo antes que al primero. (Recuerde el principio del segundo antes que el primero, lección 1). Esta es la quinta vez en Génesis que vemos aplicado este principio.

En el capítulo 49 Jacob bendice a sus doce hijos y pronuncia algunas declaraciones proféticas con respecto a ellos. No las veremos todas ellas, solo una: Judá. Observe en Génesis 49:8-12 que Jacob pronuncia una profecía sobre la llegada de Cristo. Jesús vino del linaje de Judá.

Escriba el v. 10:_____

La palabra *Siloh* significa "Cristo".

En el capítulo 50 muere Jacob. Observe que los egipcios hicieron duelo durante tres días. Eso es muy inusual, ¿no cree? Fue llevado a Canaán y enterrado en Macpela con su familia.

José murió a los 110 años de edad, prometiendo a sus hermanos que, *"Dios… os hará subir de esta tierra a la tierra que juró a Abraham, a Isaac y a Jacob"* (v. 24). Por lo tanto, llegamos al final de la vida de José y del libro de Génesis.

V. LO QUE DICE EL NUEVO TESTAMENTO SOBRE JOSÉ:

1. Si quiere leer un repaso rápido de Israel, recuerde los sermones de Esteban, Pedro y Pablo (Hechos 7:9-19).

Esteban dice, primero en el v. 6, que Dios dijo: *"Que su descendencia sería extranjera en tierra ajena... por cuatrocientos años"* (remontándose a Génesis 15:13). Entonces, en los vv. 9-19, Esteban recuerda la historia de José e Israel en Egipto. Esta es una confirmación del Nuevo Testamento de todo lo que Dios había dicho y se cumplió.

2. *"Por la fe José, al morir, mencionó la salida de los hijos de Israel"* (Hebreos 11:22).

En su muerte, José recordó a Israel su tierra y su herencia. Ahora bien, un estudiante principiante de la Palabra de Dios se preguntará: "¿Por qué hemos empleado tanto tiempo en cosas aparentemente insignificantes de la vida de José?". Recuerde que toda la Escritura es para nuestro aprendizaje y ejemplo. Por lo tanto, según nos acercamos a la sección "Las lecciones que debería aprender", esta explicación es necesaria para un estudiante inexperto. *En las Escrituras no hay nadie más parecido a Cristo, en persona y experiencia, que José.* Sin embargo, en ningún otro lugar del Nuevo Testamento se nos da a José como un tipo o imagen de Jesús. El paralelismo no puede ser accidental; es del Señor. Enumeremos a continuación solo algunas de las analogías.

VI. LAS LECCIONES QUE DEBERÍA APRENDER DE ESTE ESTUDIO:

JOSÉ COMO UNA IMAGEN DE CRISTO	
JOSÉ	JESÚS
1. Era el hijo amado de su padre (Génesis 37:3).	1. Era el Hijo amado de su Padre (Mateo 3:17).
2. Vivía en Hebrón, lugar de comunión, con su padre antes de ser enviado a sus hermanos (Génesis 37:14).	2. Vivía en el cielo, lugar de comunión, antes de venir a la tierra (Juan 17:5).
3. Su padre lo envió, pero él estuvo totalmente dispuesto a ir (Génesis 37:13).	3. Su Padre lo envió, pero estuvo totalmente dispuesto a ir (Juan 3:16, Filipenses 2:5-7).
4. Testificó en contra del pecado de sus hermanos, y ellos le odiaban (Génesis 37:2).	4. Testifica en contra del pecado de ellos, y los hombres lo odiaron (Juan 15:18).
5. Les reveló la posición exaltada que ocuparía en el futuro, y ellos le odiaron más (Génesis 37:5-8).	5. Reveló al hombre la posición exaltada que tendría en el futuro, y ellos lo odiaron más (Mateo 24:30, 31).
6. Sus hermanos tramaron contra él (Génesis 37:19, 20).	6. Sus hermanos según la carne (los judíos) maquinaron contra Él (Lucas 20:13, 14; 19:46, 47).
7. Judá lo vende por veinte piezas de plata (Génesis 37:26, 28).	7. Judas lo vende por treinta monedas de plata (Mateo 26:15).
8. Fue tentado y no cayó (Génesis 39).	8. Fue tentado, pero no cayó (Mateo 4:1-11).
9. Fue acusado falsamente (Génesis 39:13-18).	9. Fue acusado falsamente (Mateo 26:59, 65).
10. Fue metido en una cárcel egipcia, el lugar de muerte, con dos malhechores (Génesis 39:20).	10. Fue puesto en la cruz, lugar de muerte, con dos malhechores (Marcos 15:27, 28).
11. Uno de los malhechores murió y el otro vivió (Génesis 40:21-22).	11. Uno de los malhechores murió y el otro vivió: espiritualmente (Lucas 23:39-43).
12. Fue sacado del lugar de muerte por el rey de la tierra (Génesis 41:14).	12. Fue sacado del lugar de muerte a manos del Rey del universo (Efesios 1:19-20).
13. Se le concedió todo el poder en Egipto (Génesis 41:42-44).	13. Se le dio todo el poder en el cielo y en la tierra (Mateo 18:28).
14. Tras su exaltación, tomó una esposa gentil para compartir su gloria (Génesis 41:45).	14. Tras su exaltación, toma una esposa gentil (la Iglesia) para compartir su gloria (Efesios 5:23-32).
15. Fue reconocido como el salvador del pueblo y su gobernante (Génesis 47:25).	15. Reconocido como el Salvador y Gobernante (Filipenses 2:10-11).

JOSÉ COMO UNA IMAGEN DE CRISTO	
JOSÉ	JESÚS
16. Todos tuvieron que obtener su pan (vida física) a través de José (Génesis 41:55-57).	16. Todos deben obtener vida espiritual a través de Jesucristo (Hechos 4:12).
17. Da todo el honor al rey, y entrega todas las cosas en sus manos (Génesis 47:14-20).	17. Da todo honor al Rey (Dios) y entrega todas las cosas en sus manos (1 Corintios 15:24).
18. Conocía el pasado de sus hermanos (Génesis 42:33).	18. Sabía lo que había en el hombre (Juan 2:24, 25; Mateo 9:4).

Hemos enumerado dieciocho, aunque hay más. Qué bendición es dejar que las Escrituras nos hablen y nos revelen, incluso en el primer libro de la Biblia, al Señor Jesús.

RECUERDE:

1. ¿Por qué los hermanos de José lo odiaban tanto?

2. Jacob le dio a José una prenda de ropa; la mayoría de las personas recuerdan esto de José. ¿Qué era?

3. ¿Quién vendió a José y por cuánto dinero?

4. En Egipto, ¿qué llegó a ser José?

5. ¿Por qué estaba José en Egipto? ¿Fue por voluntad propia o solo porque sus hermanos lo vendieron?

6. ¿Cómo fue capaz José de conseguir el control sobre todo Egipto?

SU SIGUIENTE TAREA:

1. Lea de nuevo Génesis 29:31-35; 38:11-30; 49:3-12; Números 24:16-19; Josué 15:1-12; 2 Samuel 2:1-11; Mateo 1:1-17; Lucas 3:23-38; Hebreos 8:7-13; Apocalipsis 5:5.

2. El personaje para la siguiente lección es Judá, de quien vino nuestro Señor Jesús. Lea todo lo anterior.

3. Subraye en su Biblia las nuevas verdades que aprendió.

4. Repase el estudio sobre José.

Lección 10
JUDÁ

I. EL SIGNIFICADO DEL NOMBRE:

Judá significa "alabanza". Vea Génesis 29:35: _____

_____

II. VERSÍCULOS BÁSICOS:

Génesis 29:31-35; 38:11-30; 49:3-12; Números 24:16-19; Josué 15:1-12; 2 Samuel 2:1-11; Mateo 1:1-17; Lucas 3:23-38; Hebreos 8:7-13; Apocalipsis 5:5.

III. TRASFONDO FAMILIAR:

Judá era el cuarto hijo de Jacob y Lea (Génesis 29:35). Su madre lo llamó Judá, que significa "alabanza", por su gratitud hacia Dios por él. Más adelante en las Escrituras, una distinguida madre alabó al Señor por un Hijo aún mayor que venía de la tribu de Judá. Véase Lucas 1:46-47.

_____

_____

Judá, siendo el cuarto hijo, fue escogido por Jacob. Por los pecados de Rubén, Simeón y Leví, ellos no fueron tenidos en cuenta y Judá fue escogido como aquel de quién vendría nuestro Señor Jesús, *"el León de la tribu de Judá, la raíz de David"* (Apocalipsis 5:5). Judá fue el portavoz de José en Génesis 44:18-34, uno de los discursos más elocuentes dados jamás. Como resultado, José se reveló como el hermano. Judá era un líder fuerte. Dios obra de maneras misteriosas, como lo hizo al elegir a Judá.

IV. LO QUE DICE EL ANTIGUO TESTAMENTO SOBRE JUDÁ:

1. Su nacimiento (Génesis 29:31-35).

   Judá nació en una casa mezclada. Jacob tenía dos esposas. Amaba a una de ellas, Raquel, que era estéril en ese entonces. Lea podía tener hijos y Judá fue su cuarto hijo. Judá finalmente tuvo once hermanos nacidos a Jacob con cuatro mujeres distintas. Debió aprender la paciencia en una familia así.

2. Judá era inmoral (Génesis 38:11-30).

   Aunque pensamos que los grandes hombres de Dios eran una especie de criaturas "sin pecado", la Biblia revela justamente lo contrario.

   En este pasaje, Judá es un pecador. Cometió adulterio con Tamar, la esposa de su hijo fallecido. Ella fingió ser una prostituta, una tentación para Judá, quien cayó en la trampa. Tamar concibió y tuvo gemelos: Fares y Zara. El pecado de Judá fue seguir el camino de los cananeos, y esa fue una razón por la que Dios permitió que fueran a Egipto. Pecó contra Dios y contra su propia nuera. ¡Y creemos que ahora estamos en una revolución sexual! No hay nada nuevo al respecto. Durante siglos, el hombre "natural" ha tenido libertad sexual. Los cananeos ya no están; Dios los juzgó. Esa es una advertencia para cualquier persona. Judá estaba actuando como los cananeos. Busque a Mateo 1:2-3:

   _____

   _____

Aquí encuentra los nombres de Tamar, Fares y Zara, hasta Booz, Rut y David. Estaban en el linaje de Cristo.

3. Nuestro Señor Jesucristo, el Mesías, vendría de la tribu de Judá (Génesis 49:3-12).

    Lea este pasaje dos veces. Es una de las declaraciones proféticas más grandes de toda la Biblia. Jacob les dijo a sus hijos lo que les ocurriría. Veremos solo lo concerniente a Judá.

    Ya se nos ha dicho que habría una simiente de la mujer en Génesis 3:15. Esa simiente fue confirmada a Abraham, Isaac y Jacob. Aquí se le confirma a Judá. Él vendría del linaje de Judá.

    Observe ahora Génesis 49:8: *"Judá, te alabarán tus hermanos… Los hijos de tu padre se inclinarán a ti"*. Judá significa "alabanza". Él iba a ser superior al resto de las tribus.

    La tribu de Judá guio a los israelitas a través de su viaje por el desierto.

    Ahora en el v. 9: *"Cachorro de león, Judá"*. El león es el rey de las bestias. Judá iba a ser fuerte, un líder. El emblema de Judá era el león.

    V. 10: *"No será quitado el cetro de Judá… Hasta que venga Siloh"*. (Subraye este versículo en su Biblia).

    El "cetro" era el símbolo de autoridad, y la forma más elevada de un cetro era una corona. Esto se vio en el Antiguo Testamento en David. Esa corona se le dará al Rey de Reyes en el trono de David algún día.

    Siloh significa "Cristo nuestro Salvador". Jacob, al morir, vio el día de Cristo y fue su consuelo y apoyo durante su muerte.

    Ahora lea el v. 24 de este mismo capítulo. Escriba este versículo:

    _____

    _____

    Jacob se dirigía a José, y en la última parte del versículo dijo: *"Y los brazos de sus manos [de José] se fortalecieron por las manos del Fuerte de Jacob (Por el nombre del Pastor, la Roca de Israel)"*.

    Jesús es Siloh.

    Jesús es Aquel que viene con el cetro en sus manos. El cetro del universo hoy lo sostienen unas manos atravesadas por clavos.

    Jesús es el Pastor y la Roca. Piense en todas estas cosas en referencia a su venida a la tierra como Mesías:

    +   Él es la simiente prometida de la mujer (Génesis 3:15).
    +   Él es Siloh que trae descanso (Génesis 49:10).
    +   Él es el Rey que sostiene el cetro (Salmos 2:7).
    +   Él es el Pastor que dio su vida por las ovejas (nosotros) (Juan 10:11).
    +   Él es el Príncipe de los pastores que viene de nuevo (1 Pedro 5:4).
    +   Él es la Roca que desecharon los edificadores pero que ahora se ha convertido en la piedra angular (Mateo 22:42).
    +   Él es la Estrella resplandeciente de la mañana para su Iglesia hoy (Apocalipsis 22:16).

    El linaje para producir la "Simiente" fue de Adán a Set. De Set pasó por Noé hasta Sem, y después a Abraham, Isaac y Jacob y ahora Judá.

    Génesis 49:11: esta profecía se cumplió cuando Jesús entró cabalgando a Jerusalén sobre un pollino ofreciéndose como el Mesías y Rey de Israel. Lavó su vestido en "vino" y esa fue su propia sangre que vertió por el mundo.

Así pues, de Judá vino nuestro Salvador. De Judá el linaje de Cristo continuó a través de Obed, Rut, Isaí, David y hasta José, el esposo de María (véase Mateo 1:1-17).

4. Ahora podemos entender estas palabras tan importantes de la Biblia, ya que hemos estudiado a los tres personajes:

Hebreo: Abraham primero es llamado un hebreo (Génesis 14:13). El primero llamado hebreo vino mediante Sem. Vea la lección 4.

Israel: Jacob es llamado así (Génesis 32:28).

Judío: uno que pertenece a la tribu o el reino de Judá (2 Reyes 16:6; 25:25). Después el significado se extendió, y la palabra se aplicó a cualquiera de la raza hebrea que regresó del cautiverio, y finalmente a cualquiera de la raza hebrea. Véase Ester 2:5 y Mateo 2:2.

Su idioma era, y es, el hebreo.

V. LO QUE DICE EL NUEVO TESTAMENTO SOBRE JUDÁ:

1. En Mateo 1:1-17 y Lucas 3:23-38 tenemos los dos linajes de Cristo detallados.

En Mateo, el linaje es a través de José. En Lucas, a través de María. En Lucas 3:23 se nos dice que José era hijo de Elí. En Mateo 1:16 se nos dice que José era hijo de Jacob.

No podía ser el hijo de ambos. José era el "yerno" de Elí. Elí era el padre de María. (No deje que estos dos versículos le confundan). Judá aparece en ambas genealogías (Mateo 1:2-3; Lucas 3:33-34).

2. En Hebreos 8:7-13 se les promete a Israel y a Judá el nuevo pacto.

Esto se remonta a Jeremías 31:31-34. Este nuevo pacto descansa sobre el sacrificio de Cristo, y asegura nuestra bendición eterna bajo el pacto abrahámico de todo aquel que cree (Gálatas 3:13-16).

Escriba Gálatas 3:14: _____

_____

3. Ahora lea Apocalipsis 5:5.

_____

_____

Jesús es *"el León de la tribu de Judá"*. A Él le pertenece el cetro, el emblema de realeza y autoridad.

4. En Apocalipsis 22:16 Jesús dice: *"Yo soy la raíz y el linaje de David, la estrella resplandeciente de la mañana"*.

5. En Romanos 15:12 Pablo cita Isaías 11:1 y 10.

Romanos 15:12 dice: *"Estará la raíz de Isaí"*. Observe Isaías 11:1: *"Saldrá una vara del tronco de Isaí, y un vástago [Cristo] retoñará de sus raíces"*.

Todo esto confirma el hecho de que Dios, en su sabiduría divina, eligió a Abraham, Isaac y Jacob y después a Judá, y de Judá vendría el Señor Jesucristo. Se le atribuyen muchos nombres y hemos dado solo unos pocos para que usted examine las Escrituras. En futuros estudios ahondaremos más en este tema.

VI. LAS LECCIONES QUE DEBERÍA APRENDER DE ESTE ESTUDIO:

1. Que el Señor Dios obra a su propia manera y elige a los que tienen que hacer un trabajo especial para Él. Eso ocurrió con Judá.

2. Judá, escogido por Jacob, era un hombre pecador. Dios lo usó igualmente. Todos somos pecadores y carnales, y aun así el Señor puede usarnos si somos suyos y le hemos aceptado. Se produce esa lucha constante entre lo espiritual y lo carnal.

3. A través de Judá vino Cristo. Dios fue fiel a su promesa a Abraham, Isaac y Jacob y Judá. La "*simiente*" de Génesis 3:15 y la "descendencia" prometida a Abraham estaba en los lomos de Judá y los que vendrían después de él.

4. Siloh es otro nombre, entre muchos, para Cristo. La palabra significa "descanso", y Jesucristo es "descanso" (Mateo 11:28).

5. Jacob vio en el futuro la venida del Mesías, Siloh, Jesús, el Hijo de Dios.

6. El Señor Jesús es "el León de la tribu de Judá". Es "la vara del tronco de Isaí". Isaí fue el padre de David.

RECUERDE:

1. ¿Qué significa Judá?
2. ¿Por qué fue escogido por delante de sus tres hermanos mayores?
3. ¿Cuál es el significado de "*Siloh*"? ¿Y de un cetro?
4. ¿Cómo se le llama a Jesús, identificándolo con Judá?
5. ¿Cuál era la posición de Judá entre las demás tribus en el desierto?

SU SIGUIENTE TAREA:

1. Lea Éxodo 1–24 (todo el libro si puede). Lea también Números 9–21; Deuteronomio 32–34; Hechos 7:22-38; Juan 3:14-16; 6:31-32; Hebreos 3:1-19; 11:23-29.
2. Lea todo lo que pueda sobre Moisés. Él será el personaje de nuestro siguiente estudio.
3. Repase el estudio sobre Judá.
4. Subraye en su Biblia las nuevas verdades que aprendió.

Lección 11
MOISÉS

I. EL SIGNIFICADO DEL NOMBRE:

Moisés significa "sacado" o "extraído". Busque Éxodo 2:10 y escriba la última frase:

_____

_____

_____

II. VERSÍCULOS BÁSICOS:

Éxodo 1–24; Números 9–21; Deuteronomio 32–34; Hechos 7:22-46; Juan 3:14-16; 6:31-35; Hebreos 3:1-19; 11:23-29.

III. TRASFONDO FAMILIAR:

En Éxodo 2:1-2 leemos: *"Un varón de la familia de Leví fue y tomó por mujer a una hija de Leví, la que concibió, y dio a luz **un hijo**"*. El *"hijo"* nació bajo una sentencia de muerte de Faraón. Pusieron al niño en una cesta y lo escondieron, porque el decreto de Faraón decía: *"Echad al río a todo hijo que nazca"* (Éxodo 1:22). La hija de Faraón encontró la cesta. La hermana del bebé, en la orilla del río, sugirió a la mamá del bebé (Jocabed) como nodriza para criar al niño y cuidarlo (Éxodo 2:7-8).

No se nombra a los padres de Moisés hasta Éxodo 6:20. Nació de Amram y Jocabed. Amram era de la tribu levítica, hijo de Coat.

Moisés, criado entre la realeza, fue instruido en toda la sabiduría de los egipcios, que en ese entonces eran el pueblo más influyente del mundo. El hecho de estar los primeros cuarenta años de su vida en el palacio de Faraón equipó a Moisés para lo que Dios tenía en mente, no el faraón de Egipto. Aunque aprendió la vida en la corte, la pompa y ceremonia de la realeza, las artes y la gloria de Egipto, Moisés sabía y recordaba su origen y creía en las promesas que el Señor Dios le había hecho al pueblo hebreo.

IV. LO QUE DICE EL ANTIGUO TESTAMENTO SOBRE MOISÉS:

1. La vida de Moisés se divide en tres periodos de 40 años:

    ♦ 40 años en el palacio de Faraón (capítulo 2)

    ♦ 40 años en Madián en el desierto (capítulo 3)

    ♦ 40 años como libertador de su pueblo de la esclavitud de Egipto (capítulo 5 en adelante). Lea Éxodo 7:7.

2. Tras los primeros 40 años, Moisés se identificó con Israel y huyó de Faraón (Éxodo 2:15).

    El rey (Faraón) de Egipto murió y los hijos de Israel clamaron debido a su esclavitud (Éxodo 2:23). Dios escuchó su clamor y se acordó de su pacto con Abraham, Isaac y Jacob (Éxodo 2:24).

3. El llamado de Moisés (Éxodo 3).

    Durante el periodo que Moisés pasó en Madián, en la parte posterior del desierto, Dios lo llamó y comisionó para sacar a Israel de la esclavitud.

En primer lugar, su llamado (Éxodo 3:2-10). Dios se apareció a Moisés en una zarza ardiente y la zarza no se consumía (v. 2). Dios siempre aparecía en una nube o en fuego. Moisés no podía alejarse de algo tan insólito. Desde en medio de la zarza, Dios llamó a Moisés por nombre (v. 4). Escriba el v. 5:

_____

_____

En segundo lugar, Dios comisionó a Moisés para que fuera el líder y *"para que saques de Egipto a mi pueblo, los hijos de Israel"* (v. 10).

Las excusas de Moisés (Éxodo 3:11–4:13).

Moisés era como la mayoría de nosotros. Dios lo llamó y Moisés le dio excusas de que no podía hacer lo que Dios le dijo. Observe las cuatro excusas:

Primera excusa: *"¿Quién soy yo para que vaya…?"* (Éxodo 3:11).

La respuesta: *"Ve, porque yo estaré contigo"* (v. 12).

Segunda excusa: *"Si ellos me preguntaren: ¿Cuál es su nombre?, ¿qué les responderé?"* (v. 13)

La respuesta: (v. 14) Escríbalo:

_____

_____

Dios es el gran *"YO SOY"*.

Tercera excusa: *"He aquí que ellos no me creerán…"* (Éxodo 4:1).

La respuesta: *"¿Qué es eso que tienes en tu mano?"* (v. 2). Dios usó una vara y la señal de la lepra en la mano de Moisés. Dios usa lo que tenemos. Cuanto menos tengamos, más evidente será su poder.

Cuarta excusa: *"¡Ay, Señor! nunca he sido hombre de fácil palabra… porque soy tardo en el habla y torpe de lengua"* (v. 10).

La respuesta: *"¿Quién dio la boca al hombre?... Ahora pues, ve, y yo estaré con tu boca, y te enseñaré lo que hayas de hablar"* (vv. 11, 12).

Aun así, Moisés le dijo a Dios: "Envía mejor a otro" (lea el v. 13). Entonces Dios escogió a Aarón, el hermano de Moisés, para que hablara por Moisés. Dios usaría el corazón y la cabeza de Moisés y la lengua de Aarón. La lección: no hay excusas si Dios nos llama a un trabajo. Él provee todo lo que necesitamos.

5. La contienda con Faraón (Éxodo 5–12:51).

    Tras el llamado de Dios, Moisés y Aarón regresaron a Egipto (Éxodo 4:19-31).

    Después, en Éxodo 5:1, comienza la etapa difícil en la vida de Moisés. Él y Aarón hicieron ante Faraón la primera petición de parte de Dios: *"Jehová el Dios de Israel dice así: Deja ir a mi pueblo"*. Faraón fue el primer agnóstico: *"¿Quién es Jehová?"* (v. 2). Lo único que hace es aumentar la carga de los israelitas (Éxodo 5:2 y 4:9).

    Después de que el Señor aseguró a Moisés en el capítulo 6:1-8 que Él haría todo lo que había prometido, renueva su comisión a Moisés. (Subraye las siete cosas que Dios promete hacer en Éxodo 6:6-8).

    En la contienda, Faraón se enfurece (capítulos 7–11). Escribiremos aquí solo las "plagas de Dios", y cada una de esas plagas era contra uno de los dioses egipcios:

Naturaleza de la plaga	Las plagas	Los dioses egipcios derrotados
Afecta la comodidad de la gente Afecta las propiedades Afecta su persona Los deja indefensos Muerte y condena	1. Agua convertida en sangre (Éxodo 7:19-25) 2. Ranas (Éxodo 8:1-15) 3. Piojos (Éxodo 8:16-19) 4. Moscas (Éxodo 8:20-24) 5. Muerte del ganado (Éxodo 9:1-7) 6. Úlceras (Éxodo 9:8-12) 7. Granizo (Éxodo 9:22-35) 8. Langostas (Éxodo 10:12-20) 9. Tinieblas (Éxodo 10:21-23) 10. Muerte (Éxodo 11:4-7)	Osiris, dios del Nilo Heka, diosa rana Geb, dios de la tierra Khepara, dios escarabajo Apis, dios del ganado Tifón, dios físico Isis, diosa del aire Sefapis, dios insecto Ra, dios del sol Todos dioses falsos

El propósito de las plagas era revelar el poder y la santidad de Dios (Éxodo 9:16-17); revelar a Dios a Egipto (Éxodo 7:5); juicio sobre los dioses de Egipto (Éxodo 12:12); honrar a Israel (Éxodo 8:22-23); y dar un testimonio a futuras generaciones (Éxodo 10:1-2).

Moisés se mantuvo firme en todos los anuncios de Dios. Soportó cada tentación de Faraón.

6. La Pascua (Éxodo 12)

   Dios proveyó una vía de escape mediante la Pascua. Lea todo el capítulo. Escriba el v. 13:

   _____

   _____

   Finalmente, Faraón le dice a Moisés que se vayan (Éxodo 12:29-32).

   Ante el juicio de muerte, Dios proveyó una salida para su pueblo. La Pascua tiene palabras importantes: "*y veré la sangre y pasaré de vosotros*" (Éxodo 12:13).

   Cristo es nuestra Pascua (1 Corintios 5:7). _____

   _____

7. Moisés guio a Israel a través del mar Rojo (capítulos 13–14).

   Lea y subraye Éxodo 13:21-22; 14:21-22, 29-31. (Observe que el Señor apareció en una nube de día y fuego de noche, para guiarlos).

   El canto de los redimidos está en Éxodo 15; observe específicamente el v. 26 (subráyelo en su Biblia).

8. El Señor Dios proveyó maná y codornices durante cuarenta años (Éxodo 16:4, 13, 35).

   Estuvieron vagando por el desierto.

   El Señor instituyó el día de reposo (Éxodo 16:23-30).

9. La roca golpeada (Éxodo 17:1-7).

   Moisés golpeó la roca en obediencia (más adelante golpea la roca en desobediencia). (Números 20:7-13). Lea 1 Corintios 10:4, y escríbalo:

   _____

   _____

10. Moisés recibió la ley (Éxodo 19–24).

    a. Mandamientos: para gobernar la vida moral (capítulos 19–20). Jesús incluye todos ellos en Mateo 22:37-29.

    b. Juicios: para gobernar la vida social (capítulos 21–22).

    c. Ordenanzas: para gobernar la vida religiosa (capítulo 24). La ley fue dada, y no anuló el pacto abrahámico.

Lea Gálatas 3:17-18: _____

_____

_____

Lea Gálatas 3:19-24: _____

_____

_____

Lea Romanos 3:20: _____

_____

_____

    También Romanos 7:7, y subráyelo en su Biblia.

11. Dios dio a Moisés el patrón para el tabernáculo (Éxodo 25–40).

    a. El patrón para el tabernáculo en los capítulos 25–31.

    b. Aarón y el pueblo hicieron un ídolo de oro, e Israel de nuevo recayó en la idolatría y la inmoralidad. Moisés intercedió por ellos, pero al descender del monte Sinaí vio el becerro de oro y se enojó; se enojó tanto que rompió las dos tablas de piedra que contenían la ley. Moisés intercedió de nuevo por su pueblo y volvió a ascender al Sinaí. Descendió, llevando consigo una nueva copia de la ley, y *"la piel de su rostro era resplandeciente; y tuvieron miedo de acercarse a él"* (Éxodo 34:30). Había estado con Dios y eso era visible (capítulos 32–34).

    c. Moisés finalmente mandó que el pueblo levantara y armara el tabernáculo. El pueblo se esforzó por terminar el tabernáculo, el lugar donde Dios podría morar con su pueblo (capítulos 35–40).

    El tabernáculo apuntaba a Cristo y era un símbolo de Él y de su obra de expiación en la cruz.

12. Moisés nunca entró en la Tierra Prometida.

    En Números 27:18-23 Josué fue elegido para ser su sucesor, y fue Josué quien introdujo a Israel de nuevo en Canaán.

    Solo setenta israelitas habían ido a Egipto. Después de cuatrocientos años, se calcula que salieron de Egipto más de dos millones (600 000 hombres, más mujeres y niños).

Lea Deuteronomio 34:10: _____

_____

Lea Deuteronomio 31:2: _____

_____

    Lea y subraye Deuteronomio 29:29.

V. LO QUE DICE EL NUEVO TESTAMENTO SOBRE MOISÉS:

1. Esteban, de nuevo, nos habla mucho sobre Moisés.
   Lea Hechos 7:22-46. Subraye los vv. 23 y 30.

2. Jesús atribuye el Pentateuco (los cinco primeros libros de la Biblia) a Moisés en Lucas 24:44.

   _____

   _____

3. Lea Juan 3:14 y compárelo con Números 21:8-9.

4. Jesús compara el pan dado en el desierto con el pan de vida.
   Lea Juan 6:31-35 y escriba el v. 35:

   _____

   _____

5. En Hebreos 3:1-19 vemos que Cristo es nuestro Sumo Sacerdote.
   Él, el Hijo de Dios, es mejor que el siervo Moisés. Observe el v. 5:

   _____

   _____

Después el v. 6: _____

   _____

   Subraye el versículo 1 en su Biblia.

6. En Hebreos 11:23-29 leemos cinco veces *"por la fe"*.

Escriba el v. 25: _____

   _____

   Note en el v. 27 las palabras *"como viendo al invisible"*. ¿Quién era el *"invisible"*? Era Jesucristo, como se ve en el v. 26. Moisés tuvo fe en la "simiente de la mujer". Moisés tuvo un sexto sentido: *la fe.*

VI. LAS LECCIONES QUE DEBERÍA APRENDER DE ESTE ESTUDIO:

1. Dios escoge y elige a los que serán sus líderes en cada generación.
2. El Señor a veces nos pondrá en "el desierto" para enseñarnos su voluntad y paciencia.
3. El Señor llama a todos los que lo han aceptado a un lugar de servicio, al margen de lo pequeño o grande que sea.
4. Todos nosotros, en nuestra naturaleza carnal, pondremos excusas al Señor, igual que hizo Moisés cuando fue llamado.
5. En el tiempo de Dios, Él siempre tiene una salida para su pueblo. ¿Se acuerda de las diez plagas?
6. El Señor provee solamente lo que necesitamos (todo lo que necesitamos) para hacer su obra.

RECUERDE:

1. La vida de Moisés se divide en tres periodos. ¿Cuáles son?
2. Las excusas que dio Moisés parecen excusas hoy en el mundo cristiano ¿Puede nombrarlas?
3. ¿Cuál fue el propósito de las plagas?
4. Dios proveyó una vía de escape para su pueblo. ¿Cómo se llamó? (Éxodo 12).

5. ¿Cuáles son las tres divisiones de la ley?

6. ¿Qué libros de la Biblia escribió Moisés?

7. ¿Qué representaba el tabernáculo? ¿Qué simbolizaba?

SU SIGUIENTE TAREA:

1. Lea Éxodo 4–17; 24–30; Números 17; 20; Levítico 8–10, 16–17; Salmos 106; Hebreos 4:14; 5:4; 7:4-19; 9:1-15.

2. El personaje para nuestro próximo estudio es Aarón. Lea todos los pasajes asignados y otras lecturas que encuentre sobre Aarón.

3. Repase el estudio sobre Moisés.

4. Subraye en su Biblia las nuevas verdades que aprendió.

Lección 12
AARÓN

I. EL SIGNIFICADO DEL NOMBRE:

    Aarón significa "iluminado, brillante o montaña de fortaleza".

II. VERSÍCULOS BÁSICOS:

    Éxodo 4–17; 24–30; Números 17; 20; Levítico 8–10; 16–17; Salmos 106:8-16; Hebreos 4:14; 5:4; 7:4-19; 9:1-15.

III. TRASFONDO FAMILIAR:

    Aarón era el hermano de Moisés. En nuestro estudio, no podemos separar a estos dos grandes líderes de Dios. Aarón era tres años mayor que Moisés (Éxodo 7:7). Era descendiente de Leví a través de Coat y Amram (Éxodo 6:16-20). Aarón era la cuarta generación desde Leví.

    Se supone que nació antes de los terribles edictos de Faraón que condenaban a muerte a los niños hebreos.

    Aarón se casó con Elisabet (de la tribu de Judá), y tuvieron cuatro hijos; Nadab, Abiú, Eleazar e Itamar (Éxodo 6:23). Usted debería recordar los tres primeros de estos hijos de Aarón.

IV. LO QUE DICE EL ANTIGUO TESTAMENTO SOBRE AARÓN:

1. Cuando Moisés fue llamado a ser el libertador de los israelitas para sacarlos de Egipto, puso excusas ante Dios de por qué no debía ser el escogido.

    Moisés dijo: *"Nunca he sido hombre de fácil palabra,… soy tardo en el habla y torpe de lengua"* (Éxodo 4:10). El Señor entonces escogió a su hermano Aarón para ser su portavoz. Dios usaría la cabeza y el corazón de Moisés y la boca de Aarón. Lea Éxodo 4:14-16 y subraye en su Biblia. Aarón se convirtió en "profeta" para Moisés. Lea Éxodo 7:1 y escriba este versículo:

    _____

    _____

    La palabra *"profeta"* aquí significa "el que habla en lugar de otro". La palabra *pro*, en *"profeta"*, no significa "de antemano" como en la palabra *proveer*, sino que significa "en lugar de". El resto de la palabra *"profeta"* viene del griego *femi*, que significa "hablar". Cuando el Señor Dios dijo que Aarón *"será tu profeta"* (Éxodo 7:1), quiso decir eso.

2. Aarón y Moisés se encuentra y se abrazan (Éxodo 4:27).

    Al regresar a Egipto desde Madián, reunieron a los ancianos de Israel y les hablaron de la inminente liberación de la esclavitud (Éxodo 4:29-31).

3. Aarón actuó como agente y portavoz de Moisés y llevaba la "vara de Dios", que había sido dada a Moisés.

    Aarón usó la vara (dada por Dios como señal de autoridad divina, Éxodo 4:17) en las primeras charlas con los ancianos y Faraón. Lea Éxodo 7:9, 19; 8:5, 16.

    Moisés finalmente tomó la vara en sus propias manos e hizo lo que el Señor le mandó: Éxodo 9:23; 10:13, 23.

Lea Éxodo 14:16 y escríbalo: _____

_____

Vaya a Éxodo 17:5-6 y subraye en su Biblia. (La vara aparecerá más adelante en la lección).

4.   Aarón tenía que ser el sumo sacerdote y sus hijos los sacerdotes.

Esto era según las instrucciones de Dios a Moisés. Tras haber terminado el tabernáculo, Aarón y sus cuatro hijos fueron consagrados al sacerdocio mediante la unción con aceite y vestidos con túnicas preciosas (Éxodo 28:1-3). Observe que Dios nombró a Aarón y sus hijos, y el pueblo tenía que hacer las túnicas para *"consagrar"* a Aarón al ministerio al Señor Dios. Esa palabra *"consagrar"* significa "apartar para Dios" o "santificar".

5.   La consagración de los sacerdotes (Levítico 8).

El sumo sacerdote (Aarón)	Los otros sacerdotes (sus hijos)
• Lavado (v. 6)	• Lavados (v. 6)
• Vestido (v. 7 y 8)	• Vestidos (v. 13)
• Coronado (v. 9)	• Mandados (v. 35)
• Ungido (v. 12)	• Ungidos (v. 30)

Aarón fue ungido *antes* del sacrificio de sangre en Levítico 8:11 (el sacrificio está en los vv. 14-24), prefigurando a Jesucristo.

Sus hijos fueron ungidos *después* del sacrificio de sangre (v. 30), prefigurando a los sacerdotes creyentes: los cristianos.

6.   El ministerio de los sacerdotes (Levítico 9).

Dios siempre tiene a sus líderes y bendice a través de líderes. (Lea Levítico 9:22-24 y subraye).

7.   El pecado de presunción de dos sacerdotes (Levítico 10).

Dos hijos de Aarón, Nadab y Abiú, se adelantaron al Señor y ofrecieron "fuego extraño" del altar del sacrificio *"delante de Jehová [...] que él nunca les mandó"* (v. 1).

Dios los castigó en el v. 2. No debían usar mal o abusar del oficio que Dios les había dado.

8.   La expiación de Dios mediante la sangre (Levítico 16).

Este es el gran capítulo sobre la *expiación*. Esta palabra significa "cubrir". En el Antiguo Testamento, la expiación cubría el pecado hasta que nuestro gran Sumo Sacerdote, Jesucristo, ofreció la *verdadera expiación*.

Dios le dio a Aarón instrucciones estrictas sobre el tiempo y las circunstancias en las que Aarón podía entrar al "lugar santísimo". Lea el capítulo 16 y subraye el v. 2. Escriba el v. 34:

_____

_____

La palabra *"expiación"* se usa dieciséis veces en este capítulo. Encuéntrelas y subraye las palabras. En Levítico 17 vemos el lugar del sacrificio. El lugar era siempre *"el altar"*. El versículo que debería memorizar es el v. 11:

_____

_____

Lea también Levítico 17:2. El Señor dio las órdenes a Moisés, quien se las dio a Aarón. Observe: *"Esto es lo que ha mandado Jehová"*. Una cosa que Dios exigió, como siempre: aplicar la sangre sobre el altar. *"Y la misma sangre hará expiación de la persona"* (v. 11).

9.   La vara de Aarón que reverdeció (Números 17).

Después del ataque sobre el sacerdocio de Aarón en el capítulo 16, Dios hizo algo magnífico. Tomó una "bastón" llamado "la vara de Aarón" e hizo que la vara reverdeciera, floreciera y diera almendras. Lea el v. 8 y subraye; también el v. 10. En el v. 10 el Señor dijo: *"Vuelve la vara de Aarón delante del [arca del] testimonio, para que se guarde por señal".*

La vara se vuelve importante. Piense que cada uno de los jefes de las tribus llevaron una vara muerta. Solo *"la vara de Aarón de la casa de Leví había reverdecido"* (Números 17:8). Dios puso vida solamente en una vara: la de Aarón.

Esta es una hermosa imagen de Cristo en la resurrección. (Lea Hebreos 9:1-4 y encuentre lo que había dentro del arca).

10. El pecado de Aarón y Moisés (Números 20).

Como siempre, el pueblo se quejó porque no había agua. Dios le dijo a Moisés exactamente qué hacer.

Escriba el v. 8: _____

_____

Dios dijo *"hablad"* y no dijo *"golpead"*. Este fue un pecado (explicado ampliamente en el Nuevo Testamento), y Dios les dijo a Aarón y Moisés que no entrarían en la Tierra Prometida.

Lea el versículo 12 y subráyelo en su Biblia.

11. Muerte de Aarón (Números 20).

Comenzando en el v. 23 leemos sobre la muerte de Aarón, y Dios repitió la razón por la que Aarón no entró en la tierra en el v. 24.

Eleazar, hijo de Aarón, se convirtió en el sumo sacerdote (v. 28).

Aarón fue el primer sumo sacerdote y ocupó ese oficio durante casi cuarenta años.

V. LO QUE DICE EL NUEVO TESTAMENTO SOBRE AARÓN:

1. Pablo nos dice que las cosas que ocurrieron a Israel en el desierto son ejemplos, imágenes, tipos para nosotros durante esta era de la Iglesia.

Lea 1 Corintios 10:6 y escriba el versículo: _____

_____

_____

También el v. 11: _____

_____

Mientras está en 1 Corintios 10, descubrirá algo sobre la "peña en el desierto". Escriba el v. 4:

_____

_____

2. Aarón, el primer sumo sacerdote, *era una imagen de Jesucristo*, nuestro Sumo Sacerdote. Subraye Hebreos 4:14.

Jesús fue *"según el orden de Melquisedec"* (Hebreos 7:17), o eterno. Este *"orden"* es descrito en Hebreos 7:11-28. Escriba Hebreos 7:27:

_____

_____

Subraye Hebreos 8:1-2. También el v. 5.

Jesús ejecuta su oficio de Sumo Sacerdote según el patrón de Aarón. Esto se nos detalla en Hebreos 9:1-15. Observe especialmente los primeros diez versículos de este capítulo y escriba los vv. 7-9:

_____

_____

3. Aarón, según los versículos de arriba, era pecador (Hebreos 9:7).

   Actuaba en el tabernáculo terrenal, que era una figura (imagen) para el tiempo presente.

   El tabernáculo y el ministerio sacerdotal de Aarón eran, según el v. 8: *"Dando el Espíritu Santo a entender con esto que aún no se había manifestado el camino al Lugar Santísimo, entre tanto que la primera parte del tabernáculo estuviese en pie"*.

4. *"Pero estando ya presente Cristo"*, el mejor camino (Hebreos 9:11-15).

   Jesucristo es nuestro Sumo Sacerdote y ya no es necesario ofrecer la sangre de animales por el pecado. En el v. 12: *"Sino por su propia sangre, entró una vez para siempre en el Lugar Santísimo, habiendo obtenido eterna redención"*. (Redención significa "hemos sido comprados con precio pagado por otra persona").

   Subraye Hebreos 9:14.

VI. LAS LECCIONES QUE DEBERÍA APRENDER DE ESTE ESTUDIO:

1. Cuando Dios llama a una persona, le da la capacidad para realizar el servicio.

2. Un profeta es "alguien que habla en lugar de otro". En ese sentido, todos podemos ser "profetas" y hablar por el Señor Jesús.

3. Aarón era el sumo sacerdote y sus hijos eran sacerdotes. Esto fue una figura de Cristo, como nuestro Sumo Sacerdote, haciendo sacerdote a todo el que cree en Él. Jesús es el único mediador entre Dios y el hombre (1 Timoteo 2:5).

4. La "vara" era el símbolo de autoridad que dio Dios. Nosotros tenemos la "vara de Dios": su Palabra.

5. Aarón fue llamado por Dios, pero era humano. Era pecador y nunca entró en la Tierra Prometida. Sin embargo, le perteneció al Señor Dios. Lea Salmos 106:16.

6. Tenemos la autoridad, si creemos en Jesús, de acudir confiadamente ante Él para hallar gracia, obtener misericordia y encontrar ayuda en tiempos de necesidad (Hebreos 4:14-16).

RECUERDE:

1. ¿De qué tribu procedía Aarón?

2. ¿Por qué puso Dios a Aarón junto a Moisés?

3. ¿Cómo se convirtió Aarón en el sumo sacerdote?

4. El tabernáculo y la función sacerdotal se pusieron en la Palabra de Dios con un propósito. ¿Cuál era ese propósito?

5. ¿Qué (o quién) era esa *peña* en el desierto?

6. Aarón fue llamado, pero no era sin pecado. ¿Puede escribir dos cosas que hizo mal?

SU SIGUIENTE TAREA:

1. Lea Éxodo 17:8-16; 24:12-18; 33:11; Números 13–14; 27; Josué 1–7; 10; 13; 23–24; Hechos 7:44-46; Hebreos 4:6-8; 11:30.

2. El personaje para la siguiente lección será Josué. Lea todo lo que encuentre sobre él.

3. Repase el estudio sobre Aarón.

4. Subraye en su Biblia las nuevas verdades que aprendió.

Lección 13
JOSUÉ

I. EL SIGNIFICADO DEL NOMBRE:

Josué significa "Jehová es salvación".

II. VERSÍCULOS BÁSICOS:

Éxodo 17:8-16; 24:12-18; 33:11; Números 13–14; 27; Josué 1–7; 10; 13; 23–24; Hechos 7:44-46; Hebreos 4:6-8; 11:30.

III. TRASFONDO FAMILIAR:

Todo lo que sabemos sobre Josué es que nació como esclavo en el cautiverio egipcio. Nació como hijo de Nun, de la tribu de Efraín (Números 13:8). No se menciona nada en las Escrituras de su madre, pero sin duda alguna los padres de Josué temían al Señor Dios de Israel.

Hay otro nombre que usan las Escrituras para Josué. Ya lo ha observado en Números 13:8: Oseas. En Hebreos 4:8 su nombre se traduce como Jesús. El término *Josué* se "grecianizó" y aparece como *"Jesús"*. Cuando vuelva a leer el "significado del nombre", podrá entender por qué Josué y Jesús están tan íntimamente identificados en el nombre.

IV. LO QUE DICE EL ANTIGUO TESTAMENTO SOBRE JOSUÉ:

1. Fue el servidor de Moisés (Éxodo 24:13).

   Josué tuvo el privilegio único de ir con Moisés al monte Sinaí. Josué era concretamente un asistente de Moisés. Moisés eligió a un asociado cercano en oración. Josué sintió que era su responsabilidad cuidar de la reputación de Moisés, su carácter y sus necesidades físicas. En Éxodo 33:11 Josué, el servidor de Moisés, se quedó en el tabernáculo por si había más instrucciones del Señor.

   Es difícil ser un "segundo violín", pero fue en este puesto que Josué tuvo una gran habilidad. Era el segundo después de Moisés y servidor de Moisés, pero Josué era primero y principalmente *"siervo de Jehová"*, como se registra en Josué 24:29. Un "segundo violín", o un segundo hombre, llamado por Dios puede realizar un servicio de gran distinción si esa persona puede matar el orgullo propio. Josué debió de vencer al orgullo.

2. Josué fue el sucesor de Moisés (Números 27:15-19).

   Mediante mandato divino, Josué iba a liderar a Israel después de Moisés.

   Lea Números 27:18 y escríbalo:_____

   _____

   _____

   Dios le dio a Josué el poder de liderar con autoridad. Dios le dio la habilidad y Josué tuvo una gran fe.

3. El llamado y la comisión de Josué (Josué 1:1-9).

   Josué fue la elección de Dios tras la muerte de Moisés. Tenía que liderar a los israelitas para sacarlos de Egipto y llevarlos a Canaán. Josué los llevaría a Canaán.

Observe su llamado (Josué 1:1-2) y escriba el v. 2:

_____

_____

En el llamado y la comisión de Josué, el Señor le dio una promesa de posesión de la tierra (vv. 3 y 4). En el llamado, Dios le dio a Josué una plena seguridad: *"Como estuve con Moisés, estaré contigo; no te dejaré, ni te desampararé"* (v. 5).

El servicio de encomendación de Josué lo dirigió el Señor Dios mismo (vv. 5-9). Cuatro veces en el capítulo 1 se le dice a Josué que sea fuerte y valiente (Josué 1:6-7, 9, 18). Observe las palabras en la comisión:

a. *"Esfuérzate y sé valiente"* para dividir la tierra (v. 6).

b. *"Solamente esfuérzate y sé muy valiente"* para cumplir toda la ley (v. 7).

c. Escriba el secreto del éxito (v. 8):

_____

_____

d. Dios repite su afirmación a Josué (v. 9).

Lo importante que debemos recordar es el *énfasis que Dios puso en la Palabra de Dios en el v. 8,* que es el secreto de Dios para el éxito para cualquier persona.

4. Un líder en la guerra (Josué 2–11).

Josué envió dos espías a examinar la clave para la victoria, que era Jericó (capítulo 2). Josué *usó* tanto medios como la *fe.* (El escritor de Hebreos confirma esto, como veremos en la sección del Nuevo Testamento de esta lección).

Un momento crítico para Israel fue el cruce del Jordán (capítulo 3). Josué estaba listo y el Señor lo reafirmó. Subraye el v. 7; observe también los vv. 3, 5, 13 y 17. Tenían que cuidar del arca, seguir a los sacerdotes y levitas, y cruzar sobre tierra seca.

En el capítulo 4 el Señor le dijo a Josué que erigiera unas piedras en el río Jordán (v. 9) y otras piedras en Gilgal (v. 19-20). Estos monumentos les harían recordar el poder de Dios para sostener las aguas, y la fidelidad de Dios para llevarlos hasta la tierra.

Lo primero que enfrentó Josué tras entrar en la tierra fue Jericó. En ese preciso momento, Dios se reveló a Josué (Josué 5:13-15). Esta es una aparición de Jesucristo preencarnado. Esto se llama una teofanía: una aparición, una manifestación, una epifanía de Jesucristo. El *"hombre"* que vio Josué se identificó como *"Príncipe del ejército de Jehová"* (v. 14). Observe y subraye la última parte del v. 15. Las mismas palabras se usaron cuando Dios llamó a Moisés y Dios se le apareció y le habló desde la zarza ardiente (Éxodo 3:3-5).

Con este ánimo, Josué tuvo la seguridad de vencer en Jericó si Israel hacía lo que el Señor había mandado. Todo era una aventura de fe (Josué 6). Usted seguro conocerá el canto que proclama: "los muros caen". Es el relato verdadero de lo que Dios hizo por Israel. Esta victoria llenó a Israel de confianza y entusiasmo y al mismo tiempo llenó de terror los corazones de los cananeos, y en verdad los condicionó para la derrota.

En el capítulo 7 Josué tuvo que lidiar con individuos, y también con ejércitos y multitudes. En este capítulo se describe el pecado de Acán. Observe que el pecado de uno afectó a todo Israel. *"Y Jehová dijo a Josué: Levántate… Israel ha pecado"* (vv. 10-11). Acán quiso todo lo que pudo conseguir para él. Observe el v. 21: *"Pues vi… codicié… tomé… está escondido"*.

Los cuatro capítulos siguientes dan el relato de victorias de Josué e Israel. Lea Josué 11:23 y escríbalo:

_____

_____

5. Josué era un líder espiritual diplomático (Josué 13–24).

   Josué usó la diplomacia en su habilidad para dividir la tierra entre las tribus (capítulo 13).

   La división de la tierra se hizo echando suertes delante del Señor (Josué 18:6-7). Fueron lentos a la hora de poseer en verdad la tierra (Josué 18:3).

   Esto debería enseñarnos a poseer todo lo que Él tenga para nosotros en Cristo Jesús.

   El gran pasaje de esta sección es Josué 21:43-45. Subraye estos versículos y comprenda que Dios hizo todo lo que había prometido. En el mensaje de despedida de Josué, exhortó al pueblo a permanecer en la Palabra de Dios (Josué 23:6); a mantenerse separados de otras naciones (v. 7); a _seguir_ al Señor (v. 8) que les había dado la victoria (vv. 8-11); a guardarse de la apostasía (v. 13). Su testimonio de su confianza en Dios se da en Josué 23:14. Subráyelo en su Biblia.

   En las últimas palabras de Josué a su pueblo los desafió a servir al Señor.

Escriba Josué 24:14: _____

_____

En el versículo 15 encontramos las famosas palabras de Josué: _"Escogeos hoy a quién sirváis… pero yo y mi casa serviremos a Jehová"._

Josué murió a la edad de 110 años (Josué 24:29).

V. LO QUE DICE EL NUEVO TESTAMENTO SOBRE JOSUÉ:

1. De nuevo, el sermón de Esteban ante el concilio hace referencia a todo lo que les ocurrió a Israel y a los líderes que Dios nombró.

   En Hechos 7:44-45, Esteban habla del tabernáculo y dice en el v. 45: _"El cual, recibido a su vez por nuestros padres, lo introdujeron con Josué al tomar posesión de la tierra de los gentiles, a los cuales Dios arrojó de la presencia de nuestros padres"._ Al nombrar aquí a Josué, Jesús en griego, se insinúa que así como el Josué del Antiguo Testamento trajo ese tabernáculo típico, así el Jesús del Nuevo Testamento debería traer el verdadero tabernáculo, _"una casa no hecha de manos, eterna, en los cielos"_ (2 Corintios 5:1). Lea Hebreos 8:2 y subráyelo.

2. En Hebreos 4:8 vemos las mismas palabras.

   "Porque si Josué les hubiera dado el reposo", esto nos enseña que nuestro reposo está en Cristo Jesús. _Josué solo pudo dar al pueblo un descanso en Canaán, mientras que Cristo llevará a todos los creyentes al verdadero reposo de Dios._ Lea Hebreos 4:3 y 9.

3. Josué es una buena lección de _fe._

   En Hebreos 11:30 leemos: _"Por la fe cayeron los muros de Jericó"._ Cuando lea Josué 1:5 y 9, podrá entender la fe de Josué.

Escriba 1 Juan 5:4: _____

_____

(Para un estudio más profundo sobre el paralelismo entre Josué y Efesios, vea _A través de la Biblia en un año)._

VI. LAS LECCIONES QUE DEBERÍA APRENDER DE ESTE ESTUDIO:

1. Josué es un buen ejemplo de ser el ideal del "segundo hombre". Para ello se necesita más gracia que para ser el líder.

2. Josué fue el servidor de Moisés, pero primero, y ante todo, era un siervo de Dios.

3. No hay rastro de orgullo propio en la vida de Josué.

4. Tras la muerte de Moisés, Josué se convirtió en el líder y eso no lo cambió. De hecho, provocó que se acercara más al Señor y a su guía.

5. Josué puso un gran énfasis en la Palabra de Dios. Un buen ejemplo para nuestros líderes y para nosotros, que quizá seamos seguidores.

6. Josué era diplomático, pero a la vez espiritual. Él nos enseña que deberíamos poseer todo lo que es nuestro en Cristo, tal como le dijo a Israel que poseyeran la tierra.

RECUERDE:

1. ¿Qué significa *Josué*?

2. ¿Cuál era la tarea principal de Josué tal como la describió el Señor?

3. ¿Cómo cruzaron el río Jordán los israelitas?

4. ¿Qué hicieron después de cruzar el Jordán?

5. ¿Cómo conquistaron Jericó Josué y su ejército?

6. ¿Cómo dividió Josué la tierra?

SU SIGUIENTE TAREA:

1. Lea Josué 2 y 6; Mateo 1:5; Hebreos 11:31; Santiago 2:25.

2. El siguiente personaje es Rahab, una ramera. ¿Qué? ¿Una *ramera en la Biblia que enseña verdades espirituales? ¡Sí!*

3. Repase su estudio de Josué.

4. Subraye en su Biblia las nuevas verdades que aprendió.

Lección 14
RAHAB

I. **EL SIGNIFICADO DEL NOMBRE:**

Rahab significa "insolencia", "intensidad", "amplitud".

II. **VERSÍCULOS BÁSICOS:**

Josué 2 y 6; Mateo 1:5; Hebreos 11:31; Santiago 2:25.

III. **TRASFONDO FAMILIAR:**

Rahab era amorrea, un pueblo idólatra. Sus padres, hermanos y hermanas estaban vivos en el tiempo de la conquista de Jericó. No se nos da el nombre de ninguno de sus familiares, pero ella menciona su relación con su familia en Josué 2:13. (Las Rahab mencionadas en Salmos 87:4, 89:10, Isaías 30:7 y 51:9 no son la Rahab de este estudio. El nombre en estas citas era un nombre poético en Egipto y es paralelo a la palabra *dragón*. No confunda estos pasajes con la Rahab de esta lección).

Rahab era conocida como una "ramera". Su casa estaba en el muro de la ciudad de Jericó. Estaba construida de ladrillos secados al sol, y su ventana daba a la parte exterior de la muralla. Algunos intérpretes han sugerido que la palabra ramera se podría traducir como "posadera". La Biblia nunca hace el intento de llamarla por ningún otro título que no sea "ramera".

Su familia cambió después de los sucesos en Jericó, y los cambios de la familia se tratan en esta lección.

IV. **LO QUE DICE EL ANTIGUO TESTAMENTO SOBRE RAHAB:**

1. Su carácter (Josué 2).

   Se hace referencia a Rahab como una *"ramera"* tres veces en el libro de Josué (Josué 2:1; 6:17, 25). Ella vivía sola, como se indica en Josué 2:18. Su familia tenía que estar en su casa si querían salvarse. Ella tenía una casa ubicada de tal modo que la gente de Jericó podía ver a los hombres entrar y salir. La palabra para ramera tanto en hebreo como en griego significa solo una cosa: "prostituta". Su carácter no era bueno.

   Josué envió dos hombres para espiar la ciudad de Jericó (Josué 2:1). El lugar de la casa de Rahab atrajo su atención y fueron allí. No se nos dice por qué fueron a la casa de Rahab, pero cuando usted lea todas las citas en la tarea de la lección, saltará a la vista una razón. Esa razón se puede encontrar en un versículo: Romanos 8:28.

   El Señor sabe dónde guiarnos y prepara el camino por adelantado.

2. Sus obras (Josué 2)

   En primer lugar, Rahab se posicionó contra el rey de Jericó (vv. 3-6). Rahab escondió a dos hombres que eran parte del "enemigo" de Jericó. Incluso mintió a los representantes del rey para proteger a los dos espías. Ella había escuchado del éxodo de Israel de Egipto, el milagro del mar Rojo y el derrocamiento de los dos reyes de los amorreos: Sehón y Og (v. 10). (Véase Números 21:21-35).

   En segundo lugar, Rahab planeó la protección y la huida de los dos espías (vv. 4 y 6). Los cubrió con manojos de lino (usados para hacer vestidos). Les dijo dónde ir y cuánto tiempo debían permanecer escondidos (v. 16). La huida de los dos espías fue por una ventana usando un grueso cordón o cuerda escarlata. La ventana estaba en la parte exterior del muro (v. 15).

3. Su fe (Josué 2:9-11).

Rahab había sido una mujer pecadora, *pero tenía también un gran entendimiento de la obra y la voluntad soberana de Dios.* Sus propias palabras indican este hecho. Observe y escriba sus palabras en el v. 9:

_____

Lea el v. 11 y escriba la última parte del versículo:

"Porque Jehová vuestro Dios _____

_____

Su fe era una fe sencilla. Era tan fuerte su fe, que estuvo dispuesta a arriesgar su propia vida para salvar a dos israelitas, confiando en que ellos la salvarían a ella. Su fe se expresa también en la palabra del v. 9: *"Sé"*.

4. Sus peticiones (Josué 2:12-13).

Rahab solo pidió que cuando Israel entrara en Jericó, los salvaran de la muerte a ella y a su padre, su madre, sus hermanos y hermanas, y *"a todo lo que es suyo"* (sus hijos, v. 13). Hizo la petición sobre la base de lo que ella había hecho por los espías (v. 12).

Observe la respuesta de los hombres a su petición (v. 14):

_____

_____

5. Su *"señal segura"* (Josué 2:12, también 15, 18, 21).

La *"señal segura"* que pidió Rahab fue una que ella misma hizo con sus propias manos. Era el cordón o cuerda escarlata que los hombres usaron para descender por la muralla. Esa cuerda escarlata tiene un sentido muy grande e importante. Significaba que Rahab tenía fe en los "hombres de dios" y era una señal de su fe en el Señor Dios de Israel.

La cuerda escarlata debía estar puesta por fuera de la ventana para que Josué y sus hombres la vieran. Era la marca de identificación de Rahab para ser salva en el día de la calamidad. Por lo tanto, eso habla de nuestra seguridad en Jesús, debido a su sacrificio. Lea y subraye Hebreos 9:19-22.

Estudiamos en Éxodo 12 la Pascua. Aquí en Josué, es una promesa parecida. Rahab y su familia quizá no se sentían perfectamente seguros dentro de su casa, pero la misma promesa seguía siendo cierta: "Cuando vea la sangre, pasaré de ti".

La cuerda escarlata era la señal pedida en el v. 12. Era la misma cuerda que ya había salvado a los dos espías, y tenía que estar visible en la ventana. Era de color rojo escarlata. Salvó a Rahab y su familia.

Como dice el Dr. W. A. Criswell: "Es parte del 'hilo escarlata de la redención'".

6. Rahab fue salvada (Josué 6:17, 22, 23, 25).

Rahab amaba a su familia y los incluyó en su petición de salvación. Cuando Josué entró en la ciudad de Jericó, respetó la promesa que los espías le habían hecho a Rahab. Con la cuerda roja de redención en la ventana, Josué les dijo a los dos hombres que fueran a casa de la ramera y la salvaran a ella y su familia (v. 22).

La frase *"salvó la vida a Rahab la ramera"* (v. 25) podría suscitar algunas preguntas. Algunos preguntan cómo es posible que su casa, que se nos dice estaba *"en el muro de la ciudad"* (Josué 2:15), no se cayera con el muro. Estamos seguros de que se libró, porque Rahab y su familia estuvieron dentro a salvo. El muro de Jericó se derrumbó, según Josué 6:20. Matthew Henry dice: "Aunque esa parte del muro sobre la que estaba su casa no cayó".

Así que Rahab y su familia se salvaron milagrosamente por el poder y la voluntad soberana de Dios. Rahab no solo se salvó, sino que realmente vivió. Sabía que los espías de Israel eran siervos del Señor; por lo tanto, los protegió y, a cambio, se salvó por su fe en ese *"Dios arriba en los cielos y abajo en la tierra"* (Josué 2:11).

V. LO QUE DICE EL NUEVO TESTAMENTO SOBRE RAHAB:

1. Rahab se convirtió en antecesora de Jesús (Mateo 1:5).

    La fe de Rahab fue una fe salvadora y se convirtió en la esposa de Salmón, de la tribu de Judá. Algunos creen que Salmón era uno de los dos espías que fueron a la casa de Rahab. Podría ser, pero no está escrito en ningún lugar de las Escrituras.

    Escriba Mateo 1:5: _____

    _____

    Observe en este versículo que Booz, el hijo de Rahab, se casó con Rut, y Obed fue su hijo. Obed, el nieto de Rahab, se convirtió en el padre de Isaí. Isaí, el bisnieto de Rahab, fue el padre del rey David.

    Vaya a Isaías 11:1: _____

    _____

    Jesús es la *"vara del tronco de Isaí"*. Jesús es el *"vástago… de sus raíces"*.

    Lea Jeremías 23:5 y subráyelo. En este versículo, el renuevo, que es Jesucristo, surgió de David. *Estas profecías se cumplen todas en Mateo 1:5-6. Pablo dice en Romanos 1:3: "nuestro Señor Jesucristo, que era del linaje de David según la carne".*

    Para más estudio, lea Zacarías 3:8 y 6:12-13.

2. La fe de Rahab confirmada (Hebreos 11:31).

    La fe de Rahab le otorgó un lugar entre los "héroes de la fe" de Hebreos 11. Ahora, escriba Hebreos 11:31:

    _____

    _____

    Observe: *"Rahab la ramera no pereció juntamente **con los desobedientes**"*. El secreto de su seguridad y salvación lo podemos ver en las tres primeras palabras: *"por la fe"*. Observe también las dos últimas palabras del versículo: *"en paz"*. Rahab tenía una fe en el Señor Dios de Israel y una paz firme en que ella y su familia serían rescatados.

    Rahab es la única mujer además de Sara que aparece en este capítulo de la fe (Hebreos 11).

    Aunque se magnifica su fe en Hebreos 11, ¿observó que el autor de Hebreos tiene cuidado de poner la palabra "ramera"?

3. La fe de Rahab produjo obras (Santiago 2:25)

    Vaya a Santiago 2:25 y escriba el versículo:

    _____

    _____

    Santiago dice que Rahab fue justificada *por las obras*, mientras que Pablo dice en Hebreos 11 que ella fue justificada *por la fe*. Esto no es contradictorio, porque la fe justificó a Rahab y las obras justificaron su fe. Lo que Rahab hizo por los espías fue una fe en práctica. Ella creyó con el corazón, confesó con la boca (Romanos 10:9-10) y actuó arriesgando su propia vida. (Para ver la definición de fe, acuda a Hebreos 11:1). *Rahab no podía ver, pero la certeza estaba en su corazón. Santiago no deja que nos olvidemos de que era una ramera.*

VI. LAS LECCIONES QUE DEBERÍA APRENDER DE ESTE ESTUDIO:

1. Rahab, una ramera, estuvo en el linaje de Cristo. Jesús vino por los pecadores y se identificó con el hombre pecador. Tan solo eche un vistazo al linaje de Cristo en Mateo y Lucas.

2. Cristo magnificó su gracia cuando vino de personas como Judá, Fares, Tamar, Rahab y otros.

3. Rahab nos enseña que lo que salva no es la cantidad de verdad que uno tenga, sino la obediencia a la verdad.

4. La fe salvadora es esa fe que produce obras.

5. *Dios salva por la fe, no por la justicia.*

6. Lo que era Rahab no es tan importante como en lo que se convirtió. Todos somos pecadores, con pecados como la grana, pero si hemos creído, hemos sido salvados por el "hilo rojo de la redención": una señal de nuestro Señor Jesucristo.

RECUERDE:

1. ¿Por qué cree usted que se pone tanto énfasis en Rahab la ramera?

2. ¿Cuáles fueron algunas de sus obras?

3. ¿Por qué hizo esas obras?

4. ¿Cuál fue la señal en la ventana y qué indicaba?

5. ¿Cuántas mujeres aparecen en la lista de los "héroes de la fe" de Hebreos 11? Nómbrelas.

SU SIGUIENTE TAREA:

1. Lea el libro de Rut; Mateo 1:5.

2. Repase su estudio de la lección de Rahab.

3. Subraye en su Biblia las nuevas verdades que aprendió.

4. Lea todo lo que encuentre sobe Rut, nuestro personaje para la siguiente lección.

Lección 15
RUT

I. EL SIGNIFICADO DEL NOMBRE:

Rut significa "una vista digna de ver", "belleza", amistad".

II. VERSÍCULOS BÁSICOS:

Rut; Mateo 1:5.

III. TRASFONDO FAMILIAR:

Lo único que encontramos escrito acerca de Rut es el hecho de que era una joven de Moab. En este corto libro se le llama cinco veces *"Rut la moabita"*. También se le llama *"la mujer de Moab"* y *"la damisela moabita"*.

No hay nada escrito sobre su familia o su pasado.

El libro de Rut pertenece al periodo de los jueces. La narrativa es la historia verdadera de una muchacha gentil que tenía cualidades admiradas por judíos y gentiles a lo largo de la historia.

Solo dos libros en la Biblia tienen nombre de mujeres: son Rut y Ester. Rut era una gentil que se casó con un hebreo. Ester era una hebrea que se casó con un gentil.

Cuando Dios escribe la historia de una vida lo hace con un propósito, para enseñarnos alguna lección o ilustrar alguna verdad que deberíamos conocer. La vida de Rut es ambas cosas, como veremos en nuestro estudio.

IV. LO QUE DICE EL ANTIGUO TESTAMENTO SOBRE RUT:

Los cuatro capítulos del libro de Rut hablan de ella y revelan cuatro etapas en su vida. *Estas se corresponden con las cuatro etapas en la vida espiritual de un cristiano.* Los dos primeros capítulos muestran nuestra parte y la de Rut; los dos últimos capítulos muestran la parte de Dios.

1. La decisión de Rut (Rut 1).

Rut se casó con un hebreo llamado Mahlón (Rut 4:10). Después de tan solo diez años (Rut 1:4), Mahlón y su hermano Quelión murieron. Esto dejó viudas a Rut y Orfa, que era la esposa de Quelión. Su suegra, Noemí, había perdido a su esposo y después a sus dos hijos. Noemí y su familia eran hebreos que habían dejado su propia tierra. Mientras estaban en Moab, los dos hijos hebreos se casaron con mujeres moabitas, ignorando los caminos de Dios.

Noemí había escuchado que el Señor había visitado a su pueblo en Canaán y que la hambruna había terminado (Rut 1:6). Ella y sus dos nueras partieron hacia Canaán y la ciudad de Belén. Orfa, cuñada de Rut, decidió que no podía dar la espalda a su pasado, su país, sus amigos y sus ídolos (Rut 1:5). En la frontera, Orfa se dio media vuelta. Seguir adelante era un costo demasiado elevado.

Rut tomó la decisión de ir con Noemí. Rut amaba a su suegra y fue leal a ella. Dos de los versículos más hermosos de las Escrituras son Rut 1:16-17.

Los versículos son largos, pero debería recordarlos y memorizarlos si es posible. Escríbalos:

_____

_____

_____

_____

El punto principal de la decisión de Rut fue que tomó al Dios de los hebreos como su Dios. Observe en Rut 2:12 el tiempo pasado. Ella ya había *"venido a refugiarse"* en el Señor Dios de Israel. Con su decisión, Rut se convirtió en parte del pueblo de Dios, y ella y Noemí llegaron a Belén (Rut 1:19).

Así, en el capítulo 1 la decisión de Rut fue a favor de Dios: *"Tu pueblo será mi pueblo, y tu Dios mi Dios"* (Rut 1:16).

2.   El servicio (Rut 2).

Rut era joven y estaba emocionada con su nueva oportunidad de trabajar y cuidar de Noemí. Noemí tenía un "pariente" llamado Booz, y mediante el matrimonio, Booz también fue pariente de Rut. Era un hombre rico y tenía campos de maíz. Dios ordena sabiamente las cosas pequeñas, y resultó que Rut trabajó y *"aquella parte del campo era de Booz"* (v. 3).

Booz observó a Rut y la invitó a quedarse en su campo (para recoger las sobras después de los cosechadores). También le dijo que se quedara cerca de las mujeres que trabajaban en el campo para que los jóvenes no la tocaran. Observe los vv. 11 y 12 y subráyelos. Booz vio la bondad y belleza de Rut y dijo a sus hombres que la dejaran trabajar en la mejor parte del campo y le dieran "manojos a propósito".

NOTA: En el Antiguo Testamento, un pariente tenía el derecho y la obligación de redimir a un familiar. Esto se conoce como "pariente redentor", y la ley está en Levítico 25. La persona y la herencia las podía redimir el pariente más cercano. La palabra hebrea para *pariente* es *goel*, que significa "el que puede redimir", "liberar pagando", "convertirse en redentor" o "el que paga". En el caso de Rut, Booz era el *goel*, o el rescatador.

Bajo esta ley, había tres requisitos del pariente:

Primero, debía estar dispuesto a redimir (Levítico 25:25; Gálatas 4:4-5).

_____

_____

_____

Segundo, debía ser un pariente para poder tener el derecho de redimir (Levítico 25:48-49; Rut 3:12-13; Hebreos 2:11).

_____

_____

Tercero, debía tener el poder, los medios para redimir (Rut 4:4-6; Juan 10:11-18).

_____

_____

Todo lo anterior es necesario para entender las acciones de Booz. Será necesario que recuerde esa frase cuando lleguemos a la sección del Nuevo Testamento de esta lección.

3.   El descanso de Rut (Rut 3).

Este capítulo nos parece extraño, y no hay ni el más mínimo indicio de impureza en la historia. Las acciones estaban en total acuerdo con la costumbre hebrea (Deuteronomio 25:5-6).

Cuando Noemí envió a Rut con Booz para que se acostara a sus pies, solo estaba pidiéndole a Booz que honrara la ley israelita y le diera amor y cobijo, como esposo, a Rut. Esto era para honrar el nombre de Mahlón, el esposo fallecido de Rut.

Booz entendió las intenciones de Rut, como muestran sus palabras en Rut 3:10-13.

Rut descansó en el hecho de que Booz cumpliría su palabra como pariente cercano. Observe la palabra "descanso" en los vv. 13 y 18.

Escriba la última parte del v. 13: "Yo te redimiré, vive Jehová _____

_____

No lea en este capítulo lo que no está escrito. Rut era una mujer virtuosa y Booz así lo dijo (v. 11).

4. La recompensa de Rut (Rut 4).

Rut se convirtió en la esposa de Booz porque él compró todo lo que había pertenecido a los esposos de Noemí, Rut y Orfa. Observe los v. 9 y 10, y subraye. Había un pariente (sin nombre) antes que Booz, el cual rehusó tomar a una moabita como esposa. Él le entregó ese derecho a Booz, en público (vv. 5-8).

Rut y Booz tuvieron un hijo *"cuyo nombre será celebrado en Israel"* (v. 14).

Al hijo le llamaron Obed (v. 17).

Observe la interesante y emocionante genealogía escrita en los vv. 17-22:

Rut, una *gentil*, madre de Obed.

Obed se convirtió en el padre de Isaí.

Isaí se convirtió en el padre del rey David.

Rut fue la bisabuela de David.

(No olvide que Booz era el hijo de Rahab y Salmón).

V. LO QUE DICE EL NUEVO TESTAMENTO SOBRE RUT:

1. Solo se menciona su nombre en un lugar.

Se encuentra en la genealogía de Mateo 1:5. Por lo tanto, Rut, la gentil virtuosa, estaba en el linaje de Cristo. De las cuatro mujeres del linaje de nuestro Señor, solo Rut era virtuosa. Las otras tres mujeres eran Tamar, Rahab y Betsabé.

2. Las lecciones en Rut abundan con la enseñanza del Nuevo Testamento en imagen y tipo.

+   La decisión de Rut (capítulo 1) y su servicio (capítulo 2) eran su parte. También son nuestra parte.

+   Su descanso (capítulo 3) y recompensa (capítulo 4) eran la parte de Dios.

+   Booz es una imagen de nuestro Redentor: Jesucristo. Él cumplió los requisitos de un *goel*:

Primero, debía estar dispuesto a redimir (Levítico 25:25 y Gálatas 4:4-5).

Escriba Gálatas 4:4-5:

_____

_____

Segundo, debía ser pariente para tener el derecho de redimir (Levítico 25:48-49). Lea Filipenses 2:5-8 y escriba el v. 7:

_____

_____

Tercero, debía tener el poder y los medios para redimir (Rut 4:4-6; Juan 10:11 y 18). Escriba el v. 11:

_____

_____

v. 18: _____

_____

_____

- Rut es una imagen de la iglesia, la novia del Redentor. Cuando Rut no tenía ninguna esperanza sin Booz, cuando se arrodilló a sus pies; él la recibió.

Por lo tanto, ahora Jesucristo es nuestro pariente cercano y nuestro Redentor. La Iglesia es su novia.

3. Los nombres en el libro de Rut nos revelan mucho, y debería aprender y escribir sus significados.
   - *"Belén"* significa "casa de pan".
   - *"Elimelec"* significa "mi Dios es Rey".
   - *"Noemí"* significa "amabilidad".
   - *"Rut"* significa "belleza, amistad".
   - *"Booz"* significa "fortaleza".

Jesús es nuestra fortaleza. Los salvos (la iglesia) son su novia y Él nos ama. Para Él somos bellos y más cercanos que unos meros amigos. Nuestro Redentor pagó gustosamente el precio para redimirnos y darnos vida eterna.

Tan solo piense que el pan de vida, Jesús, vino a la casa de pan: Belén.

VI. LAS LECCIONES QUE DEBERÍA APRENDER DE ESTE ESTUDIO:
1. Una familia hebrea salió de Canaán y, como resultado, sus hijos se casaron con esposas "paganas". Habían dejado el lugar que Dios les había dado. Nosotros hacemos lo mismo y nos preguntamos por qué nos suceden ciertas cosas.
2. Dios siempre recibe y restaura a los que regresan a Él (como hizo Noemí).
3. El amor debería abundar hacia nuestros seres queridos; sí, incluso hacia nuestra suegra.
4. Cuando nos ponemos a su disposición y le servimos, Él nos recompensa con bendiciones espirituales.
5. No deberíamos ser como Orfa, que volvió atrás porque el costo era demasiado alto.
6. El Señor provee para todas nuestras necesidades si se lo pedimos, creemos y trabajamos para Él.

RECUERDE:
1. ¿Qué es significativo acerca de Rut?
2. ¿Cuál fue la decisión más importante de Rut?
3. ¿Dónde fueron Rut y Noemí, y por qué?
4. ¿Qué es un redentor?
5. ¿Quién es nuestro Redentor?
6. ¿Cuáles eran las cualidades de Rut?
7. Ella fue la bisabuela de…

SU SIGUIENTE TAREA:
1. Lea 1 Samuel 1–2.
2. Lea todo lo que pueda encontrar sobre Ana.
3. Repase sus notas sobre su estudio de Rut.
4. Subraye en su Biblia las nuevas verdades que aprendió.

Lección 16
ANA

Esta lección es una parte integral de la siguiente lección sobre el personaje de Samuel. Las dos lecciones realmente van juntas; por lo tanto, es imperativo que asista a ambas.

I. EL SIGNIFICADO DEL NOMBRE:

Ana significa "gracia".

II. VERSÍCULOS BÁSICOS:

1 Samuel 1–2.

III. TRASFONDO FAMILIAR:

Lo único que se nos dice de Ana se encuentra en los dos primeros capítulos de 1 Samuel. Su trasfondo no se registra. La vida familiar de Ana, después del matrimonio, está narrada y veremos esa parte de su vida. El esposo de Ana, Elcana, era un levita que pertenecía a una de las familias más honorables de la tribu sacerdotal: los coatitas. Elcana era un sacerdote mediocre que seguía la costumbre común de la poligamia de ese tiempo. Su otra esposa era Penina. Aunque Penina podía tener hijos, Ana era estéril. Penina se reía de Ana y hacía comentarios crueles acerca de ella. Probablemente sus comentarios tenían una pizca de celos, como vemos en 1 Samuel 1:6, porque Elcana amaba a Ana (1 Samuel 1:5).

Ana nunca mostró señal alguna de venganza, y su tierno espíritu, a pesar del mal trato, no causó conflictos en la familia. De un hogar así, Ana se convertiría en una destacada personalidad en el Antiguo Testamento, causando un impacto en el mundo.

IV. LO QUE DICE EL ANTIGUO TESTAMENTO SOBRE ANA:

1. Su tristeza (1 Samuel 1:3-10).

Cada año, la familia iba a Silo al templo y ofrecían sacrificios y adoración al Señor de los ejércitos. Mientras viajaban a Silo, Ana tenía que soportar el ridículo de la segunda esposa. Este hecho, junto con que Ana no podía tener hijos, le provocaba un *profundo dolor y tristeza.*

Escriba el v. 8:_____

_____

Su esposo era bueno con ella y la amaba. La agonía de una judía sin hijos es difícil de entender en nuestra cultura. Ana tenía amargura en su alma mientras iba de camino al templo y encontró a Elí, el sacerdote, sentado junto a un pilar del templo. Su tristeza estaba provocada por su condición de estéril, como se indica en el v. 15: *"Soy una mujer atribulada de espíritu".*

Ana era la cuarta gran mujer de la Biblia afligida por no poder concebir, y de las cuatro, ella era la que más oraba.

Observe a las demás:

+ Sara se rio cuando le dijeron que tendría un hijo en la vejez.

+ Rebeca era estéril e Isaac oró por ella para que tuviera hijos. Veinte años después de su matrimonio, tuvo a Esaú y Jacob.

+ Raquel era estéril y dijo: *"Dame hijos, o si no, me muero"* (Génesis 30:1).

+ Ana, apenada, llevó su problema a Dios y dependió de Él para tener un hijo.

Su primer paso para vencer su aflicción desapareció cuando emprendió su camino al templo.

Qué lección para todos nosotros: llevar nuestras cargas al Señor y dejarlas ahí.

2. La oración y la promesa de Ana (1 Samuel 1:11-19).

    Ana oró en el templo. En la oración, hizo un voto al Señor.

Escriba parte del v. 11: *"Sino que dieres a tu sierva un hijo varón…* _____

_____

_____

Observe su promesa en el v. 11: *"Si te dignares… yo lo dedicaré a Jehová todos los días de su vida".*

Ella llevó su dolor a Dios en oración. Se entregó a la oración hasta que supo que Él le había concedido su petición.

En la petición de Ana, prometió dar a su hijo al Señor y *"no pasará navaja sobre su cabeza"* (v. 11). Esta fue una promesa al Señor de que el niño sería nazareo. Busque Números 6:2-5. Escriba el v. 2:

_____

_____

También el v. 5: _____

_____

_____

Antes de que el niño fuera concebido, Ana hizo esta promesa. ¿Qué es un nazareo? Un nazareo era una persona totalmente apartada para el Señor. El cabello largo era una señal visible de la separación del nazareo y su disposición a sufrir reproche por causa del Señor.

Puede ser que Ana miró más allá de su propio anhelo por un hijo y vio la forma tan desesperada en que la nación de Israel, en un tiempo de declive espiritual, necesitaba un hombre totalmente separado para Dios.

Dios siempre puede confiar a los suyos dones cuando estos están dispuestos a devolvérselos a Él.

La oración que hizo Ana en la casa de Dios en Silo fue una oración de súplica, sin discurso externo. Sus labios se movían, pero no había sonido audible. Su oración era interna, de su corazón y su alma. El sacerdote Elí miró su boca y pensó que estaba borracha. Subraye los vv. 12 y 13. Las palabras de Elí solo añadieron más aflicción. La respuesta de ella es una obra maestra en el v. 15: *"Yo soy una mujer atribulada de espíritu; no he bebido vino ni sidra, sino que he derramado mi alma delante de Jehová".* Elí respondió en el v. 17: *"Ve en paz".*

_____

_____

Observe el v. 18. Ana salió de la casa de Dios feliz: *"Y no estuvo más triste".* Incluso comenzó a comer de nuevo. Estaba segura en su corazón de que Dios le daría un hijo.

Entones se produjo un milagro de Dios (v. 19). Cuando regresaron a su casa, Elcana se llegó a su esposa y esta concibió. (Padres, esa es una buena palabra para usar para responder a sus hijos sobre el sexo: *"Se llegó a… su esposa"*).

3. Ana cumple su promesa (1 Samuel 1:20-28).

    Ana tuvo un hijo llamado *Samuel*, que significa *"pedido al Señor".* En su oración, había prometido entregar a Samuel al Señor. Lo alimentó y lo amó hasta que fue destetado (v. 23).

Samuel era muy joven cuando Ana lo llevó *"a la casa de Jehová en Silo"* (v. 24).

De nuevo oró, y le dijo al Señor que no se había olvidado de su promesa ni del regalo que Dios le había hecho. Sus palabras son preciosas en el v. 28:

Ana no temía por su hijo. Le había puesto en manos de Dios y ahí estaba seguro. Debería haber más personas como Ana en nuestro tiempo.

4. La alabanza de Ana a Dios (1 Samuel 2:1-10).

   Antes de dejar a Samuel con Elí, Ana hizo una oración de triunfo que ha sido llamada la predecesora del Magníficat de María, la madre de Jesús.

   Compare 1 Samuel 2:1-10 con Lucas 1:46-53.

   Estas dos oraciones han estimulado los corazones de la cristiandad durante siglos.

5. Dios dio fruto de las primicias (1 Samuel 2:18-21).

   Como Ana había sido fiel al Señor y había "prestado" (o entregado) a Samuel (las primicias de su vientre) a Dios, *el Señor hizo que diera más fruto.* Escriba el v. 20:

Ana recibió la visita del Señor y tuvo tres hijos y dos hijas (v. 21). El Señor siempre hace *"todas las cosas mucho más abundantemente de lo que pedimos o entendemos, según el poder que actúa en nosotros"* (Efesios 3:20).

6. El niño Samuel (1 Samuel 2:11, 18-19, 26).

   El niño creció y ministró delante del Señor. Durante esos primeros años, Ana iba a ver a Samuel y cada año le llevaba una túnica. La biografía de Ana termina en este capítulo, al pasar a un segundo plano para convertirse en inmortal a través de su hijo

V. LO QUE DICE EL NUEVO TESTAMENTO SOBRE ANA:

1. Ana no aparece ni una sola vez en el Nuevo Testamento.

   Su vida y su influencia fluyen por las páginas del Nuevo Testamento por su hijo Samuel.

2. La Biblia a veces habla más alto cuando guarda silencio acerca de algún tema.

   Veremos esta verdad en la siguiente lección.

   Por ejemplo, Ana no se menciona, pero influyó en la vida de la madre de nuestro Señor.

   Permanece anónima a través de las páginas del Nuevo Testamento. Como Samuel comenzó la escuela de profetas, tuvo una gran influencia sobre todos los autores de las Escrituras.

VI. LAS LECCIONES QUE DEBE APRENDER DE ESTE ESTUDIO:

1. A veces, Dios retiene cosas buenas hasta que nos sometemos a su voluntad.

2. Cuando se hacen comentarios crueles sin causa, deberíamos encajarlos como cristianos y no arruinar nuestro testimonio.

3. Cuando oramos, como oró Ana, debemos saber que Dios responde a su manera y en su tiempo.

4. El Señor puede gestionar cada dolor que tengamos. Él lo demuestra en la vida de Ana.

5. Lo que prometemos y después entregamos al Señor, Él lo agranda y nos devuelve abundantes bendiciones.

6. Deberíamos gozarnos en todo. Ana alabó al Señor por su hijo Samuel, sabiendo que se lo entregaría al Señor.

RECUERDE:

1. ¿Por qué Ana dependía tanto del Señor?
2. ¿Dónde encontró Ana paz para su alma?
3. ¿Quién le criticó en casa y en el templo?
4. ¿Qué es un nazareo?
5. ¿Por qué Ana es tan conocida en la actualidad?
6. ¿Cuál fue su característica suprema?

SU SIGUIENTE TAREA:

1. Lea 1 Samuel 1–10, 16–19; 1 Crónicas 9:22; 26:28; 29:29; Hechos 3:24; Hebreos 11:32-34.
2. Repase su estudio sobre Ana.
3. Subraye en su Biblia las nuevas verdades que aprendió.
4. Lea todo lo que encuentre sobre Samuel, nuestra siguiente lección.

Lección 17
SAMUEL

I. EL SIGNIFICADO DEL NOMBRE:

Samuel significa "pedido a Dios" o "señalado por Dios".

II. VERSÍCULOS BÁSICOS:

1 Samuel 1–10, 16–19; 25:1; 1 Crónicas 9:22; 26:28; 29:29; Hechos 3:24; 13:20; Hebreos 11:32-34.

III. TRASFONDO FAMILIAR:

Como vimos en la última lección, Samuel fue el primogénito de Ana y Elcana. Fue una respuesta a una oración de su madre. Dios escuchó su petición y le concedió a Samuel, "pedido a Dios" (véase 1 Samuel 1:27). Su padre era un levita de la familia de Coat. Era un hombre de los montes de Efraín, porque a la familia le habían asignado la residencia en esa tribu. Lea Josué 21:5 y 20.

Samuel nació en una familia donde había dos esposas y otros hijos de Elcana con otra esposa. Él no vivió mucho tiempo en esa casa porque Ana había prometido devolver a Samuel al Señor. Lo que Ana le entregó a Dios fue antes el regalo de Dios para ella. Lo mismo ocurre en nuestras vidas.

Observe en 1 Samuel 1:28 que Ana no se lo entregó al Señor para un ratito, sino *todos los días que viva*. Samuel fue presentado al Señor a una edad muy temprana. En 1 Samuel 1:24 las Escrituras dicen: *"Después que lo hubo destetado… el niño era pequeño"*. La mayoría de los judíos que meditan en este versículo dicen que tenía unos tres años de edad. Esto debería enseñarnos una lección: nunca es demasiado temprano para comenzar con el entrenamiento espiritual de nuestros hijos.

IV. LO QUE DICE EL ANTIGUO TESTAMENTO SOBRE SAMUEL:

1. Samuel, un levita y nazareo (1 Samuel 1:1, 11)

    Por *nacimiento*, Samuel era levita (1 Samuel 1:1). Nació en Ramataim de Zofim. *Zofim* significa "atalayas". A los profetas se las llama atalayas, un punto para recordar. *Rama*- cuando se traduce al griego, es *Arimatea*. (Estas dos ideas deberían estimular su mente para examinar más pasajes y un diccionario bíblico).

    Por *voto*, Samuel era nazareo (1 Samuel 1:11).

    El voto de Ana, la madre de Samuel, antes de concebir fue el voto del nazareo.

    Ese voto se puede encontrar en Números 6:1-5. El voto significaba:

    a. alguien totalmente separado para el Señor (Números 6:2);

    b. alguien que no toma bebidas fuertes ni vino (Números 6:3);

    c. alguien que no usa navaja (Números 6:5), el cabello largo en lo natural era un reproche para el hombre (1 Corintios 11:14). El nazareo llevaba cabello largo como señal visible de su separación para el Señor y su disposición a sufrir el reproche por causa del Señor; y

    d. alguien que evitaba el contacto con un cadáver (Números 6:5-6). Esta era una señal de una pureza de vida absoluta.

2. Llamado de Samuel de parte de Dios (1 Samuel 3:1-18)

    Samuel fue llamado por el Señor cuando era muy joven. Observe el v. 1: *"Y la palabra de Jehová escaseaba en aquellos días"*. Así que el Señor Dios llamó a este joven para que fuera su portavoz. Lea el 3:4 y escríbalo:

_____

_____

Ahora escriba el v. 10: _____

_____

3. Samuel, un profeta (1 Samuel 3:19-21).

    Samuel fue llamado a ser profeta, "un portavoz de Dios, vidente, atalaya". Lea ese precioso v. 20:

    _____

    _____

    Samuel había sido fiel al revelar a Elí las primeras palabras que Dios le habló en una visión (1 Samuel 3:11-18). Esto fue algo difícil de hacer para un niño, pero lo hizo como el Señor le dijo. Samuel marca el inicio del oficio profético. Había algunos en el pasado sobre quienes había caído el manto de la profecía, como Moisés en Deuteronomio 18:18. *Las Escrituras indican que el orden profético lo fundó Samuel*. Lea 1 Samuel 9:9, 18-19. Subraye el v. 9. Aprendemos que un "vidente" y un "profeta" es la misma cosa. Samuel era ambas cosas.

    Lea 1 Samuel 10:5: *"Y cuando entres allá en la ciudad encontrarás*_____

    _____

    Ahora, 1 Samuel 19:20: _____

    _____

    Por estos versículos sabemos que Samuel comenzó la primera escuela de profetas y él estaba sobre ellos. Alexander Whyte, en su libro *Bible Characters* [Personajes bíblicos] dice: "Samuel ideó, fundó y presidió una gran escuela profética en su vejez. Cuánto del Antiguo Testamento mismo le debemos a los profetas, y los predicadores, y los salmistas, y los sagrados escritores, y otros estudiantes entrenados de la gran escuela de Samuel, aún no lo hemos descubierto del todo".

4. Samuel, el intercesor.

    Vaya a 1 Samuel 7:5-8. Observe que Samuel dice: *"Y yo oraré por vosotros a Jehová"* (v. 5).

    Escriba el v. 8:_____

    _____

    Lea 1 Samuel 12:18-23. Subraye los vv. 18 y 19. Escriba el v. 23, uno de los grandes versículos sobre la oración:

    _____

5. Samuel, el sacerdote.

    Samuel era levita por nacimiento, y el Señor le dio las tareas del sacerdote. Compartía oficio con Moisés y Aarón. Lea Salmos 99:6:

    _____

    _____

    Sus funciones sacerdotales eran:
    *   ofrecer el sacrificio (1 Samuel 7:9-10)
    *   orar por su pueblo (1 Samuel 7:9)
    *   ungir a los reyes (1 Samuel 10:1; 16:13)

6. Samuel, el juez.

    Samuel era un profeta y ejercía las funciones de un sacerdote, pero también era juez. Samuel fue el último de los jueces y ungió al primer rey: Saúl. El Señor tenía a su hombre ubicado en todas estas capacidades porque *"la palabra de Jehová escaseaba en aquellos días; no había visión con frecuencia"* (1 Samuel 3:1).

    Samuel juzgó a Israel. Lea 1 Samuel 7:15-17. Escriba el v. 15:

    _____

    _____

    En los vv. 16 y 17 se usa la palabra *"juzgaba"*. Subraye la palabra en su Biblia.

    El capítulo 7 identifica positivamente a Samuel como profeta, sacerdote y juez:

    - en el v. 3 se proclama como profeta;
    - en el v. 5 ora como un sacerdote;
    - en el v. 6 juzga;
    - en los vv. 9 y 10 sacrifica como sacerdote;
    - en el v. 12, profeta;
    - en los vv. 15 y 16, juez:
    - en el v. 17, juez y sacerdote.

7. La muerte de Samuel — 1 Samuel 25:1.

    Samuel murió, tras haber visto a Israel pasar de una teocracia a una monarquía. Samuel estaba triste por ello, pero siguió la voluntad de Dios. Israel no había rechazado a Samuel, sino a Dios. Uno de los versículos importantes en 1 Samuel es el 8:7:

    _____

    _____

    El pueblo amaba a Samuel y se dolió por su muerte.

    La vida y la historia no terminaron en el capítulo 25. En el capítulo 28 Saúl cayó en la adivinación y fue a buscar a la adivina de Endor. En 1 Samuel 28:11-20 habla un hombre muerto. El hombre que habló era Samuel. Volvió a enfatizar el mensaje del Señor que había dado en 1 Samuel 15:22-28.

    Por lo tanto, el gran profeta Samuel deja su marca en todos nosotros. Tenemos en nuestras manos el libro, grandemente influenciado por este hombre.

V. LO QUE DICE EL NUEVO TESTAMENTO SOBRE SAMUEL:

1. Pedro, en su segundo sermón, estableció a Samuel como el líder de los profetas.

    Lea Hechos 3:24: _____

    _____

2. Pablo estableció a Samuel como un profeta en Hechos 13:20:

    _____

    _____

    _____

3. En Hebreos 11:32 Samuel está en la lista de los héroes de la fe.
    Subraye el v. 32.

VI. LAS LECCIONES QUE DEBERÍA APRENDER DE ESTE ESTUDIO:

1. Un niño entregado al Señor en oración y fe marcará un impacto para el Señor.

2. La enseñanza temprana de las cosas de Cristo producirá una influencia de por vida sobre nuestros hijos.

3. La influencia de una persona piadosa afectará generaciones futuras, como lo hizo Samuel.

4. No deberíamos dejar de orar nunca por los que necesitan a Cristo, por los líderes cristianos y por nuestra nación, así como Samuel nunca dejó de orar por Israel.

5. El Señor honró a la madre de Samuel, Ana, y le concedió un hijo. A través de su hijo, ella ha vivido a lo largo de las generaciones como un modelo de maternidad. El Señor es el mismo ayer, hoy y siempre.

RECUERDE:

1. ¿Qué era Samuel de nacimiento? ¿Y de voto?

2. ¿Qué era un nazareo?

3. ¿Qué inició Samuel? ¿Cuál era su título principal?

4. ¿Qué institución estableció?

5. Samuel terminó el periodo de _____

   ...y encabezó el orden de _____

6. Samuel ungió a dos reyes. ¿Quiénes fueron?

SU SIGUIENTE TAREA:

1. Lea 1 Samuel 8–31; 1 Crónicas 10; Hechos 13:21.

2. Lea todo lo que encuentre sobre Saúl, el primer rey de Israel. Él es el personaje de nuestro próximo estudio.

3. Repase sus notas sobre Samuel y Ana.

4. Subraye en su Biblia las nuevas verdades que aprendió.

Lección 18
EL REY SAÚL

I. EL SIGNIFICADO DEL NOMBRE:

Saúl significa "pedido" o "demandado".

II. VERSÍCULOS BÁSICOS:

1 Samuel 8–31; 1 Crónicas 10; Hechos 13:21.

III. TRASFONDO FAMILIAR:

Saúl era el hijo de Cis, un benjamita. En el Nuevo Testamento, el nombre también es *Cis*, una imitación del griego. Benjamín era el menor de los doce hijos de Jacob. De esta tribu surgieron dos Saúl: el rey *Saúl y Saulo (o Saúl), el apóstol a los gentiles que también sería conocido como el apóstol Pablo.*

No se nos da más información sobre la familia de Saúl. Fue un hijo obediente (1 Samuel 9:1-3).

IV. LO QUE DICE EL ANTIGUO TESTAMENTO SOBRE EL REY SAÚL:

1. El pueblo demandó un rey (1 Samuel 8:5).

_____

_____

Samuel había sido profeta, juez y sacerdote. Israel quería ser como las demás naciones y rechazaron la teocracia (Dios como Rey, poder supremo). En 1 Samuel 8:7 el Señor le dijo a Samuel:

_____

_____

Ellos no habían rechazado a Samuel sino a Dios. Dios les concedió su propio deseo egoísta en 1 Samuel 8:22.

2. Dios eligió a Saúl como rey y le dijo a Samuel lo que debía hacer (1 Samuel 9:15-17).

El Señor eligió a un joven con un aspecto físico impactante. Observe su descripción en 1 Samuel 9:2:

_____

_____

El Señor le dijo a Samuel que Saúl vendría a él, y Samuel tenía que ungirlo como el primer rey de Israel. Lea 1 Samuel 9:18-20.

Saúl era, en ese tiempo, humilde y modesto. Observe 1 Samuel 9:21:

"*¿No soy yo hijo de Benjamín…?*".

"*¿… de la más pequeña de las tribus de Israel?*".

"Y mi familia *¿no es la más pequeña de todas las familias de la tribu de Benjamín?*".

"*¿Por qué, pues, me has dicho cosa semejante?*".

Su humildad se ve de nuevo en 1 Samuel 10:22. Esto fue el día de su presentación al pueblo, pero Saúl "*está escondido entre el bagaje*".

Tenía un grado de autocontrol como se observa en 1 Samuel 10:27. Cuando *"algunos perversos"* menospreciaron a Saúl y lo criticaron, las Escrituras dicen, *"mas él [Saúl] disimuló"*.

3. El Señor le dio a Saúl un nuevo corazón.

   Se convirtió en otro hombre.

Lea 1 Samuel 10:6, la última frase: _____

_____

Luego 1 Samuel 10:9:_____

_____

Cuando el Señor llama a una persona a hacer una tarea, le da a dicha persona todo lo necesario. Este es un buen ejemplo para nosotros en la vida del rey Saúl.

Saúl cambió interiormente primero y después fue presentado al pueblo. Cuando vieron que Saúl le sacaba una cabeza al resto, el pueblo respondió gritando: "Dios salve al rey".

Saúl fue provisto de ayuda y asistencia externa. Dios le dio hombres. Observe 1 Samuel 10:26:

_____

_____

Dios no solo proveyó a Saúl de regalos internos y externos, sino que también le dio una victoria grande y exitosa al derrotar a los amorreos (1 Samuel 11:1-11). Eso le dio al pueblo una gran confianza y esperanza en su rey (1 Samuel 11:12).

Hasta ahora, hemos visto el lado bueno del primer rey de Israel. Saúl tenía la capacidad natural, y después una habilidad espiritual interior que Dios le dio. Tuvo la oportunidad de hacer grandes cosas para su pueblo y para el Señor. *Pero la naturaleza adámica tomó el mando y Saúl comenzó la espiral descendente hacia la ruina.*

4. La caída de un rey provocada por el "egocentrismo".

   Primero. Llegó el pecado de la presunción y la impaciencia. Lea de nuevo 1 Samuel 10:8 y subráyelo. Samuel le había dicho a Saúl que fuera a Gilgal y esperara siete días, y que él (Samuel) ofrecería sacrificios al Señor.

Ahora vaya a 1 Samuel 13:8: _____

_____

Saúl, impaciente, quebrantó la función sacerdotal ofreciendo un sacrificio al Señor. Samuel llegó, tal y como había prometido, pero fue demasiado tarde para Saúl. *Ya había hecho lo que quería hacer.* Observe la última parte de 1 Samuel 13:12. Ahora escriba el v. 13:

_____

_____

Debido a la obstinación y la impaciencia de Saúl, el Señor lo rechazó como rey. Subraye el v. 14.

Segundo. Saúl fue desobediente y rebelde. En el capítulo 15 Saúl obedeció parcialmente las instrucciones del Señor. Tenía que destruir a los amalecitas. Lo hizo, pero también se quedó con lo mejor del ganado y de todo lo bueno. Perdonó al rey de los amalecitas, Agag, y lo capturó.

Tercero. El Señor le había dicho a Samuel: *"Me pesa haber puesto por rey a Saúl"* (1 Samuel 15:11). La represión de Samuel comienza en el v. 17 y continúa en el v. 23 y después en el v. 28.

Subraye 1 Samuel 15:17. Ahora escriba los vv. 22-23:

_____

_____

Subraye el v. 28 en su Biblia.

Observe que Samuel llamó pecado al pecado y no lo encubrió como tenemos tendencia a hacer en nuestros días.

En 1 Samuel 13:14 y 15:28 encontramos que a Saúl le será quitado el reinado.

Cuarto. *"El Espíritu de Jehová se apartó de Saúl, y le atormentaba un espíritu malo de parte de Jehová"* (1 Samuel 16:14).

Quinto. Saúl se volvió irracionalmente celoso de David (1 Samuel 18:8).

Incluso trató de matar a David tres veces: 1 Samuel 19:1, 10; 23:8. David le perdonó dos veces la vida a Saúl.

Sexto. Saúl acudió a la hechicería (1 Samuel 28:7).

Saúl era apuesto, un hombre con habilidad natural, con un corazón nuevo, una persona nueva y una gran oportunidad; ¿qué ocurrió? Rehusó obedecer a Dios y quiso su propio camino: egocentrismo. Descendió a las profundidades más bajas del pecado y buscó a la adivina de Endor. *Pasó de lo más alto a lo más bajo.*

Todos estos pasos forman una historia similar de egoísmo, orgullo, abuso de poder y celos, que condujeron a la decadencia moral.

Séptimo. Saúl fue herido en combate y después se quitó la vida abalanzándose sobre su propia espada (1 Samuel 31:4; 1 Crónicas 10). Este gigante había pasado del puesto de rey a los pozos de la incredulidad en la sesión secreta con la adivina de Endor. El egocentrismo (el ego o como se le quiera llamar) finalmente venció a Saúl, el primer rey de Israel.

Las propias palabras de Saúl, en uno de sus ruegos y confesiones a David, nos resumen la historia. Lea 1 Samuel 26:21: *"He pecado… He aquí yo he hecho neciamente, y he errado en gran manera".*

V. LO QUE DICE EL NUEVO TESTAMENTO SOBRE SAÚL:

1. El Nuevo Testamento menciona a este Saúl una vez.

    El apóstol Pablo, en su sermón en Antioquía, menciona a Saúl en Hechos 13:21. Escriba este versículo:

    _____

    _____

    Este versículo nos dice por cuánto tiempo reinó Saúl como rey. En ningún otro lugar del Antiguo Testamento se dice esto. Pablo nos dice que Saúl reinó durante cuarenta años (Josefo también dice que fueron cuarenta años en *Antigüedades*, libro 6, capítulo 14, párrafo 9).

2. No podíamos dejar de recordarle en este estudio que el Saúl del Nuevo Testamento también era de la tribu de Benjamín (Romanos 11:1 y Filipenses 3:5).

    El Saúl del Nuevo Testamento se convirtió en Pablo, el apóstol. (Estudiaremos a Pablo en los personajes del Nuevo Testamento).

VI. LAS LECCIONES QUE DEBERÍA APRENDER DE ESTE ESTUDIO:

1. Es necesario algo más que un buen trasfondo familiar y una buena apariencia física para ser un buen siervo.

2. La habilidad para entender la Palabra de Dios es tan importante como las grandes oportunidades.

3. La obediencia al Señor es mucho más importante para alcanzar el éxito que cualquier otro factor.

4. Deberíamos colocar el yo y el ego en una estantería de un cuarto cerrado y dejarlos allí hasta que se pudran.

5. Estar en el puesto más alto de la tierra no le dio a Saúl la autoridad para hacer lo que quisiera y no tener en cuenta a Dios.

6. Cuando empezamos a pecar cada vez más, es casi imposible cambiar por voluntad propia. Lo que necesitamos es que la gracia de nuestro Señor Jesucristo nos cambie.

RECUERDE:

1. ¿Por qué se nombró a Saúl como rey de Israel?

2. ¿Cuáles eran sus cualidades como líder?

3. ¿Qué le hizo a Saúl pasar de buenas intenciones a malas obras?

4. En una palabra, ¿cuál fue el mayor pecado de Saúl?

5. ¿Alguna vez confesó Saúl su pecado? ¿Qué dijo?

SU SIGUIENTE TAREA:

1. Lea 1 Samuel 13–14; 18–20; 23; 31; 2 Samuel 1, 9.

2. Lea todo lo que encuentre sobre Jonatán, el hijo de Saúl. (Hay unos cuarenta Jonatán en las Escrituras).

3. Repase sus notas sobre el rey Saúl.

4. Subraye en su Biblia las nuevas verdades que aprendió.

Lección 19
JONATÁN, HIJO DE SAÚL

I. EL SIGNIFICADO DEL NOMBRE:

Jonatán significa "a quien Jehová da" o "el Señor da".

II. VERSÍCULOS BÁSICOS:

1 Samuel 13–14; 18–20; 23; 31; 2 Samuel 1; 9.

III. TRASFONDO FAMILIAR:

Jonatán era el hijo mayor del rey Saúl. El único trasfondo dado en las Escrituras se encuentra en 1 Samuel 14:49-51. Su madre era Ahinoam. Jonatán tenía dos hermanos y dos hermanas. Su padre también tenía una concubina llamada Rizpa, que tenía dos hijos de él (2 Samuel 21:8, 11). En la propia familia de Jonatán, él era el heredero obvio al trono de Israel. Poseía una gran habilidad mental, una moralidad elevada y noble, un físico apuesto y un corazón de amor. Era apto para el puesto de rey.

Si no hubiera sido por las transgresiones de su padre, habría sido el segundo rey de Israel, pero Jonatán sabía que nunca sería el rey. Samuel le reveló eso a Saúl en 1 Samuel 13:14, y de nuevo en 1 Samuel 15:23 y 28.

IV. LO QUE DICE EL ANTIGUO TESTAMENTO SOBRE JONATÁN:

1. Jonatán, un hombre sin miedo (1 Samuel 13:2-3; 14:1-45).

   Se le asignaron a Jonatán mil hombres para aplastar a los filisteos. Su trasfondo ni siquiera se menciona. Su primera aparición en las Escrituras es como un guerrero, un hombre de valor.

   En el capítulo 14, Jonatán y un escudero subieron la escarpada loma de un desfiladero rocoso en Micmas y mataron a veinte filisteos. Cuando Saúl fue a atacar a los filisteos, se los encontró llenos de miedo y luchando entre ellos porque Jonatán había provocado una gran confusión con su ataque (1 Samuel 14:1-23).

   Saúl pronunció una maldición sobre cualquiera que comiera durante la persecución para matar a todos los filisteos. Jonatán no era conocedor de las órdenes de su padre y comió un poco de miel salvaje. Por eso, Saúl le dijo a su propio hijo: *"Sin duda morirás"* (1 Samuel 14:44). El pueblo, sabiendo que Jonatán en verdad había salvado a Israel con la ayuda de Dios, dijo a Saúl: *Vive Jehová, que no ha de caer un cabello de su cabeza en tierra... Así el pueblo libró de morir a Jonatán"* (v. 45).

   La primera impresión de Jonatán es de un hombre luchador y guerrero. Era fuerte y tenía una gran habilidad mental, pero su grandeza no solo estaba en el campo de batalla sino también en su amor y fe en el Señor Dios.

2. El pacto de Jonatán con David (1 Samuel 18:1-4).

   David acababa de matar a Goliat (capítulo 17) cuando el rey Saúl preguntó quién era. David respondió con gran orgullo en 1 Samuel 17:58:

_____

_____

Mientras David hablaba con el rey Saúl, Jonatán sintió en su corazón un profundo amor por David. Este versículo de 1 Samuel 18:1 lo dice mejor: *"El alma…*

NOTA: el alma de Jonatán quedó ligada al *alma* de David. Uno liga cosas que son de la misma sustancia, de la misma fibra, textura y fortaleza. El hueso se ligará con otro hueso, el tejido con el mismo tipo de tejido.

Jonatán amó a David como amaba a su propia alma, un amor puro y piadoso. Su patrón de amistad ha sido el ejemplo perfecto de toda verdadera amistad desde entonces.

El pacto que hicieron Jonatán y David lo selló Jonatán, el hijo del rey, dándole su manto, sus ropas y su espada a David, el que sería rey. David era el elegido de Dios (1 Samuel 16:1).

El sello del pacto fue tan real como cualquier sello de cualquier pacto en las Escrituras. Jonatán era un hombre espiritual que amaba a Dios y al que Samuel había entrenado desde temprano. Hizo el pacto con David y a la vez puso fe en el David más grande: Jesucristo. Él conocía al Dios de David.

Jonatán, el hijo y heredero de Saúl, se despojó de sí mismo para sellar a David hasta el trono de Israel. Jonatán, en la medida de lo posible, hizo ese día todo lo que Jesucristo hizo en la plenitud de los tiempos (Filipenses 2:6-8; Colosenses 4:4-5). Jonatán era solo el hijo pecador de un padre pecador, mientras que Jesús vino como el Hijo de Dios. Jesús se desnudó para poder vestirnos con su túnica de justicia, para que pudiéramos compartir su gloria.

Hay otra lección aquí para nosotros hoy: cuando amamos a Jesús (el David más grande) como amamos a nuestra propia alma, le entregamos todo lo que tenemos (nos desnudamos) y ponemos todo lo que tenemos sobre sus hombros como nuestro Señor y Rey. Eso es exactamente lo que hizo el amoroso, bueno, generoso y humilde Jonatán.

3. Jonatán defendió a David (1 Samuel 19:1-7).

Toda la vida de Jonatán estuvo ligada a dos hombres: el rey Saúl y el futuro rey: David. No podemos separar su vida de estos dos hombres.

Saúl, el padre de Jonatán, quería matar a David por unos celos que comenzaron inmediatamente después de la confrontación entre David y Goliat. Lea 1 Samuel 18:7.

Subraye 1 Samuel 18:8-9. Esta fue la reacción del rey Saúl ante David. Los celos crecieron hasta el punto del odio. El asesinato era lo primero en la agenda de Saúl.

En el capítulo 19:1-7 Jonatán dio pasos para proteger a David:

Primero. Jonatán le contó a David el plan de Saúl para matarlo (v. 2).

Segundo. Se preocupó por la seguridad de David: *"Cuídate hasta la mañana"* (v. 2).

Tercero. Jonatán intercedió por David (vv. 4 y 5).

Cuarto. Su apelación cambió el corazón del rey (v. 6).

Quinto. Jonatán llevó a David con Saúl. David estaba de nuevo en la corte del rey (v. 7).

Jonatán fue un intercesor, un pacificador, un instrumento en la mano de Dios.

4. Jonatán protege a David (1 Samuel 20:1-42; 23:15-18).

Todo el capítulo 20 es la narrativa de la ira de Saúl en contra de David, y la protección de Jonatán hacia David. La amistad se hizo más fuerte con cada adversidad. Observe 1 Samuel 20:17:

_____

_____

Subraye 1 Samuel 20:42.

En 1 Samuel 23:15-18 vemos una de las joyas de las Escrituras. David había estado huyendo de Saúl. En el desierto de Zif, Jonatán apareció en escena. Observe lo primero que hace (v. 16):

_____

_____

Jonatán proclamó el avance de David hacia el trono, que era el derecho de nacimiento de Jonatán. Observe 1 Samuel 23:17:

> *"Pues no te hallará la mano de Saúl mi padre…"*.
>
> *"Y tú reinarás sobre Israel…"*.
>
> *"Y yo seré segundo después de ti…"*.
>
> *"Y aun Saúl mi padre así lo sabe"*.

Ellos hicieron un pacto delante del Señor (v. 18). Esto fue una verdadera devoción, dando y recibiendo la confirmación de su amor y amistad. Deberíamos hacer lo mismo con los que amamos; sin embargo, nuestra necesidad de renovar nuestro pacto, nuestra devoción y nuestro amor con el Señor Jesús es mucho mayor.

Jonatán y David se separaron en el v. 18 y nunca más se volvieron a ver.

5. La muerte de Jonatán (1 Samuel 31:2).

Jonatán murió a manos de los filisteos. Él y su padre, Saúl, murieron en la misma batalla.

En 2 Samuel 1:17-27 David lloró la muerte de Jonatán y de Saúl. David dijo solo cosas buenas sobre Saúl. Su devoción a Jonatán se encuentra en el v. 26 (subráyelo).

V. LO QUE DICE EL NUEVO TESTAMENTO SOBRE JONATÁN:

No hay ninguna mención a este noble personaje en el Nuevo Testamento; sin embargo, desempeñó un papel importante en la vida de David. Jonatán era el hijo del rey Saúl, a quien el pueblo pidió como rey. Saúl no era de la "casa de Isaí". Tras rechazar a Saúl, el Señor Dios dijo: *"Te enviaré a Isaí de Belén, porque de sus hijos me he provisto de rey"* (1 Samuel 16:1).

El Dr. Herbert Lockyer, autor de *Todos los hombres de la Biblia*, dijo: "Jonatán personificó todas las virtudes cristianas o gracias de las que escribió Pedro en 2 Pedro 1:5-7".

Escriba esas gracias:

_____   _____   _____

_____   _____   _____

_____   _____   _____

VI. LAS LECCIONES QUE DEBERÍA APRENDER DE ESTE ESTUDIO:

1. Jonatán fue un ejemplo perfecto de un buen amigo.

2. Pudo ocupar un segundo lugar sin mostrar celos.

3. Nunca se quejó porque el Señor eligió a David para que fuera rey sobre Israel.

4. Él "*fortaleció su mano* [de David] *en Dios* (1 Samuel 23:16).

5. Jonatán no era raro, como algunos en nuestro tiempo puedan pensar. Su amor hacia David era puro, santo y real. Todos deberíamos tener amigos así de buenos.

6. La amistad sacrificada es una virtud que deberíamos obtener por medio de Cristo. Jonatán y David fueron ejemplos excelentes de amistad en las Escrituras.

RECUERDE:

1. Jonatán amaba a David… (véase 1 Samuel 18:3)

2. ¿Qué podemos "ligar"?

3. ¿Cuál fue el sello del pacto que Jonatán hizo con David?

4. ¿Por qué Jonatán defendía constantemente a David?

5. ¿Qué hizo Jonatán cuando se encontró con David en el desierto de Zif?

SU SIGUIENTE TAREA:

1. Debería haber leído 1 Samuel 16–31 en la última lección. Ahora lea 2 Samuel. También, 1 Crónicas 1; 25; 1 Reyes 1; 2; Mateo 1:1; 22:41-45; Marcos 11:10; Lucas 1:32.

2. El siguiente estudio será sobre el rey David. Hay muchos pasajes en las Escrituras acerca de él. Lea todo lo que encuentre en su Biblia.

3. Repase sus notas sobre Jonatán.

4. Subraye en su Biblia las nuevas verdades que aprendió.

Lección 20
EL REY DAVID

I. EL SIGNIFICADO DEL NOMBRE:

David significa "bien amado".

II. VERSÍCULOS BÁSICOS:

1 Samuel 16–31; 2 Samuel; 1 Crónicas 15, 25; 1 Reyes 1, 2; Mateo 1:1; 22:41-45; Marcos 11:10; Lucas 1:32.

III. TRASFONDO FAMILIAR:

David era el menor de los ocho hijos de Isaí. Era de *Belén*, que significa "casa del pan". No se menciona nada en las Escrituras sobre la madre de David.

Aquí vemos algunas de las muchas profecías de lecciones pasadas que se cumplen. ¿Recuerda el linaje mediante el cual llegaría el Mesías: Jesús? ¿Recuerda por estudios anteriores los nombres de Abraham, Isaac, Jacob, Judá, Tamar, Salmón, Booz y Rut, Obed, Isaí y ahora David? (Dios había hecho un pacto con Abraham y llevó a cabo su voluntad para traer la bendición a través de su simiente: Jesucristo).

Samuel fue usado por Dios al elegir a David como el segundo rey de Israel. Lea 1 Samuel 16:1 y subráyelo. Ahora lea el versículo 7 del mismo capítulo y escriba la última mitad del v. 7: *"Porque Jehová no mira…*

_____

_____

Observe 1 Samuel 16:12-13. David era un hombre apuesto. A través de Samuel, el Señor lo eligió y ungió para ser el rey: *"El Espíritu de Jehová vino sobre David"* (v. 13).

David no fue entronado como rey hasta después de la muerte de Saúl. Aunque el Señor Dios lo había escogido, David ocupó su lugar como siervo y como alguien a quien Saúl menospreciaba. Saúl lo odiaba y perseguía. De sus experiencias al huir y esconderse, David escribió algunos de los salmos más bellos. Entre ellos están los Salmos 54, 56, 57 y 59.

David es el único personaje de las Escrituras llamado *"un varón conforme a su corazón [de Dios]"*. Busque 1 Samuel 13:14 y subraye la frase. Ahora, en Hechos 13:22 encuentre la frase y subráyela.

Hemos visto rápidamente el trasfondo de David ya que nuestras lecciones previas han incluido una parte de su vida. Ahora veremos el reino y el gobierno de David como rey de Israel.

IV. LO QUE DICE EL ANTIGUO TESTAMENTO SOBRE DAVID:

1. David lamentó la muerte de Saúl y Jonatán (2 Samuel 1:17-27).

   El canto que escribió David sobre Saúl y Jonatán habla solamente de lo bueno de Saúl. Este pasaje muestra una profunda reverencia por la posición que había ocupado Saúl como rey ungido del Señor sobre Israel. No se mencionan las faltas de Saúl ni la crueldad que mostró hacia David. Cuando David mencionó a Jonatán, su corazón rebosaba (v. 26).

2. David como rey sobre Judá (2 Samuel 2–4).

   David reinó en Hebrón durante siete años, y seis meses solo sobre Judá: 2 Samuel 2:11.
   Vea 2 Samuel 2:4: *"Y vinieron los varones de Judá y ungieron allí a David por rey sobre la casa de Judá"*. Las otras tribus no aceptaron a David como rey y decidieron tener su propio rey

(2 Samuel 2:8-10). Esto provocó una guerra civil entre los seguidores de Saúl y los seguidores de David. Observe 2 Samuel 3:1:

_____

_____

3. David, rey de Israel, en Jerusalén (2 Samuel 5-11).

Tras la muerte de Is-boset, el rey sobre los seguidores de Saúl, todas las tribus acudieron a David y lo ungieron como rey sobre Israel (2 Samuel 5:3).

David reinó como rey por cuarenta años. Lea 2 Samuel 5:4-5:

_____

_____

Trasladó la capital a Jerusalén: Sion, la ciudad de David (2 Samuel 5:6-7). Subraye el v. 7. La coronación de David como rey sobre todo Israel fue enorme. No está descrita en 2 Samuel 5 sino en 1 Crónicas 12:23-40. Sumando todos los números presentes en su coronación, había unos 340 000 hombres armados. Estaban todos unidos para hacer rey a David (1 Crónicas 12:38).

4. El pacto davídico (2 Samuel 7:4-16).

Uno de los grandes pactos del Señor es el pacto con David. El Mesías vendría *"del linaje de David según la carne"* (Romanos 1:3). Este pacto confirmó a David el establecimiento de su trono para siempre.

Hay varias cosas significativas que deberíamos recordar sobre el pacto del Señor con David:

a. La confirmación divina de un lugar para Israel (v. 10).

b. La confirmación divina del trono en Israel (v. 13).

c. La perpetuación del reinado davídico (vv. 11-16). Aquí se aseguran tres cosas:

   1. *"Casa"* o posteridad (vv. 11 y 13). Escriba el v. 13:

_____

   2. *"Trono"* o autoridad regia (v. 13)

   3. *"Reino"* o esfera de gobierno (vv. 12 y 13)

El Señor asegura estas tres cosas para siempre en el v. 16:

_____

El Salmo 89 hace una exposición del pacto davídico. El pacto mira mucho más allá de David y Salomón, como vemos en el v. 27. Lea y subraye. *"El más excelso de los reyes de la tierra"* solo se puede referir al Señor Jesús, *"del linaje de David según la carne"* (Romanos 1:3). Observe el Salmo 89:3-4. Subraye estos versículos. Ahora los versículos 20-37 son muy importantes. Lea este pasaje y subraye los versículos 20-21, 28-29, 34, 36-37.

d. El pacto era incondicional porque se cumpliría en Jesucristo. Esto fue afirmado por los profetas en pasajes como:

Isaías 9:7: _____

_____

Isaías 11:1: _____

_____

Jeremías 23:5: _____

_____

Ezequiel 37:25: _____

_____

    e. *El pacto davídico era una profecía segura de Cristo.* La primera profecía de este tipo se le hizo a Adán en Génesis 3:15:

_____

_____

    La **segunda**, a Abraham en Génesis 22:18 (subraye).

    La **tercera**, a Jacob en Génesis 49:10.

_____

_____

    La **cuarta, a David en 2 Samuel 7.**

    Así que, en primer lugar, Dios hizo la promesa a una **raza** en Adán.

    Segundo, a una **nación** en la raza: Israel.

    Tercero, a una **tribu** en esa nación: Judá.

    Cuarto, a una **familia** en esa tribu: la familia de David.

5. El gran pecado de David (2 Samuel 11).

Su primer pecado (vv. 3 y 4): _____

_____

    El primer pecado condujo al segundo pecado. En los vv. 15-17 David puso a Urías, esposo de Betsabé, en el frente de la batalla, donde murió.

6. El arrepentimiento de David (2 Samuel 12:13-18, 23).

    Dios usó al sabio predicador Natán para despertar a David. No se midió en sus palabras. Observe los vv. 7-12. David confesó y fue perdonado (v. 13), pero David y Betsabé tuvieron que cargar con las consecuencias del pecado. El bebé murió. Escriba las palabras de David en el v. 23:

_____

_____

    Después nació Salomón de David y Betsabé (v. 24).

7. Los problemas de David (2 Samuel 13:24).

    El resto del libro de 2 Samuel es un registro de los problemas y quebraderos de cabeza de David. Su tormento venía de su propia familia, con Absalón como principal sufrimiento. En los capítulos 15–18 se relata la rebelión de Absalón, culminando con su muerte (2 Samuel 18:15) y la tristeza de David (2 Samuel 18:33). Este fue el fruto del pecado de David, según 2 Samuel 12:11-12. Lea y subraye. Escriba el dolor de David en 2 Samuel 18:33:

_____

_____

El relato de David en 2 Samuel concluye con la compra que le hizo a Arauna de su era en el monte Moriah, que se convirtió en el lugar del templo. Fue aquí, cientos de años atrás, donde Abraham ofreció a Isaac.

8. David asegura el trono para Salomón (1 Reyes 1 y 2).

Siempre hay una lucha por el poder. Mientras David estaba en su lecho de muerte, tuvo que tomar algunas decisiones clave para asegurarle el trono a Salomón. (Lea 1 Reyes 1).

Salomón es ungido rey (1 Reyes 1:39-40).

David encomendó a su hijo Salomón (1 Reyes 2:1-9). Note los vv. 2-4 y subráyelos.

9. La muerte de David (1 Reyes 2:10-11).

Habiendo servido como rey del pueblo de Dios por cuarenta años, siete años en Hebrón y treinta y tres años en Jerusalén, fue enterrado en la ciudad de David.

V. LO QUE DICE EL NUEVO TESTAMENTO SOBRE DAVID:

Hay cincuenta y siete referencias a David en el Nuevo Testamento. Solo podemos seleccionar unas pocas para arrojar luz sobre David y nuestro Señor Jesús.

1. Jesús era el Hijo de David (Mateo 1:1).

_____

2. Pasaron 42 generaciones de hijos desde Abraham hasta Jesús (Mateo 1:17).

_____

_____

3. Jesús fue llamado constantemente "el Hijo de David".

Lea Mateo 9:27; 12:23; 15:22; 20:30-31; 21:9. Lea Lucas 1:32-33 y escríbalo:

_____

_____

4. Pablo arroja una luz positiva en su sermón en Hechos 13:22-23.

Subraye el v. 22 y escriba el v. 23:

_____

_____

Subraye Romanos 1:3 (Pablo hablando).

5. El apóstol Juan habla del carácter real de Jesús en Apocalipsis 5:5:

_____

6. Jesús se identifica a sí mismo en Apocalipsis 22:16, en este capítulo final de la Palabra de Dios.

Escriba el v. 16:_____

_____

Dios, el Padre, le dará aún al que fue coronado de espinas *"el trono de David su padre"* (Lucas 1:32), según los versículos de arriba y también según el sermón de Pedro en Hechos 2:25-31. Subraye el v. 30.

VI. LAS LECCIONES QUE DEBERÍA APRENDER DE ESTE ESTUDIO:

1. A veces, el Señor "llama" o "escoge" a una persona, pero tiene que esperar el tiempo de Dios. David fue un gran ejemplo de esto.

2. Él era un "hombre conforme al corazón de Dios". En nuestro día de gracia en el Señor Jesús, deberíamos orar y calificar para el mismo título.

3. David fue paciente para tomar el trono. Él nos enseña paciencia.

4. El pacto que Dios hizo con David aún es incondicional. Jesús regresará y estará en el trono de David.

5. El pacto fue una profecía segura de Cristo. Las profecías de la Biblia deberían inspirarnos y animarnos. No se aleje de las declaraciones proféticas.

6. David era adámico en su naturaleza: pecó; pero aun así Dios lo usó. Era exactamente como todos nosotros.

RECUERDE:

1. ¿Cuántas veces fue ungido David?

2. ¿Durante cuánto tiempo reinó? ¿En Hebrón? ¿En Jerusalén?

3. ¿Cuándo fue entronado David?

4. ¿Qué significa para usted el pacto davídico?

5. ¿Cuáles fueron los grandes pecados de David?

6. ¿Quién era el líder espiritual, ministro, que aconsejó a David?

SU SIGUIENTE TAREA:

1. Lea 1 Reyes 1:11; 2 Crónicas 1–9; Mateo 6:29; 12:42; Juan 10:23; Hechos 5:12; 7:47.

2. El siguiente estudio será sobre Salomón, el hombre sabio. Lea todo lo que encuentre sobre él.

3. Repase sus notas sobre David.

4. Subraye en su Biblia las nuevas verdades que aprendió.

Lección 21
SALOMÓN, HOMBRE DE SABIDURÍA

I.   **EL SIGNIFICADO DEL NOMBRE:**

Salomón significa "paz o pacífico". En hebreo, el nombre sería *Shelomo*.

Segunda de Samuel 12:24-25 también da otro nombre, *Jedidías*, que significa "amado del Señor". Este nombre se lo puso Natán al bebé por mandato del Señor.

Ambos nombres unidos tienen un significado profundo.

II. **VERSÍCULOS BÁSICOS:**

1 Reyes 1:11; 2 Crónicas 1–9; Mateo 6:29; 12:42; Juan 10:23; Hechos 5:12; 7:47.

III. **TRASFONDO FAMILIAR:**

La Escritura nos habla de los hijos de David y Betsabé. Los que nacieron de David en Hebrón con distintas esposas se mencionan en 2 Samuel 3:2-5. Los hijos de esposas y concubinas en Jerusalén se mencionan en 2 Samuel 5:13-15 (observe el v. 14).

El Señor les dio a David y Betsabé a Salomón, después de la muerte de su primer hijo con Betsabé.

El Señor le dijo a David que él no edificaría el templo sino que lo haría su hijo (1 Crónicas 22:8-12; 2 Samuel 7:4-16). El Señor nombró a Salomón y lo escogió para edificar el templo (1 Crónicas 28:2, 3, 6). Así que Salomón, el "amado del Señor" y "pacífico", nació para realizar una obra ordenada de antemano por Dios. No debemos olvidar que sus padres eran personas pecadoras; Betsabé tenía una reputación de ser sensual; David cometió actos como sexo ilícito y después hizo que mataran al esposo de Betsabé.

Definitivamente, Salomón nació en la raza adámica. No deberíamos esperar que fuera perfecto. Veremos lo bueno y lo malo de él en este estudio.

IV. **LO QUE DICE EL ANTIGUO TESTAMENTO SOBRE SALOMÓN:**

1. Salomón se convirtió en rey de Israel (1 Reyes 1:33-39).

    David, padre de Salomón, declaró que Salomón sería su sucesor. David sabía que el Señor Dios había escogido a Salomón para estar en el trono. Lea 1 Crónicas 22:9:

    _____

    Subraye 1 Crónicas 28:5.

    Un hermano mayor intentó hacerse con el reino, como verá en 1 Reyes 1:5-9. Natán y Betsabé acudieron a David, y se dieron órdenes inmediatas para ungir a Salomón como rey (subraye 1 Reyes 1:39).

2. El nombramiento de Salomón (1 Reyes 2:1-9).

    David animó (desafió) a su hijo cuando tomó el trono. Note lo que ocurrió en 1 Reyes 2:2:

    _____

    _____

    Subraye los vv. 3 y 4:

3. La oración de Salomón pidiendo sabiduría (1 Reyes 3:5-15).

En el v. 5, el Señor le dijo a Salomón: *"Pide lo que quieras que yo te dé"*. Salomón respondió en el v. 7: *"Yo soy joven"*. De hecho, tenía unos veinte años, pero era como un niño en esta nueva responsabilidad. Sabía que necesitaba ayuda.

Su petición al Señor está en el v. 9: _____

_____

También lea 2 Crónicas 1:10 y subráyelo.

Dios respondió dándole todo lo que había pedido (1 Reyes 3:12) y más (v. 13): *"Y aun también te he dado las cosas que no pediste, riquezas y gloria, de tal manera que entre los reyes ninguno haya como tú en todos tus días"*. Pero hay una condición que el Señor pone para una larga vida. En el v. 14: *"Y si anduvieres en mis caminos, guardando mis estatutos y mis mandamientos"*.

4. La sabiduría de Salomón (1 Reyes 4:29-30).

   Subraye los vv. 29-30.

Observe el v. 32: _____

_____

Encontrará 917 proverbios de Salomón en el libro de Proverbios.

5. Salomón comienza el primer templo (1 Reyes 5–6).

   Salomón sabía que tendría que construir el templo del Señor. Esta sería la primera "casa del Señor". Hasta este momento, el tabernáculo era el lugar donde el pueblo se encontraba con el Señor. Ahora se iba a construir un lugar permanente en el mismo lugar donde David había comprado la era de Ornán. Lea 2 Crónicas 3:1 y 1 Crónicas 21:18-30.

   Este fue el primero de los tres templos en la historia de Israel:

   Primero: el templo de Salomón.

   Segundo: el templo de Zorobabel.

   Tercero: el templo de Herodes.

En 1 Reyes 5:5, Salomón expresó su propósito: _____

_____

En 1 Reyes 6:1 la fecha de inicio del templo fue 480 años después de que Israel saliera de la esclavitud de Egipto, o alrededor del año 962 a. C. En 1 Reyes 6:38 se tardaron siete años en terminar el edificio. No deje que el versículo 37 le engañe. Se refiere a 1 Reyes 6:1, al cuarto año del reinado de Salomón. El Señor le había dado el plano del templo a David (1 Crónicas 28:19), y David dio el plano a Salomón (1 Crónicas 28:11-12). Salomón hizo un nuevo altar de bronce, candeleros, mesas, lavabos, ollas y otros objetos, pero no hizo una nueva arca del pacto. El arca del pacto que se introdujo en el nuevo templo era la misma que se había hecho en el monte Sinaí.

Lea 1 Reyes 8:6 y subráyelo.

¿Quién llenó el nuevo templo? Lea 1 Reyes 8:11: _____

_____

(El pórtico mencionado en 1 Reyes 7:7 se usaba como sala de juicios. En el Nuevo Testamento se hace alusión a este pórtico. Observe también en 1 Reyes 7:1 que Salomón tardó treinta años en construir su *propia casa*).

Lea la oración de dedicación de Salomón después de su mensaje en la ceremonia (1 Reyes 8).

6. La segunda aparición del Señor a Salomón (1 Reyes 9:1-9; 2 Crónicas 7:12-22).

El Señor Dios se le había aparecido a Salomón en Gabaón (1 Reyes 3:5), cuando dijo: *"Pide lo que quieras que yo te dé"*.

En la segunda aparición, el Señor le dijo a Salomón que había escuchado y respondido su oración con respecto al templo (1 Reyes 9:3). La parte de la petición de Salomón referente a la continuación del reinado de Salomón era condicional (1 Reyes 9:4-7). Lea y subraye. Este mismo evento se narra también en 2 Crónicas 7:12-22. Uno de los versículos más conocidos de toda la Escritura es dado por Dios a Salomón y a nosotros. Escriba 2 Crónicas 7:14:

_____

_____

La advertencia del Señor fue una profecía exacta que tuvo lugar más adelante en la historia de Israel.

7. El pecado de Salomón contra Dios (1 Reyes 10–11).

En el capítulo 10 se describe a Salomón tal como aparecía ante los hombres; en el capítulo 11 tal como aparecía ante Dios.

Salomón atraía a personas de todas las partes del mundo. Entre ellas estaba la reina de Saba (1 Reyes 10:1-13). Esta visita también está registrada en 2 Crónicas 9. Observe en 2 Crónicas 9:8 que la reina de Saba le dio a Salomón algunos consejos que este necesitaba:

- *"Jehová tu Dios, el cual se ha agradado de ti para ponerte sobre su trono"*.
- *"Como rey para Jehová tu Dios"*.
- *"Por cuanto tu Dios amó a Israel"*.
- *"Por eso te ha puesto por rey sobre ellos"*.

El recordatorio de 1 Reyes 10 da alguna idea de la enorme riqueza de Salomón. Con toda la paz, la prosperidad y el poder de Salomón, la sabiduría de Salomón se convirtió en terrenal en lugar de celestial.

El poder y la fortuna llevaron a la transgresión de Salomón contra Dios. Observe 1 Reyes 11:1:

_____

_____

Ahora el v. 3: _____

_____

Las esposas que tomó Salomón no eran todas israelitas. Muchas eran de otras naciones e *"inclinaron su corazón tras dioses ajenos, y su corazón no era perfecto [sincero] con Jehová su Dios"* (v. 4).

Cuatro siglos y medio antes de esto, Dios había dado los requisitos para los futuros reyes de Israel. Lea Deuteronomio 17:14-17. Salomón desobedeció cada una de las cuatro cosas prohibidas para un rey:

Primero: *"Pero él no aumentará para sí caballos"* (Deuteronomio 17:16). (Lea 1 Reyes 10:26).

Segundo: *"Ni hará volver al pueblo a Egipto con el fin de aumentar caballos"* (Deuteronomio 17:16). (Lea 1 Reyes 10:28-29).

Tercero: *"Ni tomará para sí muchas mujeres, para que su corazón no se desvíe"* (Deuteronomio 17:17). (Lea 1 Reyes 11:3).

Cuarto: *"Ni plata ni oro amontonará para sí en abundancia"* (Deuteronomio 17:17). (Lea 1 Reyes 10:14, 23 y 27).

Salomón había desobedecido a Dios en todas estas áreas. Además, en Deuteronomio 17:18-20 el Señor exigía que el rey leyera la Palabra y guardara las palabras de la ley. Salomón simplemente ignoró la Palabra de Dios. Su corazón se había alejado de Dios por las "cosas".

8. El resultado del pecado de Salomón (1 Reyes 11:9-13, 31).

Dios se enoja por el pecado (v. 9).

En el v. 11 Dios le dijo a Salomón que el reino sería dividido tras su muerte. Jeroboam iba a quedarse con diez tribus (1 Reyes 11:31).

Roboam, el hijo de Salomón, iba a quedarse con las otras dos (1 Reyes 12:21).

El Señor Dios nunca falla en cumplir su Palabra, ya sea misericordia o juicio.

No hay evidencia en las Escrituras de que Salomón lamentara todo lo que había hecho. No hay palabras de arrepentimiento ni lágrimas de tristeza. En sus propias palabras, en el libro de Eclesiastés Salomón escribió sobre las vanidades de la vida y cerró el libro diciendo: *"Esto es el todo del hombre"* (Eclesiastés 12:13). *En ningún lugar leemos: "Siento mucho mi pecado".*

9. La muerte de Salomón (1 Reyes 14:41-43).

Salomón murió tras un reinado de cuarenta años, no tenía ni sesenta años de edad.

V. LO QUE DICE EL NUEVO TESTAMENTO SOBRE SALOMÓN:

1. *"Y he aquí más que Salomón en este lugar"* (Mateo 12:42).

Salomón sin duda fue un hombre sabio; pero Jesús es la sabiduría misma, *"en quien están escondidos todos los tesoros de la sabiduría y del conocimiento"* (Colosenses 2:3).

La reina de Saba vino de muy lejos para ser testigo de la sabiduría de Salomón, mientras que nosotros tenemos a Cristo entre nosotros y su Palabra en nuestras manos. Jesucristo es mayor que Salomón. Jesús así lo dijo, y es un hecho.

2. *"Jesús andaba en el templo por el pórtico de Salomón"* (Juan 10:23).

Allí, Jesús caminaba donde el Sanedrín tenía sus reuniones. El pórtico era un lugar de juicio en el tiempo de Salomón. Jesús estaba en el templo caminando, meditando, disponible. *Esa es la lección de este pasaje.*

3. La iglesia primitiva se reunía en el pórtico de Salomón (Hechos 5:12).

Pedro predicó allí. Ananías y Safira murieron allí.

"Y estaban todos unánimes en el pórtico de Salomón". Se reunían en el espacio abierto del templo. Esto nos enseña que la iglesia primitiva se reunía en adoración pública. Nunca deberíamos dejar de reunirnos para adorar.

4. *"Ni aun Salomón con toda su gloria se vistió así como uno de ellos"* (Mateo 6:29).

Jesús habló del cuidado de nuestro Padre por nosotros y usó los lirios del campo como comparación. Salomón no tenía la belleza de uno de los lirios.

"Y he aquí más que Salomón en este lugar".

VI. LAS LECCIONES QUE DEBERÍA APRENDER DE ESTE ESTUDIO:

1. El Señor Dios da y quita como Él desea. Le dio a Salomón el mandato de edificar el templo.

2. Todos los grandes personajes bíblicos nacieron de la raza adámica; por lo tanto, *no deberíamos esperar la perfección.*

3. Dios concede sabiduría si se lo pedimos (Santiago 1:5).

4. Dios nos da más de lo que esperamos o merecemos.

5. Salomón es un buen ejemplo de que las riquezas y las cosas no hacen feliz a una persona.

6. El Señor juzga todo, tanto lo grande como lo pequeño. Jesús es nuestro Defensor, nuestro Salvador, quien nos salva del juicio (no de las consecuencias) del pecado.

RECUERDE:

1. ¿Qué pidió Salomón al convertirse en rey?

2. ¿Cuántos proverbios y cantos escribió?

3. ¿Cuánto tardó Salomón en edificar el templo? ¿Y su propia residencia?

4. ¿Qué se puso en el templo que era antiguo?

5. ¿Qué le ocurrió a Israel cuando murió Salomón?

SU SIGUIENTE TAREA:

1. Lea 2 Reyes 11–12; 2 Crónicas 22–24; Mateo 23:35.

2. El siguiente personaje será Joás, hijo de Ocozías. El linaje de Cristo fue destruido, salvo uno: Joás.

3. Repase sus notas sobre Salomón.

4. Subraye en su Biblia las nuevas verdades que aprendió.

Lección 22
JOÁS,
EL PRESERVADOR DEL LINAJE REAL

I. EL SIGNIFICADO DEL NOMBRE:

Joás significa "Jehová apoya, se apresura para ayudar" o "Jehová ha dado".

II. VERSÍCULOS BÁSICOS:

2 Reyes 11–12; 2 Crónicas 23–24; Mateo 23:35.

III. TRASFONDO FAMILIAR:

La razón por la que Joás fue elegido para esta serie es simplemente porque pocos cristianos saben algo sobre esta persona importante en el linaje de Cristo. Joás nació de Ocozías. Ocozías era hijo de Joram y su esposa Atalía. Cuando el rey Ocozías de Judá fue asesinado a manos de Jehú, el rey de Israel (reino del norte), la madre de Ocozías, Atalía, se levantó y destruyó todo el linaje real (de la descendencia de David) salvo a uno: Joás.

El trasfondo familiar se vuelve más degenerado cuanto más atrás lo examinamos en las Escrituras. Atalía era la hija de Acab y Jezabel; por lo tanto, era mitad israelita y mitad fenicia. Sus padres le dieron una reputación y un carácter que ella mantuvo bastante bien.

Joás se convirtió en el cumplimiento de las palabras del Señor en 2 Reyes 8:19: _____

_____

Encontramos un pasaje parecido en 2 Crónicas 21:7.

Dios había prometido a David la continuidad de su familia. En Salmos 132:17 el Señor dice:

_____

_____

IV. LO QUE DICE EL ANTIGUO TESTAMENTO SOBRE JOÁS:

1. El linaje de David casi se extinguió (2 Reyes 11:1).

   Usted acaba de leer Salmos 132:17. La lámpara de David casi se extinguió, pero fue maravillosamente preservada.

   En 2 Reyes 11:1 el odio y la malicia de Atalía, la reina madre y abuela de Joás, se exhibieron cuando su hijo Ocozías fue asesinado por Jehú. Véase 2 Reyes 9:27-28.

   Esta malvada abuela estaba casada con Joram, quien mató a todos sus hermanos (2 Crónicas 21:4). Los árabes mataron a todos los hijos de Joram excepto a Ocozías (2 Crónicas 22:1).

   Joram, el esposo de Atalía, murió de una enfermedad estomacal, como lo predijo el profeta Elías (2 Crónicas 21:12-20). No siguió el camino de su padre, sino que pecó contra Dios y Judá. Esto dejó el trono abierto tras la muerte de Ocozías.

   Se derramó profusamente sangre real.

   Como si todas las muertes no fueran suficientes, la reina madre se aseguró de que todos los niños en la línea para el trono de Judá fueran asesinados. Hizo tal maldad porque quería gobernar con autoridad completa, sin la amenaza de un heredero que reinara con ella. También asesinó a la descendencia real por un espíritu de venganza y furia contra Dios. *Decidió destruir el linaje de David, un intento necio porque Dios había prometido perpetuar el linaje de David.*

¿Se imagina a una abuela matando a sus propios nietos? Atalía lo hizo. Mire su título en 2 Crónicas 24:7:

_____

_____

No se confunda con todos estos nombres. Lo principal es recordar algo así:

- **Josafat**
- **Joram**   (casado con Atalía)
- **Ocozías**   Atalía gobierna como reina de Judá después de matar a todos los herederos legítimos al trono de David, *a todos salvo a uno*: Joás.
- **Joás**

Estos nombres están en el linaje de David.

2. El linaje de David preservado por Josaba, la tía del bebé Joás (2 Reyes 11:2-3).

Observe en el v. 2: *"Josaba… sacó [a Joás] furtivamente de entre los hijos del rey a quienes estaban matando, y lo ocultó"*.

Joás era el único descendiente de David que quedaba. Solo un hijo, y el linaje de David habría fracasado si lo hubieran matado. Pero las promesas de Dios nunca fallan. Él no había olvidado su promesa hecha a David. Tenía sus ojos puestos en ese niño: Joás.

Josaba, la esposa del sacerdote Joiada, era también la tía de Joás. Observe en el v. 2 que era hermana de Ocozías.

Note dónde escondieron a Joás en el v. 3: _____

_____

Al esconder a Joás en la casa del Señor, estaba bajo el cuidado especial y la protección de Dios. Las palabras de David valieron para uno de su linaje. Lea Salmos 27:5:

_____

_____

La descendencia de David dependía de una vida, escondida y oculta durante seis años. Dios puso esa vida en manos de un sacerdote, Joiada, y su esposa, quienes ocultaron a Joás en el templo.

¿Realmente es esto importante para nosotros? ¡Sí, y mil veces sí! A. C. Gaebelein dice: "Fue uno de los muchos intentos que hizo Satanás por exterminar la descendencia masculina para hacer que fuera imposible que llegara uno, el Salvador prometido, la simiente de la mujer. De haber tenido éxito a través de Atalía en la destrucción de la descendencia real de David, la promesa hecha a David se hubiera vuelto imposible".

Atalía reinó durante seis años.

3. La preparación para la presentación de Joás (2 Reyes 11:4-11).

El sacerdote Joiada fue el líder y organizador de este asunto secreto.

Observe el v. 4: *"Mas al séptimo año envió Joiada y tomó jefes de centenas, capitanes, y gente de la guardia"*. Estos eran hombres activos en sus puestos: religiosos, civiles y militares. Los reunió, hizo un pacto con ellos e hicieron juramento de guardar el secreto. Después les mostró a Joás.

¿Puede usted ver, como me imagino, las caras de sorpresa de este grupito elegido? Vieron y comprendieron que había esperanza en la promesa de la descendencia de David.

Joiada planeó bien la presentación de Joás. Dividió hábilmente y colocó a la guardia real para que el niño rey no sufriera daño alguno (vv. 5-11). Joiada estaba dando inicio a una revolución, y el pueblo lo siguió.

4. La presentación de Joás, rey de Judá (2 Reyes 11:12).

   Joiada presentó a Joás, el hijo del rey. El sacerdote comenzó de inmediato la coronación del joven rey. Observe los objetos de poder, obligación, liderazgo espiritual dados en la coronación en el v. 12:

   + *"Le puso la corona"* (poder real otorgado).
   + *"Y el testimonio"* (una Biblia para guiarlo).
   + *"Y le hicieron rey ungiéndole"* (un elemento de bendición espiritual).
   + *"Y batiendo las manos"* (manos de gozo, alivio de Atalía).
   + *"Dijeron: ¡Viva el rey!"* (le hicieron su rey).

5. La oposición de Atalía (2 Reyes 11:13-16).

   Como su madre Jezabel, Atalía escuchó el ruido y salió a ellos. Cuando vio el lugar del rey junto a la columna ocupado, los guardias y trompeteros a su lado, y todas las personas gozándose, ella actuó como todos los pecadores culpables. Observe el v. 14: *"Entonces Atalía, rasgando sus vestidos, clamó a voz en cuello: ¡Traición, traición!"*.

   Joiada ordenó a los oficiales que la sacaran de la zona del templo y la mataran, y mataran a cualquiera que la siguiera (vv. 15-16).

6. El reinado de Joás (2 Reyes 12 y 2 Crónicas 24).

   El reinado de Joás comenzó bien y duró todo el tiempo que el sacerdote Joiada vivía e instruía al joven rey.

   Joás tenía solo siete años cuando comenzó a reinar. Lea 2 Reyes 12:1:

   _____

   _____

   Subraye 2 Reyes 12:2.

   La obra más importante llevada a cabo durante el reinado de Joás fue la reparación del templo, que había sido derribado por Atalía (2 Crónicas 24:7-14).

   El sacerdote Joiada murió a los 130 años de edad (2 Crónicas 24:15-16). La nación perdió a un hombre de gran influencia.

   El rey Joás, que tenía entonces más de treinta años, debía haber sido capaz de liderar a su pueblo en los caminos de Dios. Se convirtió en un líder débil y escuchó a los príncipes, que eran idólatras. Enseguida, la casa del Señor fue abandonada por la adoración en lugares altos, con ídolos delante de ellos. La ira de Dios descendió sobre Judá y Jerusalén. Dios, en su misericordia, les envió profetas, pero el pueblo no los escuchó (2 Crónicas 24:17-19).

   Jerusalén fue amenazada por el rey de Siria. Joás despojó al templo de sus tesoros y sobornó al rey de Siria por un tiempo (2 Reyes 12:17-18).

   Joás perdió todo sentido de reverencia y gratitud y mató al hijo de Joiada, el sacerdote que lo había criado. Hizo que apedrearan al hijo en el templo el día de la expiación (2 Crónicas 24:20-22).

Escriba el v. 22:_____

_____

7. La muerte de Joás (2 Crónicas 24:25-27; 2 Reyes 12:20).

Después de que el rey sirio regresó y derrotó a Judá, Joás fue asesinado por sus propios sirvientes y se le negó ser enterrado con los otros reyes (2 Crónicas 24:25).

Su hijo Amasías tomó el trono de Judá (2 Crónicas 24:27). Así cayó Joás, que comenzó en el Espíritu y terminó en la carne.

Por favor, observe que hay varios hombres en las Escrituras llamados Joás. No deje que esto le confunda. Estamos hablando aquí de Joás, el hijo de Ocozías.

V. LO QUE DICE EL NUEVO TESTAMENTO SOBRE JOÁS:

1. Jesús habló del acto de Joás en Mateo 23:35 (véase 2 Crónicas 24:20-22).

Jesús da su advertencia acerca de *"la sangre de Abel el justo hasta la sangre de Zacarías"*. Este no era el profeta Zacarías, sino Zacarías el que fue asesinado en la casa del Señor, *"entre el templo y el altar"*. Su padre es llamado Berequías, que significa lo mismo que Joiada. Este es el ejemplo que usó Jesús cuando dijo que *"os envío profetas y sabios y escribas; y de ellos, a unos mataréis y crucificaréis"* (v. 34). Después recuerda *"la sangre de Abel el justo"* (v. 35) hasta *"la sangre de Zacarías"* (v. 35). Entonces, Jesús sigue dando fundamento a su advertencia: *"¡Jerusalén, Jerusalén, que matas a los profetas!"* (v. 37).

Esta es la única vez que se hace alguna referencia a los hechos de Joás.

VI. LAS LECCIONES QUE DEBERÍA APRENDER DE ESTE ESTUDIO:

1. La maldad del corazón humano se ve en Atalía, la reina-madre que quería poder.

2. Dios prometió a David la continuación de su descendencia, *"que le daría lámpara a él y a sus hijos perpetuamente"* (2 Crónicas 21:7). El Señor Dios siempre cumple su promesa.

3. El Señor usa lo malo y lo cambia para su gloria.

4. Al margen de cuán oscuras puedan ser las cosas (la descendencia de David dependiendo de un bebé), Dios obra dentro de su cronología y su voluntad.

5. A veces, las joyas de la bondad de Dios están escondidas y son invisibles por un tiempo (como Joás).

6. El corazón es adámico por naturaleza. Aunque entrenado por un sacerdote, Joás pasó del avivamiento al carnal camino del pecado. ¿Ha pasado usted de una cima espiritual a lo más profundo del valle del pecado?

RECUERDE:

1. ¿Quién era la mujer malvada en esta lección?

2. ¿Cuál era su trasfondo?

3. ¿Quién fue el héroe de Dios durante este periodo?

4. ¿Por qué es tan importante Joás en las Escrituras?

5. ¿Por qué Joás se volvió mundano en sus últimos años?

6. ¿Qué promesa le hizo Dios a David?

SU SIGUIENTE TAREA:

1. Lea 1 Reyes 17–21; 2 Reyes 1–8; Malaquías 4:5-6; Mateo 17:1-13; Lucas 4:25; 9:18-21; Santiago 5:17-18; Apocalipsis 11:3-12.

2. La siguiente lección será sobre dos de los grandes profetas de Dios: Elías y Eliseo. Lea todo lo que pueda sobre estos dos hombres.

3. Repase sus notas sobre Joás.

4. Subraye en su Biblia las nuevas verdades que aprendió.

Lección 23
ELÍAS Y ELISEO

I. EL SIGNIFICADO DEL NOMBRE:

   Elías significa "mi dios es Jehová".

   Eliseo significa "Dios es salvación".

II. VERSÍCULOS BÁSICOS:

   1 Reyes 17–21; 2 Reyes 1–8; Malaquías 4:5-6; Mateo 17:1-13; Lucas 4:25; 9:18-21; Santiago 5:17-18; Apocalipsis 11:3-12.

III. TRASFONDO FAMILIAR:

   Lo único que sabemos de Elías antes de su dramática aparición como profeta de Dios se resume en las palabras de 1 Reyes 17:1: *"Entonces Elías tisbita, que era de los moradores de Galaad"*.

   Eliseo, el sucesor de Elías, era el hijo de Safat y vivían en el valle del Jordán (1 Reyes 19:16).

   El impacto de estos dos hombres sobre la historia bíblica fue como un sol brillante que irrumpe entre las nubes negras de la hora oscura de pecado de Israel.

   La importancia del ministerio de Elías se puede evaluar por el hecho de que *aparece en las páginas del Nuevo Testamento con más frecuencia que cualquier otro profeta de Dios: unas 27 veces.*

IV. LO QUE DICE EL ANTIGUO TESTAMENTO SOBRE ELÍAS:

   1. Elías anunció una sequía sobre Israel (1 Reyes 17:1).

      En 1 Reyes 16:28-34 Acab se convirtió en el rey sobre Israel (reino del norte) y se casó con Jezabel, la hija del rey de Sidón. Acab era débil y permitió que Jezabel introdujera la adoración a Baal (una palabra que significa "dioses falsos"). Acab llegó al trono unos cuarenta años después de la muerte de Jeroboam, el rey que había puesto el becerro de oro en Dan, en el norte, y en Betel en el sur. Tras la muerte de Jeroboam, hubo un declive moral continuado en Israel. Cuando Acab fue rey, la Biblia dice que *"hizo lo malo ante los ojos de Jehová, más que todos los que reinaron antes de él"* (1 Reyes 16:30). Edificó un altar a Baal en Samaria, la capital de Israel. La adoración de Baal a menudo estaba acompañada de orgías de borrachos y ritos degradantes. Esto iba en contra del Señor Dios de Israel.

      Elías apareció como el hombre de Dios en esta hora cero en la historia de Israel.

      Lo primero que hizo Elías fue pronunciar el juicio de Dios en forma de una sequía (1 Reyes 17:1). Subraye el versículo. (La duración de la sequía no se da aquí, pero duró tres años y medio, como veremos después).

   2. Elías es cuidado sobrenaturalmente (1 Reyes 17:2-7).

      A pesar de la sequía, Dios cuidó de su profeta. Lea 1 Reyes 17:4:

      _____

      Dios proveyó agua y comida.

   3. La viuda de Sarepta (1 Reyes 17:8-16).

      Cuando se secó el arroyo de Querit, el Señor le dijo a Elías que fuera a Sarepta, a una viuda que cuidaría de él. Dios alimentó sobrenaturalmente a Elías, a la viuda y a su casa todos los días de la sequía.

Subraye 1 Reyes 17:13-14. Ahora el v. 15: _____

Observe el plan de Dios aquí en este pasaje: *Dar primero de lo que uno tiene, y el Señor cuida del dador.*

4. Elías resucitó al hijo muerto de la viuda (1 Reyes 17:17-24).

El poder sobrenatural de Dios se vio de nuevo en el profeta. Subraye 1 Reyes 17:21 y 23. Escriba el v. 24:

---

5. Se le dice a Elías que se encuentre con el rey Acab (1 Reyes 18:1-16).

El Señor le dijo a Elías que fuera a verse con Acab *"en el tercer año"* (v. 1). *"Y el hambre era grave en Samaria"* (v. 2).

En los vv. 3-16 tenemos la historia de un creyente asustado que había ministrado a cien profetas. Su nombre era Abdías (no el escritor). Observe el v. 4: *"Porque cuando Jezabel destruía a los profetas de Jehová, Abdías tomó a cien profetas y los escondió"*. Abdías, a regañadientes, arregló un encuentro entre Elías y Acab. Lea los vv. 14-16.

6. Elías desafió a Acab en el monte Carmelo (1 Reyes 18:17-40).

La historia probablemente ya la conoce. El poder de Dios está en juego, y Elías desafió a los profetas de Baal orando para que cayera fuego del cielo. Ellos fallaron; pero Elías no. Oró y Dios respondió. Lea 1 Reyes 18:36-39. *La oración fue para autentificar el poder de Dios y que Elías era su profeta.*

Subraye los seis *"que"* en los vv. 36 y 37.

Escriba el v. 39: _____

---

7. Elías pronunció el final de la sequía (1 Reyes 18:41-46).

La fe de Elías es crucial. Por fe dijo: *"Una lluvia grande se oye"* (v. 41). Subió a la cima del monte Carmelo y oró hasta que hubo una gran lluvia.

8. Dios cuidó de Elías en la depresión (1 Reyes 19:1-18).

Tras la victoria, uno a menudo cae en una profunda depresión. Elías era un hombre como cualquiera de nosotros. Tras la victoria en el monte Carmelo huyó al desierto y se quería morir. Subraye 1 Reyes 19:4.

Fue ministrado por un ángel del Señor (1 Reyes 19:4-7).

Elías fue al monte Horeb, donde oyó la voz de Dios mientras estaba en una cueva (1 Reyes 19:8-18). Se le dijo a Elías que tenía el apoyo de otros siete mil que no habían doblado sus rodillas ante Baal. De los siete mil, uno sería su compañero y sucesor. Observe los vv. 16 y 18. Ese compañero era Eliseo (1 Reyes 19:19-21).

9. El mensaje de Elías a Ocozías, hijo de Acab (2 Reyes 1:1-18).

Ocozías sucedió a su padre en el trono de Israel. Se enfermó (v. 2) y temió que moriría. El Señor envió a Elías para decirle a Ocozías que moriría (v. 4). Elías tenía una gran fe, y sus oraciones llegaron a oídos del Señor Dios. Hizo descender fuego del cielo para destruir a los que buscaban destruirlo a él (vv. 9-12).

10. El traslado de Elías (2 Reyes 2:1-11).

El profeta del fuego, que desafió exitosamente al dios del fuego, ascendió al cielo en un carro de fuego. Eliseo pidió *"que una doble porción de tu espíritu sea sobre mí"* (v. 9).

Escriba el v. 11: _____

_____

Elías es trasladado a la gloria sin morir.

11. Elías volverá (Malaquías 4:5-6).

    Jesús confirmó esto en Mateo 17:10-13. Lea también Lucas 1:11-17; Mateo 11:14. (Hablaremos más de esto en la sección del Nuevo Testamento de esta lección).

12. Eliseo fue el profeta de los milagros.

    Tomó el manto de Elías e hizo todo en el nombre del Señor. Enumeraremos los milagros y las citas. Lea cada una de ellas en su Biblia.

    a. Golpeó el Jordán y lo abrió (2 Reyes 2:14).

    b. Purificó el agua en Jericó (2 Reyes 2:19-22).

    c. Pronunció una maldición sobre los muchachos en Betel (2 Reyes 2:23-24).

    d. Presagió el éxito contra Moab (2 Reyes 3:16-27).

    e. Llenó vasijas de aceite para una viuda (2 Reyes 4:1-7).

    f. Resucitó al niño muerto en Sunem (2 Reyes 4:18-21, 32, 37).

    g. Sacó el veneno del guiso en Gilgal (2 Reyes 4:38-41).

    h. Alimentó a cien hombres con poca comida (2 Reyes 4:42-44).

    i. Sanó a Naamán de lepra (2 Reyes 5:1-19).

    j. Transfirió la lepra de Naamán a Giezi (2 Reyes 5:20-27).

    k. Hizo flotar un hacha hasta la superficie en el río Jordán (2 Reyes 6:1-7).

    l. Le contó a Israel los planes secretos de Siria (2 Reyes 6:8-12).

    m. Oró y se abrieron los ojos de su siervo (2 Reyes 6:13-17).

    n. Cegó al ejército sirio (2 Reyes 6:18-23).

    o. Prometió alimento a Samaria y Dios proveyó (2 Reyes 7:1-20).

    p. Dijo a Ben-adad, rey de Siria, que moriría (2 Reyes 8:7-15).

    q. Presagió tres victorias de Israel sobre Siria (2 Reyes 13:14-19).

    r. Tras su muerte, Eliseo resucitó a un hombre muerto (2 Reyes 13:20-21).

13. *Eliseo tuvo el doble de poder que Elías, y usó ese poder de una forma misericordiosa y beneficiosa.*

    Todo lo que hizo fue en el poder de Dios. Realizó el doble de milagros que Elías.

    ¡Qué par de gigantes de Dios!

V. LO QUE DICE EL NUEVO TESTAMENTO SOBRE ELÍAS Y ELISEO:

    1. Elías es mencionado en el Nuevo Testamento más que cualquier otro profeta.

        (A Eliseo *no* se le menciona). Veremos solo unas cuantas citas del Nuevo Testamento.

    2. Elías apareció en la transfiguración de nuestro Señor (Mateo 17:1-13).

        Jesús se transfiguró (glorificó) en la cima del monte y aparecieron Moisés y Elías con Él. Hablaron de la partida, del éxodo, de nuestro Señor en Jerusalén (Lucas 9:31).

        En esta escena estaba Moisés, cuya tarea fue la formación de la nación elegida. Moisés había pasado por la muerte.

Tenemos a Elías, cuya tarea era la reforma de la nación apóstata. Fue trasladado y no gustó la muerte.

Tenemos a Pedro, Santiago y Juan (representantes en la carne) no glorificados, aún vivos.

La lección aquí es que la transfiguración es una imagen, una parusía, que significa "la venida del Señor". Cuando los discípulos miraron la escena y cuando lo leemos, es una imagen previa del glorioso regreso de Cristo.

Los dos grandes representantes del judaísmo (la ley y los profetas) rindieron los sellos de su oficio al Cordero de Dios.

Escriba Mateo 17:5: _____

_____

Ahora el v. 8: _____

_____

3. Mientras se producía la transfiguración, Jesús habló de que Elías volvería (Mateo 17:10-13).

En el v. 11 Jesús dijo: *"Elías viene primero, y restaurará todas las cosas"*.

Después en el v. 12 Jesús dijo: *"Elías ya vino, y no le conocieron, sino que hicieron con él todo lo que quisieron; así también el Hijo del Hombre padecerá de ellos"*.

Ahora está pensando, ¿verdad?

En el v. 13 se encuentra una parte de esta pista: *"Entonces los discípulos comprendieron que les había hablado de Juan el Bautista"*.

Juan el Bautista vino en un ministerio completamente en el espíritu, poder y semejanza de Elías (Lucas 1:17).

4. Elías aparecerá, como está escrito en Apocalipsis 11:3-12.

Los dos testigos en la hora de crisis del mundo se identifican en el v. 6. Lea y subraye.

El cierre del cielo para que no llueva revela a Elías. La conversión del agua en sangre no es otro que Moisés. Han regresado como *"mis dos testigos que profeticen por mil doscientos sesenta días"* (v. 3). Son 1260 días, o cuarenta y dos meses, o tres años y medio.

Esto debería abrir un nuevo estudio para usted.

5. Santiago 5:17-18 nos dice mucho.

Elías era un hombre sujeto a pasiones. Oró, y no llovió durante tres años y medio. Volvió a orar y llovió.

VI. LAS LECCIONES QUE DEBERÍA APRENDER DE ESTE ESTUDIO:

1. Un desconocido se convirtió en uno de los profetas más grandes de la Biblia.

2. Elías solo tenía lo que Dios le daba. No tenía bienes de este mundo, ni una educación formal, ni siquiera una familia, al menos que sepamos. Dios tomó a Elías y lo hizo "un profeta de fuego".

3. El Señor aún necesita personas que estén dispuestas a dar todo lo que Dios les ha dado a ellos.

4. El juicio de Dios tiene que ser proclamado por sus siervos cuando una nación se olvida del Señor.

5. Cuando una persona hace la voluntad de Dios, Dios cuida de él. Lo hizo con Elías y Eliseo.

6. Elías fue trasladado como Enoc. Ninguno sufrió la muerte. ¿No sería fantástico experimentar un traslado como el suyo? Quizá nos suceda. El tiempo es corto.

RECUERDE:

1. ¿Cuántas veces se menciona a Elías en el Nuevo Testamento?
2. ¿Qué significa *Baal?*
3. ¿Quiénes eran el rey y la reina cuando apareció Elías?
4. ¿Cuál fue su primera declaración? ¿Cuánto tiempo duró la sequía? ¿Cómo lo sabe?
5. ¿Cuántos milagros hizo Eliseo en nuestro estudio?

SU SIGUIENTE TAREA:

1. Lea 2 Reyes 16–21; 2 Crónicas 28–32; Isaías 36–39; Jeremías 15:4; 26:18-19.
2. El siguiente estudio será sobre Ezequías, el rey a quien Dios le concedió quince años más de vida.
3. Repase su estudio sobre Elías y Eliseo.
4. Subraye en su Biblia las nuevas verdades que aprendió.

Lección 24
EZEQUÍAS, QUINCE AÑOS AÑADIDOS POR DIOS

I. EL SIGNIFICADO DEL NOMBRE:

Ezequías significa "el poder, o fuerza, de Jehová".

II. VERSÍCULOS BÁSICOS:

2 Reyes 16–21; 2 Crónicas 28–32; Isaías 36–39; Jeremías 15:4; 26:18-19.

III. TRASFONDO FAMILIAR:

Ezequías era el hijo de Acaz, rey de Judá, y Abías, hija de Zacarías. Abías también aparece en las Escrituras como Abi (2 Reyes 18:2, compare con 2 Crónicas 29:1).

El padre de Ezequías (el rey Acaz) fue el undécimo rey de Judá. Fue un rey malvado que tomó cosas sagradas del templo e hizo sacrificios a los ídolos (2 Crónicas 29:19-23), *"mas no hizo lo recto ante los ojos de Jehová"* (2 Crónicas 28:1).

Observará que en ambas referencias a Ezequías cuando toma el reinado, hay una inconfundible influencia en su vida. Observe tanto 2 Reyes 18:2-3 como 2 Crónicas 29:1-2. Note que ambos pasajes dicen:

+ Era de veinticinco años cuando empezó a reinar.
+ Reinó veintinueve años en Jerusalén.
+ El nombre de su madre era Abi (Abías), hija de Zacarías.
+ Él *"no hizo lo recto ante los ojos de Jehová, como David su padre"*.

Acaz fue un rey pecador; por lo tanto, la madre de Ezequías (Abías o Abi) tuvo que contrarrestar toda la influencia maligna. Notará en las Escrituras que, después de mencionar a su madre, se dice que *"hizo lo recto ante los ojos de Jehová"*. Aquí había una madre piadosa que se aferraba al significado de su propio nombre: "mi Padre es Jehová" y al significado del nombre de su hijo Ezequías: "la fuerza de Jehová".

IV. LO QUE DICE EL ANTIGUO TESTAMENTO SOBRE EZEQUÍAS:

1. Llevó a cabo un avivamiento (2 Reyes 18:3-7; 2 Crónicas 29:3-30:13).

Ezequías comenzó su reinado reparando y limpiando el templo en Jerusalén (2 Crónicas 29:3):

_____

Eliminó los "lugares altos" de adoración de ídolos que su padre Acaz había levantado (2 Reyes 18:4):

_____

Hizo los preparativos y estableció la Pascua, no solo para Judá sino también para todo Israel. Invitó a todo Israel a acudir a Jerusalén. Subraye 2 Crónicas 30:1 y 5.

2. La amenaza asiria a Jerusalén (2 Reyes 18:13-37; 2 Crónicas 32:9-19; Isaías 36).

Cuando los asirios llegaron, como hacían siempre que había un nuevo gobierno, llegaron bajo Senaquerib y encontraron las ciudades de Judá valladas. Los asirios habían conquistado todo en su paso hacia el norte, y se sorprendieron e impresionaron de que Ezequías intentara resistirlos.

Senaquerib envió a su mensajero, Rabsaces, para ridiculizar y atemorizar a Jerusalén (2 Reyes 18:17-37).

3. Ezequías buscó al hombre de Dios: Isaías (2 Reyes 19:1-7; Isaías 37:1-4, 14-20).

Cuando Ezequías recibió las amenazas de Rabsaces y Senaquerib, envió a buscar al profeta Isaías. El Señor respondió a través de Isaías. Subraye Isaías 37:6-7.

Entonces, Senaquerib envió cartas a Ezequías demandando una vil rendición (2 Reyes 19:14; 2 Crónicas 32:17-19). Ezequías, con el ánimo de Isaías, tomó las cartas y *"subió a la casa de Jehová, y las extendió Ezequías delante de Jehová"* (2 Reyes 19:14).

4. Ezequías, un hombre de oración (2 Reyes 19:14-19; 2 Crónicas 32:20; Isaías 37:14-20).

Observe que este relato del reinado de Ezequías está narrado tres veces en la Biblia. Debe ser importante para que Dios diera el mismo relato tres veces.

Tome la oración de Isaías 37:14-20. Escriba el v. 17 de este pasaje:

_____

_____

El Señor Dios respondió de nuevo a través del profeta Isaías. Vaya a Isaías 37:33-35. El Señor defendió a su pueblo con un ángel (Isaías 37:36; también en 2 Reyes 19:35; 2 Crónicas 32:21-22).

Escriba Isaías 37:36:

_____

_____

Senaquerib fue asesinado por sus propios hijos (Isaías 37:38).

5. La enfermedad y recuperación de Ezequías (2 Reyes 20:1-11; Isaías 38:18).

Ezequías *"cayó enfermo de muerte"* (2 Reyes 20:1). El Señor envió a Isaías para decirle: (termine la última parte del v. 1).

"Jehová dice así _____

_____

De nuevo, Ezequías oró. Volvió su rostro contra la pared y clamó a Dios, y el Señor escuchó su oración. Isaías no había llegado ni a la mitad de los atrios cuando el Señor le dijo que regresara y le dijera a Ezequías que le sanaría al tercer día (2 Reyes 20:4-5).

6. Ezequías recibe quince años más de vida (2 Reyes 20:6-11; Isaías 38:5-8).

Ezequías fue el único hombre que supo exactamente cuánto tiempo viviría.

En el momento de su enfermedad, Ezequías no tenía hijo ni heredero al trono de Judá. Quería vivir poque debía haber amado la vida, y porque quería un hijo.

Dios le otorgó quince años más de vida. Escriba Isaías 38:5: _____

_____

La señal que el Señor le dio fue el gran reloj solar del rey Acaz. Lea 2 Reyes 20:8-11, Isaías 38:7-8. Fue en este reloj solar donde la sombra volvió atrás diez grados como una señal de que serían añadidos los quince años a la vida de Ezequías. La repetición de la palabra *"grados"* se debería notar en ambos relatos bíblicos. Este fue un suceso sobrenatural que solo Dios podía haber hecho. (Este es un gran estudio en sí mismo. Quizá pueda encontrar más sobre el tema. Lea Isaías 38:20; Salmos 120–135, quince cánticos graduales).

7. ¿Qué sucedió durante esos quince años? (2 Reyes 20:12-19; Isaías 39:1-8. Después 2 Reyes 21:1-15; 2 Crónicas 33:1-18).

Primero. Merodac-baladán, el próximo rey de Babilonia, se estaba preparando para destruir Asiria cuando oyó sobre la recuperación de Ezequías. Envió cartas y regalos a través de sus mensajeros. Ezequías se sintió halagado e invitó a los hombres de Babilonia y les mostró los tesoros de todo su dominio. Subraye Isaías 39:2. El profeta Isaías pronunció el juicio de Dios sobre Ezequías y Judá. Escriba las palabras que el Señor habló a través del profeta en Isaías 39:6:

_____

_____

Segundo. En esa extensión de quince años el Señor le dio un hijo a Ezequías: Manasés. Manasés tenía doce años cuando comenzó su reinado, y reinó durante cincuenta y dos años en Jerusalén. Su lema podía haber sido: *"E hizo lo malo ante los ojos de Jehová"* (2 Reyes 21:2).

De todos los reyes, no hubo ninguno tan malo y pecador como Manasés.

Isaías le dijo a Ezequías en Isaías 39:6-7 que Judá y Jerusalén serían llevados a Babilonia. Además, los hijos que salieran de él serían eunucos en Babilonia. (Daniel era uno de esos de la descendencia del rey. Lea Daniel 1:1-4).

La profecía de Isaías se cumplió por el pecado de Manasés. Observe 2 Reyes 21:11:

_____

_____

Ahora el v. 13: _____

_____

Subraye 2 Reyes 23:26-27.

Subraye 2 Reyes 24:3-4.

El Señor describe sus juicios en palabras únicas y directas en Jeremías 15:1-4. Subraye los vv. 1 al 3 y luego escriba el v. 4:

_____

_____

Por lo tanto, en los quince años de más que Dios le concedió a Ezequías vemos las razones del juicio de Dios a través de sus profetas sobre Judá y Jerusalén. Ezequías cayó en las manos de Babilonia; su hijo, el rey más malvado que jamás haya existido, fue una causa adicional para el cautiverio babilónico. **Así que el orgullo de Ezequías ante Merodac-baladán y la terrible maldad de su hijo causaron el juicio del Señor.**

8. La muerte de Ezequías (2 Reyes 20:20-21; 2 Crónicas 32:32-33).

Al narrar la muerte de Ezequías en 2 Reyes 20:20 se menciona que *"hizo el estanque y el conducto, y metió las aguas en la ciudad"*. Encontrará una referencia a eso en 2 Crónicas 32:30 e Isaías 36:2. Ese conducto, conocido hasta hoy como "el túnel de Ezequías", es lo que hizo grande a Jerusalén. La ciudad estaba en alto, y el agua lo hacía el lugar ideal. Si alguna vez va a Israel, querrá ver el túnel de Ezequías y leer en las Escrituras acerca de su origen.

9. Ezequías reinó durante el tiempo de Isaías (Isaías 1:1).

En Isaías 1:1 se mencionan cuatro reyes. La visión que tuvo Isaías del Señor fue *"en días de Uzías, Jotam, Acaz y Ezequías, reyes de Judá".*

Isaías habló, predicó, oró y profetizó a Judá durante este periodo.

V.   LO QUE DICE EL NUEVO TESTAMENTO SOBRE EZEQUÍAS:

1.   No hay ni una sola palabra que aluda a Ezequías en el Nuevo Testamento.

VI.   LAS LECCIONES QUE DEBERÍA APRENDER DE ESTE ESTUDIO:

1.   Una buena madre a menudo puede tener más influencia sobre sus hijos que un padre malvado y apóstata como Acaz.

2.   Cuando Dios coloca a una persona en un puesto, esta debería honrar el puesto y el llamado. Ezequías lo hizo comenzando un avivamiento.

3.   Deberíamos aprender a limpiar el desorden y aclarar la confusión en lugar de añadir más.

4.   Cuando dude, acuda a Dios y a los siervos de Dios. Ezequías oró y envió a buscar a Isaías.

5.   El orgullo puede apoderarse fácilmente de cualquiera de nosotros. Manténgase alerta. El sonido de la palabra "yo" está incluido en la palabra ORGULLO.

6.   A veces Dios nos concederá nuestras peticiones, pero *"envió mortandad sobre ellos"* (Salmos 106:15). Lo que creemos que es lo mejor puede que no lo sea. Dios le dio a Ezequías quince años porque los pidió, y experimentó "mortandad".

RECUERDE:

1.   ¿Quién era la madre de Ezequías?

2.   ¿Qué hizo Ezequías al convertirse en rey?

3.   Cuando estuvo en peligro, ¿a quién acudió Ezequías en busca de ayuda?

4.   Ezequías fue el único hombre que supo _____

   _____

5.   El hijo de Ezequías fue _____

6.   Su padre fue el rey _____

7.   ¿Cuáles fueron las dos cosas predominantes que resultaron de los quince años adicionales de vida de Ezequías?

SU SIGUIENTE TAREA:

1.   Lea todo Esdras; Nehemías; Isaías 44:28–45:1-4, 13.

2.   Nuestro siguiente estudio será sobre esos dos grandes hombres de Dios: Esdras y Nehemías.

3.   Repase su estudio y sus notas sobre Ezequías.

4.   Subraye en su Biblia las nuevas verdades que aprendió.

Lección 25
ESDRAS Y NEHEMÍAS

I. EL SIGNIFICADO DEL NOMBRE:

Esdras significa "ayuda".

Nehemías significa "Jehová consuela".

II. VERSÍCULOS BÁSICOS:

Todo Esdras y Nehemías; Isaías 44:28–45:1-4, 13.

III. TRASFONDO FAMILIAR:

1. Esdras fue una gran figura en la historia judía. Era descendiente del sumo sacerdote de Israel, Aarón, como se nos dice en Esdras 7:1-5, era escriba (Esdras 7:6), lo que significa que era un instructor experto en las Escrituras.

   La tradición ha hecho de él uno de los grandes líderes judíos de la historia. Se dice que ha sido el fundador de la Gran Sinagoga: un grupo de eruditos judíos que reconocieron el canon de la Biblia y lo establecieron como la Palabra de Dios. De la cautividad babilónica nació el canon de las Escrituras. Hasta ese tiempo, las Escrituras eran diversas; cómo se preservaron, solo Dios lo sabe. La tradición nos dice que Esdras y los hombres de la Gran Sinagoga formaron el *canon*, que significa "regla", del Antiguo Testamento. Estos libros del Antiguo Testamento son los que tenemos en nuestras Biblias hoy. Están en la Septuaginta.

2. Nehemías era de la tribu de Judá (Nehemías 2:3). Nació mientras su familia estaba en el exilio (el cautiverio babilónico), pero creció con una gran fe en el Dios de Israel.

   Alexander Whyte, en sus escritos sobre Nehemías, dice: "Un hombre solamente con el consejo de Dios en su mente y en su corazón. Un hombre reservado y decidido. Un hombre para dirigir a otros hombres. Un hombre sin prisa. No comenzará hasta que haya considerado el costo. Y después no se detendrá hasta que se haya terminado el trabajo".

   Esto es solo un pequeño boceto de ambos hombres. Sin embargo, ya puede entender sus caracteres.

IV. LO QUE DICE EL ANTIGUO TESTAMENTO SOBRE ESDRAS Y NEHEMÍAS:

1. Esdras

   a. El relato bíblico de Esdras no comienza hasta el capítulo 7 de Esdras. Observe en el capítulo 7:

      + Esdras era descendiente de Aarón (vv. 1-5).

      + *"Era escriba diligente en la ley"* (v. 6).

      + Regresó a Jerusalén con una Biblia en la mano.

      + Escriba Esdras 7:10:

      + Observe de nuevo el énfasis en *"escriba versado en los mandamientos de Jehová"* (v. 11).

      + De nuevo, en el v. 12, *"escriba erudito en la ley del Dios del cielo"*.

      + Esdras fue enviado por el rey a inquirir sobre las condiciones religiosas y civiles en Jerusalén, para ver si eran conforme a la enseñanza de la ley de Dios. Escriba el v. 14.

        ♦   Esdras tenía que tomar todo lo que el rey y el pueblo daban para la edificación del templo en Jerusalén (vv. 15-26).

    b.   Esdras era un buen administrador.

En el capítulo 8, Esdras dirigió una compañía de casi 2000 (solo varones) hasta Jerusalén. Esto fue además de los 50 000 que habían ido con Zorobabel ochenta años antes. Esdras organizó el grupo y los guio seguros hasta Jerusalén.

    c.   Esdras era un gran intercesor (guerrero en oración).

Cuando llegó a Jerusalén se lamentó al descubrir que los judíos, incluyendo algunos de los sacerdotes, se habían casado con esposas gentiles (paganas) (Esdras 9:1).

Esdras oró primero. Observe Esdras 9:5: _____

_____

Se produjo la separación y los judíos dejaron a sus esposas gentiles. Observe Esdras 10:3 y 10-13.

    d.   Esdras leía y enseñaba la Palabra (Nehemías 8:1-8).

Cuando se terminó el templo y se terminaron las murallas, el pueblo se reunió para oír la Palabra del Señor. Le pidieron a Esdras que leyera y explicara la Palabra. Lea Nehemías 8:1, 3, 4 y subraye estos versículos.

Escriba Nehemías 8:5: _____

_____

También el v. 8: _____

_____

    e.   Esdras enfatizó de palabra y, de hecho:
- la adoración,
- la importancia de la Palabra de Dios,
- enseñar la Palabra y también leerla,
- el poder de la oración,
- la separación del mundo, y
- la sabiduría de Dios en el diario vivir.

    f.   Esdras murió, según Josefo, en el tiempo de la sucesión de Eliasib del sumo sacerdocio.

2.   Nehemías

    a.   Nehemías sirvió en el noble oficio de copero en la corte persa, un puesto de honor e influencia. Observe Nehemías 1:11.

    b.   Nehemías oyó de su hermano la situación de Jerusalén. Los muros estaban derruidos y las puertas tal y como las habían dejado los babilonios. Esta noticia hizo llorar, orar y ayunar a Nehemías (Nehemías 1:2-4).

    c.   Desde diciembre hasta abril (compare Nehemías 1:1 con 2:1), cuatro meses, él oró y ayunó. El rey se dio cuenta de su semblante y supo que Nehemías tenía *"quebranto de corazón"* (Nehemías 2:2). Pidió que el rey lo enviara a Judá, *"y la reedificaré"* (Nehemías 2:5). El rey le concedió su petición y le comisionó para hacer lo que Dios había puesto en su corazón (Nehemías 2:6-9).

d. Nehemías, el edificador de muros (Nehemías 2:11 al 6:19). Cuando Nehemías llegó a Jerusalén, hizo un reporte secreto de las murallas derruidas y animó al pueblo a trabajar (Nehemías 2:11-20).

Subraye Nehemías 2:13 y 18 en su Biblia.

Dividió la muralla en diferentes grupos, todos trabajando a la vez (Nehemías 3). Organizó a la gente tan bien que, a pesar de la oposición, el trabajo se terminó en 52 días (Nehemías 6:15). Subraye ese versículo.

Escriba Nehemías 4:6: _____

_____

e. Nehemías era un buen organizador y líder, un hombre de oración guiado por el Espíritu. Escriba Nehemías 4:9: _____

_____

Aquí vemos lo práctico trabajando con lo espiritual.

f. Tras el despertar espiritual liderado por Esdras, el pueblo hizo un pacto con Nehemías para adorar a Jehová (Nehemías 9 y 10). Subraye Nehemías 9:36-37. Escriba Nehemías 9:38: _____

_____

En Nehemías 10:1 leemos: *"Los que firmaron fueron: Nehemías el gobernador"*, y después nombra a todos los que firmaron el pacto.

g. Nehemías fue, y es, un buen ejemplo de un líder que es guiado por Dios. Toda clase de personas acudieron a ayudar en la reconstrucción de los muros derribados. Esto fue por las buenas cualidades de liderazgo de Nehemías.

La gente siempre seguirá a un líder, especialmente a un líder que esté dedicado al Señor.

h. Nehemías puso al Señor y la casa del Señor en el enfoque debido. Observe Nehemías 13:9-10. Ahora escriba Nehemías 13:11: _____

_____

Subraye Nehemías 13:14.

i. Nehemías castigó a los que quebrantaron el día de reposo (Nehemías 13:15-22).

Algunos de los judíos estaban comprando a los mercaderes en día de reposo. Nehemías tomó medidas drásticas contra ambos: los judíos por comprar; los mercaderes por vender. Lea Nehemías 13:17, 19 y 20.

Ahora escriba Nehemías 13:21: _____

_____

3. Esdras y Nehemías, con Zorobabel, lideraron al remanente para sacarlos del cautiverio y llevarlos de regreso a la tierra que el Señor había prometido a Abraham y su descendencia. ¿Cómo y por qué?

Dios anunció a través de Isaías, 175 años antes, que Ciro abriría las puertas de Babilonia y proclamaría a Jerusalén que la ciudad y el templo serían reconstruidos. Lea Isaías 44:28:

_____

_____

Ahora subraye Isaías 45:1-4.

Ciro fue nombrado por el Señor antes de que naciera.

4. Los libros de Esdras y Nehemías hablan solo del pequeño remanente que salió voluntariamente de Babilonia y regresó a Jerusalén.

El libro de Ester habla solo de los judíos que se quedaron en Babilonia y no regresaron a su tierra natal. Ahora recuerde la siguiente frase: *La historia del Antiguo Testamento acaba después del relato de Esdras, Nehemías y Ester. El resto del Antiguo Testamento es profecía concerniente a Israel antes, durante y después del cautiverio. Todos los profetas hablan y arrojan luz sobre todas las Escrituras desde Génesis hasta Ester.*

V. LO QUE DICE EL NUEVO TESTAMENTO SOBRE ESDRAS Y NEHEMÍAS:

Ninguno de ellos es mencionado por su nombre, pero viven mediante el ejemplo a lo largo de la era del Nuevo Testamento.

Han influenciado a todo el cristianismo al liderar a Israel de regreso a Jerusalén y Judá, cumpliendo así la profecía del Señor Dios de Israel.

VI. LAS LECCIONES QUE DEBERÍA APRENDER DE ESTE ESTUDIO:

1. Deberíamos ser estudiantes, maestros de la Palabra. Esdras era un buen ejemplo.

2. Deberíamos estar listos para recibir el llamado de Dios e ir, hacer y decir lo que Él nos indique.

3. Esdras se preparó bien para ir a Jerusalén para llevar a cabo un "avivamiento".

4. Cuando el Señor pone una carga en nuestro corazón, deberíamos orar, buscar su voluntad y sus caminos, y después hacerlo nosotros mismos. Nehemías lo hizo así; incluso tenía un *aspecto* distinto.

5. Deberíamos organizar, orar y actuar. Las tres cosas. Hacemos una y dos, pero dejamos la tercera a "otro".

6. Nehemías dependía humildemente del Señor y superó todos sus obstáculos y sus enemigos para edificar el muro. De nuevo enseñándonos que *"para Dios todo es posible"* (Mateo 19:26).

RECUERDE:

1. ¿Quién era Esdras?

2. ¿Quién era Nehemías?

3. A Esdras se le recuerda como un _____

4. ¿Como consiguió Nehemías el permiso para ir a Jerusalén?

5. ¿Cómo consiguió llevar a cabo Nehemías su gran tarea?

6. ¿Por qué estos libros son tan importantes para nosotros?

SU SIGUIENTE TAREA:

1. Lea todo el libro de Ester.

2. El siguiente estudio será sobre Ester.

3. Repase su estudio de Esdras y Nehemías.

4. Subraye en su Biblia las nuevas verdades que aprendió.

Lección 26
ESTER, PARA ESTA HORA

I.   EL SIGNIFICADO DEL NOMBRE:

Ester significa "estrella".

II. VERSÍCULOS BÁSICOS:

Todo el libro de Ester.

III. TRASFONDO FAMILIAR:

Ester era la hija de Abihail, una benjamita. Su nombre hebreo era *Hadasa*, que significa "mirto". Se quedó huérfana y fue adoptada por su tío Mardoqueo, otro benjamita. Lea Ester 2:5-7. Mardoqueo era un oficial del palacio en Susa, la ciudad real persa. El vínculo entre Mardoqueo y Ester es una de las relaciones más afectivas de las Escrituras. El amor de Mardoqueo por Ester era como el amor de un padre hacia su hija.

Recuerde que esto ocurrió durante el cautiverio. Los persas estaban en control con Asuero como rey. Este era Jerjes en la historia secular. El libro de Ester trata sobre los que se quedaron en Babilonia.

Los libros de Esdras y Nehemías hablan del remanente que regresó a Jerusalén. Entre los capítulos 6 y 7 de Esdras se desarrollaron los eventos del libro de Ester.

IV. LO QUE DICE EL ANTIGUO TESTAMENTO SOBRE ESTER:

1. La providencia de Dios se puede ver en el libro de Ester.

    La reina Vasti recibió la orden de su esposo, Asuero, de mostrar su belleza a un grupo de hombres borrachos en una fiesta. Vasti rehusó hacerlo (Ester 1:12) y el rey y su séquito redactaron un decreto demandando que las esposas honren a sus esposos (Ester 1:15-18). La reina Vasti fue apartada porque rehusó exponerse a la compañía del rey. Fue un acto de valentía, pero debido a ello perdió su posición como reina (Ester 1:19). Se envió un decreto para encontrar mujeres jóvenes para el rey, para que eligiera de entre ellas a la próxima reina.

2. Mardoqueo, el judío, llevó a Ester a la casa del rey para estar entre las jóvenes que competían por la atención de Asuero.

    Ester no reveló que era judía. Mardoqueo le dijo que no revelara su trasfondo. Escriba Ester 2:10:

    _____

    Tras esperar un periodo de un año, Ester fue llevada ante el rey (Ester 2:16).

3. Ester se convirtió en reina (Ester 2:17).

Escriba Ester 2:17: _____

_____

Ella no reveló ni siquiera entonces que era judía (Ester 2:20). Llegó al trono en un momento clave.

4. Amán, el que odiaba a los judíos (Ester 3:10; 8:1; 9:10, 24).

    Amán fue ascendido para estar por encima de todos los siervos del rey. Mediante un decreto del rey, todos los siervos tenían que postrarse y reverenciar a Amán (Ester 3:1-2). Amán era un agagueo de Amalec. Naturalmente, él odiaba a los judíos, como todos los amalecitas. Amalec era el nieto de Esaú.

Mardoqueo rehusaba postrarse ante Amán, porque conocía la ley de Dios y obedecía esa ley. Busque Deuteronomio 5:7-10. Escriba el v. 9:

_____

_____

Amán estaba enojado porque Mardoqueo no lo reverenciaba. Amán decidió matar a todos los judíos esparcidos por el imperio (Ester 3:6): "*Y procuró Amán destruir a todos los judíos que había en el reino de Asuero*".

Amán fue a ver al rey y consiguió su consentimiento, mediante un soborno. Subraye Ester 3:8-9. La carta se envió a las 127 provincias, se les ordenó matar a todos los judíos. Subraye Ester 3:13.

5. Mardoqueo se enteró del decreto del rey referente a los judíos.

Mardoqueo envió una copia del decreto a Ester mediante uno de sus sirvientes. Envió a decir a Ester que se presentara ante el rey y le hiciera una petición a favor de su pueblo (Ester 4:5-8). Ester envió a decir a Mardoqueo que ella tenía que obedecer las reglas de la corte del rey. No podía presentarse ante el rey a menos que él la llamara, o si el rey extendía su cetro de oro a alguien que estuviera de pie en la cámara interior. Ella no había sido llamada ante el rey desde hacía treinta días. Subraye Ester 4:11. El mensaje fue llevado hasta Mardoqueo.

6. Ester recibió el segundo mensaje de Mardoqueo.

El mensaje es el desafío de este libro. Observe Ester 4:14. Mardoqueo dijo: "*¿Y quién sabe si para esta hora has llegado al reino?*".

Ester actuó rápidamente. Envió decir a Mardoqueo que reuniera a todos los judíos que estaban en Susa y les dijera que ayunaran y oraran por ella durante tres días y tres noches. Ella prometió hacer lo mismo (Ester 4:16). Ester prometió ir en contra de la ley del rey al entrar en su presencia. Observe su declaración al final de Ester 4:16: "*Y si perezco, que perezca*".

7. La valentía de Ester fue grande.

Ester se vistió con su traje real y se presentó ante el rey.

El rey, desde su trono, vio a Ester y le extendió el cetro de oro. Ester lo tocó y se acercó al rey (Ester 5:2). El Señor Dios de Israel estaba obrando.

Observe lo primero que le dijo el rey a Ester (Ester 5:3): _____

_____

Ester hizo su petición de que el rey y Amán asistieran a su banquete ese día y regresaran para un segundo banquete al día siguiente. En ese momento, ella le diría al rey cuáles eran sus deseos (Ester 5:4-8).

8. Amán salió del banquete sintiéndose como "alguien importante".

Amán había sido el único huésped del rey y la reina. Amán y su esposa prepararon una horca de casi 23 metros de altura para colgar a Mardoqueo al día siguiente (Ester 5:9-14).

Pero algo ocurrió esa noche. El rey no podía dormir. Pidió que los sirvientes le leyeran las crónicas de los eventos. En la lectura, supo que Mardoqueo le había salvado la vida (Ester 2:21-23).

El rey preguntó: "*¿Qué honra o qué distinción se hizo a Mardoqueo por esto?*" (Ester 6:3). Los sirvientes respondieron: "*Nada se ha hecho con él*" (v. 3).

Amán regresó al día siguiente y el rey le hizo la misma pregunta. Escriba Ester 6:6:

_____

_____

Observe el orgullo de Amán. Él sabía que el rey se estaba refiriendo a él.

Amán le dijo al rey lo que se debía hacer (Ester 6:7-9). Luego llegó el golpe para Amán.

Escriba Ester 6:10:

_____

_____

Amán fue a su casa y tuvo que ser llevado por los sirvientes del rey para asistir al segundo banquete de Ester.

9. Ester fue atrevida.

El futuro del pueblo judío dependía de ella. Hizo su petición al rey para salvar a su pueblo (Ester 7:3-4). Como respuesta, el rey quiso saber quién quería destruir a su pueblo. Había llegado el momento de la verdad. Ester tenía la oportunidad, y en Ester 7:6 dijo:

_____

Amán fue sentenciado a muerte en la misma horca que había construido para Mardoqueo.

Escriba Ester 7:10:

_____

_____

10. Mardoqueo fue llevado ante el rey y honrado, incluso aunque el rey sabía que él y Ester eran judíos.

El rey revirtió las órdenes que había dado a través de Amán. Mardoqueo fue ascendido a primer ministro sobre las 127 provincias. Lea Ester 8:1-16. Subraye los vv. 15-16. Lea Ester 9:4:

_____

_____

También Ester 10:3:_____

_____

11. Se instituyó la fiesta de Purim.

Los judíos, entonces en Persia, celebraron su liberación de la masacre que había planeado Amán. Llamaron a la celebración "Fiesta de Purim". La palabra *purim* viene de *pur*, que significa "suerte". Amán había echado *pur* (suertes), para asegurarse un día para destruir a los judíos. Subraye Ester 9:21 y 24.

Hasta este día, los judíos leen el libro de Ester cada año en *Purim*. Lea Ester 9:32.

12. ¿Estaba Dios en todo esto?

Sí, lo estaba. Lea Proverbios 21:1: _____

_____

También Isaías 54:7: _____

_____

Ahora Proverbios 16:33: _____

_____

V. LO QUE DICE EL NUEVO TESTAMENTO SOBRE ESTER:

1. Ester no se menciona en el Nuevo Testamento; sin embargo, fue usada por Dios para salvar al pueblo de Israel para que pudiera venir el Libertador prometido: Cristo.

   El cuidado providencial de Dios de su pueblo es muy evidente en todo el libro de Ester.

   Los judíos en Persia estaban allí por decisión propia. Después de que el remanente judío había regresado a Jerusalén, mediante la proclamación de Ciro (Esdras 1:24), la mayoría se quedó en Persia. Eran el pueblo de Dios y creían en Jehová, pero su corazón estaba puesto en las cosas de este mundo. Dios cuidó de ellos.

   Tenemos personas así en nuestras iglesias. Tenemos personas así en nuestra nación.

VI. LAS LECCIONES QUE DEBERÍA APRENDER DE ESTE ESTUDIO:

1. Ester obedeció a Mardoqueo, su padre adoptivo. Una lección que el mundo necesita.

2. Ella no se avergonzó de ser judía. ¿Nos avergonzamos nosotros de ser cristianos?

3. Ester tuvo valor, incluso a expensas de haber podido morir. Necesitamos ese tipo de valor.

4. Ser elevada al alto honor de ser reina no afectó el amor y la lealtad de Ester por su pueblo, el judío común. A menudo olvidamos cuál es nuestro origen y nuestra herencia.

5. Dios usó a Ester como un instrumento, dentro de su providencia, para llevar a cabo su propósito para su pueblo. ¿Estamos disponibles para Dios?

6. Ella era una figura nacional, declarando su caso por su propio pueblo. Los cristianos deberíamos ejercer nuestra influencia para el Señor y su Iglesia.

RECUERDE:

1. Nombre al menos cuatro personajes en el libro de Ester.

2. ¿Quién era Ester?

3. ¿Cuál era el otro "nombre" o título de Amán?

4. ¿Como usó Dios a Ester?

5. ¿Qué le ocurrió a Mardoqueo?

   Un recordatorio: La historia del Antiguo Testamento concluye después del relato de Esdras y Nehemías y Ester. Esdras y Nehemías hablan del pequeño remanente que regresó a Jerusalén y Judá. El libro de Ester habla de los judíos que se quedaron en la tierra de la cautividad.

   Todos los profetas escribieron en la principal *profecía* con respecto a Israel antes, durante y después del cautiverio.

   Otra aclaración podría ayudarle a entender la Palabra de Dios. Israel, el reino del norte, había sido llevado al cautiverio por Asiria en el año 745 a. C. Los babilonios tomaron Jerusalén y Judá en el 606 a. C. El imperio babilónico tomó el liderazgo de la destrucción de Nínive y absorbió a los asirios. Los babilonios después fueron conquistados por el imperio medo-persa.

   Por lo tanto, en los libros de Esdras, Nehemías y Ester encontramos que se mencionan *todas las tribus* una y otra vez. Solamente en Ester, las 127 provincias incluían judíos desde India a Etiopía. Los nombres *judío* e *israelita* se convirtieron en sinónimos durante el periodo del cautiverio.

SU SIGUIENTE TAREA:

1. Lea Isaías 1–12, 40–66 (solo unas treinta y cuatro páginas en su Biblia); Mateo 8:17; 12:17; Romanos 9:27; 10:16; 15:12.

2. El siguiente estudio será sobre Isaías, el "príncipe de los profetas".

3. Repase su estudio sobre Ester.

4. Subraye en su Biblia las nuevas verdades que aprendió.

Lección 27
ISAÍAS, PRÍNCIPE DE LOS PROFETAS

I. EL SIGNIFICADO DEL NOMBRE:

Isaías significa "salvación de Jehová".

II. VERSÍCULOS BÁSICOS:

Isaías 1–12; 40–66; Mateo 12:17; Lucas 24:44; Romanos 9:27; 10:16; 15:12; 1 Pedro 1:10-11.

III. TRASFONDO FAMILIAR:

Se sabe poco sobre el trasfondo de Isaías. Se nos dice en Isaías 1:1 que era hijo de Amoz. La tradición nos dice que Amoz era hermano del rey Amasías, que era hermano de Uzías, otro rey. En ese caso, Isaías era primo hermano del rey Uzías. Tal vez esto podría arrojar luz a la primera parte del capítulo 6, del que hablaremos más adelante en nuestro estudio.

Isaías vivió toda su vida en la ciudad. Su ministerio y su trabajo fueron en la ciudad. Su ministerio de más de cincuenta años, desde el 750 a. C. hasta cerca del 700 a. C., fue en la ciudad. Su ciudad era Jerusalén.

Isaías era un aristócrata. Era un hombre culto y siempre se sentía cómodo en la corte del rey.

Creció en una época de influencia y prosperidad. El rey Uzías de Judá y Jeroboam II de Israel (el reino del norte) llevaron al pueblo a una gran prosperidad. Con la prosperidad llegó el vicio. El libro de Isaías se parece a las vidas de algunas personas que han crecido sin conocer otra cosa que la riqueza y la abundancia. Isaías vivió en esa atmósfera y vio a su pueblo caer en pecado. Isaías no se vestía como un aristócrata; caminaba con una túnica de piel, como Elías, llamando a la gente al arrepentimiento. Isaías era un genio poético en su declaración del mensaje del Señor Dios. Era un gran orador y un perfeccionista con las palabras. *Sus figuras retóricas son del Señor. ¡Qué predicador!*

Isaías tenía una esposa (Isaías 8:3) y era padre de dos hijos. Su primer hijo se llamaba *Sear-jasub* (Isaías 7:3), que significa "un remanente volverá". Su segundo hijo tiene el nombre más largo de la Biblia, *Maher-salal-hasbaz*, que significa "rápido al botín" o "destino rápido para los enemigos de Judá". Isaías era un hombre de valentía e integridad. Habló con valor, según la necesidad, pero también con amor y ternura. Era un hombre que escuchaba al Señor.

Isaías predicó bajo el contexto que encontramos en 2 Reyes 15–20 y 2 Crónicas 26–33. Era un profeta de Judá, pero además habló con respecto a Israel y también a las naciones gentiles.

IV. LO QUE DICE EL ANTIGUO TESTAMENTO SOBRE ISAÍAS:

1. Isaías era un profeta de Dios (Isaías 1:1; 2:1; 6:1).

Isaías 1:1 describe lo que Isaías *vio* en una *visión*. Escriba el v. 1:

_____

_____

Este versículo es importante porque presenta lo que el Señor le reveló a Isaías y el marco de tiempo en el que Isaías vivió y predicó. Vio una visión sobre Judá y Jerusalén durante los días de los cuatro reyes. Esta fue la primera visión del Señor a Isaías. Observe que el mensaje comienza con: *"Oíd, cielos, y escucha tú, tierra; porque habla Jehová"* (v. 2). El mensaje es para Judá y Jerusalén.

Veamos que Dios siempre deja un remanente en Isaías 1:9. Subraye el versículo. La doctrina del "remanente" está a lo largo de Isaías y de la Biblia. Lea Isaías 10:20-22; 11:11-16; 37:14, 31-32; 46:3.

Isaías habló de la gran invitación de Dios, una palabra de gracia, en Isaías 1:18:

_____

_____

Dios habló a través del profeta Isaías sobre el futuro cercano y distante de su pueblo. Habló de juicio en la primera parte de esta primera visión. Después la palabra de amor en los vv. 18 y 19. Finalmente, en el v. 20, un serio aviso: *"Porque la boca de Jehová lo ha dicho"*.

En Isaías 2:1, de nuevo Isaías vio la palabra concerniente a Judá y Jerusalén. Desde este versículo hasta el final de Isaías 5 tenemos la segunda visión dada a Isaías. (Es muy difícil no enseñar y escribir sobre cada versículo, pero nuestro tema es el hombre: Isaías). Isaías habló de lo que vio. Era un profeta.

2. La confirmación y comisión del profeta Isaías (Isaías 6).

En la experiencia de Isaías 6, Isaías nos da la visión y su relato de la confirmación de su llamado como profeta (alguien que habla de parte de Dios). El llamado de Isaías vino de un Dios que no cambia, que aún llama y confirma lo mismo hoy.

Lea Isaías 6:1: *"Vi yo al Señor sentado sobre un trono"*. Isaías descubrió que, por encima del difunto rey Uzías, había un verdadero Rey de la nación de Israel. Isaías vio el templo lleno de la *"gloria de Dios"*. Sus *"faldas llenaban el templo"*, la gloria *shekiná* de Dios.

Alrededor del trono estaban los serafines (ángeles celestiales del Señor), clamando: *"Santo, santo, santo"* (v. 3), siempre refiriéndose a las tres personas de la Trinidad: Dios Padre, Dios Hijo y Dios Espíritu Santo. (Lea Colosenses 2:9).

Primero, la visión del rey. Después, el detallado llamamiento del hombre Isaías. Observe las primeras palabras del llamado en Isaías 6:5.

_____

Se vio a sí mismo primero como un ser pecador de labios inmundos. Cuando vemos a Jesús como lo vio Isaías, entonces sabemos que somos inmundos.

En los v. 6 y 7 uno de los serafines tomó un carbón encendido, tocó sus labios y dijo: *"He aquí que esto tocó tus labios, y es quitada tu culpa, y limpio tu pecado"* (v. 7). Isaías estaba siendo preparado para la gran obra de Dios. Hay una limpieza que se obtiene al instante mediante la gracia divina en nuestras vidas. Después está la limpieza progresiva y diaria mediante el carbón brillante de Jesucristo que nos toca en oración, el estudio bíblico y la adoración.

En el v.8 Isaías oyó la voz del Señor diciendo:

_____

Observe que Isaías se ofrece voluntariamente: *"Heme aquí, envíame a mí"* (v. 8).

En la comisión (v. 9-13), el Señor le dijo a Isaías: *"Anda, y di... Hasta..."* (vv. 9, 11). Isaías fue enviado a un pueblo que no escucharía, pero el Señor les advirtió por medio de Isaías. No todo fue en vano, porque de su predicación respondería un remanente, *"una décima parte"* (v. 13), también llamados *"la simiente santa"* en el mismo versículo. ¿Por qué fue enviado Isaías a un pueblo así? Busque Juan 12:36-41. Juan 12:40 es idéntico a Isaías 6:10. Subraye Juan 12:41.

Así como un roble o trementina talado aún tiene vida en sus raíces, del mismo modo Israel tendrá vida en "la décima parte": el remanente.

Así, el hombre Isaías (llamado, confirmado, comisionado) se convirtió en el "príncipe de los profetas".

3. Como profeta, Isaías profetizó acerca de cosas que sucederían en su propio tiempo (Isaías 7:1-12, por ejemplo).

En este pasaje, el rey Peka de Israel (reino del norte) y el rey Rezín de Siria formaron una conspiración para destronar a Acaz y derrocar su reino en Judá (reino del sur). Esta confrontación está registrada en 2 Crónicas 28. En lugar de acudir a Dios, Acaz buscó la ayuda de Tiglat-pileser, rey de Asiria. Dios envió a Isaías a profetizar lo que iba a suceder. Lea Isaías 7:3-4 y subraye. En esencia, Isaías le dijo a Acaz: "No tengas miedo de Peka de Israel (Efraín), o de Rezín de Siria; ellos son solo tizones humeantes, o los extremos de troncos quemados". Acaz ya había decidido en su corazón obtener ayuda de su propio deseo. El Señor volvió a hablar a Acaz por medio de Isaías y le dijo en Isaías 7:11:

_____

_____

_____

Acaz respondió diciendo que no probaría al Señor. Fue entonces cuando Isaías miró más allá del rey Acaz y dio la profecía mesiánica de Isaías 7:14:

_____

_____

Aquí, Isaías anunció el futuro inmediato de Judá y el futuro distante de un Mesías venidero. Observe Isaías 7:13. El mensaje es para la *casa de David*. Tiglat-pileser tomó el reino del norte y Siria y las ciudades de Judá. De no haber sido por la intervención de Dios, habría tomado Jerusalén. Acaz no escuchó al profeta Isaías.

De nuevo en Isaías 36 y 37, Isaías le dijo a Ezequías que no tuviera miedo de Asiria. En Isaías 37:21-38 sucedió lo que Isaías dijo, con 185 000 asirios muertos por un ángel del Señor Dios. El Señor lo dijo por medio de Isaías, y sucedió.

4. Vio y anunció el futuro distante.

Isaías vio la primera venida de Cristo en Isaías 7:14; 9:6-7 y 61:1. Isaías vio la segunda venida de Cristo en Isaías 11:1 y 61:2. Isaías vio la muerte de Cristo en la cruz en el capítulo 53. Subraye Isaías 53:2-5. Escriba el v. 6:

_____

Subraye Isaías 53:7-9. Lea también la crucifixión de Jesús en Isaías 50:6-9 e Isaías 52:13-15.

Isaías vio el reino glorioso de Cristo (Isaías 59:20-21 y 65:17-25). Vio y proclamó no solo el reino de Cristo, sino también un cielo nuevo y una tierra nueva en Isaías 66:22.

V. LO QUE DICE EL NUEVO TESTAMENTO SOBRE ISAÍAS:

1. Jesús autentificó los escritos de los profetas.

Escriba Lucas 24:44: _____

_____

2. Pablo cita a Isaías con respecto a Israel.

Escriba Romanos 9:27: _____

_____

Subraye Romanos 10:16. Escriba Romanos 15:12:

_____

_____

3. Pedro dijo que los profetas profetizaron de la gracia venidera. Subraye 1 Pedro 1:10-11.

4. Mateo escribió del cumplimiento de la profecía de Isaías en Mateo 12:17-21, una cita directa de Isaías 42:1-4.

Se cumplió palabra por palabra.

5. Hay veinticuatro referencias a *Esaías*, "Isaías" en griego, en el Nuevo Testamento. Lea todas las que encuentre.

Se hacen muchísimas referencias a *"los profetas"* en el Nuevo Testamento. Isaías fue uno de ellos.

> NOTA: Hay mucho sobre este gran hombre, Isaías. Le animo a leer el libro de Isaías con Jesús en mente mientras lo lee. Se dará cuenta de que Isaías escribió mucho sobre Él, y lo que aún sucederá en el futuro.

VI. LAS LECCIONES QUE DEBERÍA APRENDER DE ESTE ESTUDIO:

1. Dios puede usar un instrumento entregado a Él.
2. Nuestro papel y posición en la vida no marcan ninguna diferencia. Dios puede usarnos.
3. Lo que el Señor dice a través de sus profetas es un hecho; tenemos que creerlo a Él.
4. El hecho de que las profecías de Isaías se cumplieron con respecto a Judá, Israel y las naciones gentiles significa que todas las frases proféticas sobre la segunda venida de Cristo y su reino también sucederán.
5. Isaías respondió al llamado de Dios y fue comisionado para hacer un trabajo para el Señor. Deberíamos aprender de *"Anda, y di... Hasta..."*.

RECUERDE:

1. ¿Qué significa *Isaías*?
2. Nombre a sus dos hijos.
3. ¿Quién era Isaías?
4. ¿Cuál es su impresión acerca de este profeta?
5. ¿Bajo qué reyes sirvió? Fueron cuatro.

SU SIGUIENTE TAREA:

1. Lea Jeremías 1; 14–20; 26–45; Mateo 2:17; 16:13-16; 27:9; Hebreos 8:8-12.
2. Lea todo lo que pueda sobre Jeremías, nuestro siguiente estudio.
3. Repase su estudio sobre Isaías.
4. Subraye en su Biblia las nuevas verdades que aprendió.

Lección 28
JEREMÍAS, EL PROFETA

I. EL SIGNIFICADO DEL NOMBRE:

Jeremías significa "a quien Jehová ha designado".

II. VERSÍCULOS BÁSICOS:

Jeremías 1; 14–20; 26–45; Mateo 2:17; 16:13-16; 27:9; Hebreos 8:8-12.

III. TRASFONDO FAMILIAR:

Jeremías nació de Hilcías, el hijo de Itamar de Anatot. (No confunda a este Hilcías con el hijo de Salum en 1 Crónicas 6:4, 13-15). Anatot era una pequeña aldea a unos cinco kilómetros al norte de Jerusalén.

Nació como sacerdote (Jeremías 1:1): _____

_____

Creció en medio del oficio sacerdotal. Vivió durante los días de los profetas Nahum y Sofonías. Su origen, temperamento y habilidad lo calificaron de manera única para el trabajo que Dios tenía para él.

Su ministerio comenzó en el decimotercer año del reinado de Josías, aproximadamente sesenta años después de la muerte de Isaías. Tras la muerte de Josías, el reino de Judá se encaminaba hacia la cautividad babilónica. Jeremías permaneció en la tierra de Judá ministrando al remanente pobre hasta que fueron a Egipto. Jeremías fue con ellos a Egipto porque se sintió obligado a hacerlo (Jeremías 43:5-7). Su amor por su nación, sus luchas, su caída, nos indican algo de los tiempos en los que Jeremías vivió y declaró la Palabra del Señor. (El contexto histórico está en 2 Reyes 22–25).

IV. LO QUE DICE EL ANTIGUO TESTAMENTO SOBRE JEREMÍAS:

1. Su llamado a ser profeta.

   La Palabra del Señor resonó fuertemente en los oídos de Jeremías. Subraye Jeremías 1:4.

   Fue elegido por el Señor antes de nacer para ser profeta a las naciones. Escriba Jeremías 1:5:

   _____

   _____

   Observe las palabras impactantes del llamado: *"Te formase... te conocí... te santifiqué... te di por profeta"*.

2. La respuesta de Jeremías al llamado de Dios.

   Jeremías respondió como la mayoría de nosotros lo haría. Observe Jeremías 1:6: *"¡Ah! ¡Ah, Señor Jehová! He aquí, no sé hablar, porque soy niño"*. Jeremías sintió su inexperiencia y su debilidad como joven.

   Pero el Señor lo había llamado, y le dijo a Jeremías (Jeremías 1:7): _____

   _____

   Moisés dijo lo mismo en su llamado, y la actitud de Dios fue de enojo. En el caso de Jeremías fue tierno: "No digas: Soy un niño".

   Entonces, el Señor dio a Jeremías ánimo y fuerza en Jeremías 1:8. Subraye el versículo.

3. Su comisión de parte del Señor.

El Señor le dio a Jeremías un trabajo que hacer y lo comisionó para una tarea difícil.

Primero, tocó la boca de Jeremías con su mano y dijo: *"He aquí, he puesto mis palabras en tu boca"* (Jeremías 1:9).

Luego la tarea difícil se da en Jeremías 1:10: _____

_____

Subraye Jeremías 1:17 y 19. Dios dio seguridad frente a la oposición.

4. La predicación de Jeremías enfrentada.

A Jeremías se le dio la tarea: *"Mira que te he puesto en este día sobre naciones y sobre reinos, para arrancar y para destruir, para arruinar y para derribar, para edificar y para plantar"* (Jeremías 1:10). Jeremías tenía un corazón de compasión por su nación como ningún otro portavoz de Dios; sin embargo, sabía que debía entregar el mensaje del Señor y, como de costumbre, la mayoría de las personas no querían escuchar ese mensaje.

Los hombres de su aldea natal de Anatot fueron de los primeros en oponerse a él y amenazar con matarlo si no dejaba de profetizar. Lea Jeremías 11:18-23 y subraye el v. 20, que son las palabras de Jeremías. La respuesta y el juicio del Señor están en el v. 22: _____

_____

_____

La oposición a su predicación en Judá, diciéndoles que estaban fuera de la voluntad de Dios, causó más hostilidad en toda la tierra hacia el profeta. Nuevamente clamó por juicio en Jeremías 18:18-23. Subraye el v. 20.

Nuevamente, y una vez más, Jeremías predicó el juicio de Dios sobre Judá, los líderes y los líderes religiosos. Para esto, tenía la valentía del Señor. Lea el capítulo 20:1-6. Fue encadenado por el hijo del sacerdote y gobernador en la casa del Señor. Observe su valentía en Jeremías 20:4, 6. Podríamos seguir con ilustraciones de su valentía en la predicación, pero hay mucho que debemos aprender de Jeremías.

5. Lamento y aflicción de Jeremías.

Jeremías era más introspectivo que los otros profetas, siempre mirando hacia su interior. Amaba a su nación y a su gente; sin embargo, Dios le decía qué hacer y a veces su declaración le dolía tanto —sino más— que al pueblo. Todos nosotros que predicamos y enseñamos podemos entender sus sentimientos. Cuando predicaba el juicio, su corazón a menudo se rompía. Lea Jeremías 9:1: _____

_____

En Jeremías 20:7-8 Jeremías lloró, incluso quería abandonar. Subraye los v. 7-8. Pero no pudo. La Palabra de Dios estaba en él. Escriba Jeremías 20:9: _____

_____

_____

Su naturaleza era tierna. Su angustia y tristeza por Judá fueron profundamente sentidas y él se lamentaba (lloraba) por lo que tuvo que ver y hacer. Se preguntaba por qué había nacido. Lea Jeremías 20:14-18.

También Jeremías 15:10: _____

_____

_____

A Jeremías se le prohibió casarse debido a los tiempos terribles y los juicios de Dios. Busque Jeremías 16:1-4 y escriba el v. 2.

Vivió una vida solitaria sin el amor, el consuelo o el ánimo de una esposa y una familia. Renunció a sus amigos en esa pequeña comunidad de Anatot. Renunció a su propia libertad personal. Era un hombre de tristeza y es conocido como "el profeta llorón" más que por cualquier otro título. Deberíamos pensar en él como "el gigante audaz de Dios con un corazón de amor".

Sí, Jeremías sufrió por ser profeta de Dios. Tuvo que seguir predicando frente a la prueba porque la palabra del Señor estaba en él. Lea Jeremías 15:15-16. Subraye el v. 15 y escriba el v. 16.

Observe: *"Y tu palabra me fue por gozo y por alegría de mi corazón"*. ¡Digiera ese versículo!

El libro de Lamentaciones amplía la tristeza y el desconsuelo de Jeremías, así como su esperanza. Lea Lamentaciones 3.

6. Los mensajes de esperanza de Jeremías.

Recuerde que Jeremías estaba *"para arrancar y para destruir, para arruinar y para derribar, para edificar y para plantar"* (Jeremías 1:10). En su predicación del juicio de Dios sobre Israel, Judá y las naciones gentiles (que comprende la mayor parte de su libro), tenía que haber un mensaje de "edificar y plantar" la fe.

Uno de sus mensajes de esperanza se encuentra en Jeremías 18:1-10. Este fue un mensaje para todo Israel.

Lea Jeremías 18:1-5 y escriba el v. 6.

"Él es el Alfarero, yo soy el barro. Moldéame y hazme según tu voluntad". ¿Le suena familiar la canción?

El mensaje de esperanza es que Israel fue elegida como un instrumento honorable por el Señor Dios, pero constantemente se oponía a Dios y su palabra. Como resultado, estaba dividida, dispersa y encaminada hacia la cautividad. El Señor envió un mensaje por medio de Jeremías a Israel, un mensaje de esperanza. Ese mensaje está en los vv. 6 y 8.

Otro mensaje de esperanza está en Jeremías 31:31-34. Este es el mensaje del "Nuevo Pacto". Jeremías se convirtió en un profeta de esperanza. El Señor le dijo que anunciara un "Nuevo Pacto" a toda la casa de Israel. El Nuevo Pacto superaría la ley de Moisés. El Nuevo Pacto proporcionaba exactamente lo que el Antiguo Pacto de la ley exigía. Jeremías 31:33-34 lo proporciona:

+ **Conocimiento:** *"Daré mi ley en su mente…"*.
+ **Obediencia:** *"Y la escribiré en su corazón…"*.
+ **Consagración:** *"Y yo seré a ellos por Dios, y ellos me serán por pueblo…"*.
+ **Comunión:** *"Todos me conocerán…"*.
+ **Limpieza:** *"Y no me acordaré más de su pecado"*.

Finalmente, otro mensaje de esperanza se encuentra en Jeremías 32:6-15. Aquí, el mensaje de esperanza se entrega mediante la acción de Jeremías. Compró un terreno en su comunidad de origen, una señal de fe en su propia predicción de la restauración de Judá (v. 15), y una señal segura para Judá de esa futura restauración. Aunque el terreno iba a estar en manos de Babilonia, él lo compró. Observe Jeremías 32:17: "Ni hay nada que sea difícil para ti". (Para las profecías mesiánicas de Jeremías, consulte *A través de la Biblia en un año*, Lección 19).

V. LO QUE DICE EL NUEVO TESTAMENTO SOBRE JEREMÍAS:

1. Jeremías debía tener un espíritu como el de Elías, Juan el Bautista o Jesús. Lea Mateo 16:13-16. Escriba el v. 14.

_____

Después, la gran confesión de Pedro está en el v. 16. Subráyelo.

2. Lea Mateo 2:17-18, que hace referencia al profeta Jeremías.

3. El nuevo pacto dado a Jeremías se repite y explica en Hebreos 8:7-13.

Escriba Hebreos 8:6: _____

_____

El nuevo pacto lo trajo la obra redentora de Cristo. Fue un pacto de gracia llevado a cabo por el Hijo de David: Jesús. Vaya a Jeremías 33:15-18. Subraye el v. 15. Mientras está en Jeremías 33, subraye el v. 3.

Lea y vuelva a leer Jeremías 31:31-34 y Hebreos 8:7-13. Recuerde que las palabras *"pacto"* y *"testamento"* significan lo mismo. Ahora lea Hebreos 9:14-15.

VI. LAS LECCIONES QUE DEBERÍA APRENDER DE ESTE ESTUDIO:

1. Jeremías nos enseña el juicio divino sobre las naciones.

2. Debemos aprender a ser fieles incluso cuando no podemos tener éxito.

3. Deberíamos esperar persecución y crítica del mundo. *"Bástate mi gracia"* (véase 2 Corintios 12:9).

4. Dios cumplirá fielmente sus promesas con Israel y con nosotros.

5. Todos nosotros, grandes o pequeños, tenemos horas y días de tristeza, desánimo y lágrimas. Dios puede usarnos mejor cuando le rendimos todo a Él.

6. Jeremías debía tener un carácter y una naturaleza parecidos a nuestro Señor. Su compasión, sus palabras de amor, aflicción, juicio y eventos futuros le hacen muy parecido a Jesús. La gente opinaba sobre quién era Jesús: *"Unos, Juan el Bautista; otros, Elías; y otros, Jeremías, o alguno de los profetas"* fueron las palabras en Mateo 16:14.

RECUERDE:

1. Jeremías era tanto _____ como _____

2. ¿Qué fue llamado a hacer Jeremías?

3. ¿Qué respuesta recibió de la gente?

4. ¿Qué tipo de naturaleza tenía Jeremías al predicar y ver los resultados?

5. ¿Se basaba toda su predicación en mensajes funestos?

6. ¿Qué esperanza le dio a Israel?

SU SIGUIENTE TAREA:

1. Lea 2 Reyes 24–25; Daniel 1–5.

2. El siguiente tema será Nabucodonosor, el rey de Babilonia.

3. Repase su estudio sobre Jeremías.

4. Subraye en su Biblia las nuevas verdades que aprendió.

Lección 29
NABUCODONOSOR

I. EL SIGNIFICADO DEL NOMBRE:

Nabucodonosor significa "defiende la frontera" o "Nabu, defiende la frontera".

II. VERSÍCULOS BÁSICOS:

2 Reyes 24–25; Daniel 1–5.

III. TRASFONDO FAMILIAR:

Nabucodonosor fue el hijo de Nabopolasar, rey de Babilonia. El padre tuvo una exitosa campaña contra los asirios y fundó el Imperio babilónico. Los nombres a veces resultan confusos para un estudiante de la Biblia. La geografía cambiaba muy rápidamente, como aún sucede, y los nombres de los lugares se vuelven insignificantes. En el caso de Babilonia (ya que es donde tuvo lugar la cautividad), deberíamos conocer el área donde reinó Nabucodonosor. Babilonia era una región de Asia occidental con Babilonia como su capital. A veces se llama Sinar (Génesis 10:10, 11:2), y a veces la tierra de los caldeos. Abraham era de Ur de los caldeos.

Nabucodonosor fue, con mucho, el más famoso de todos los reyes de Oriente. El suyo fue el primer "imperio mundial" que el mundo hasta entonces conocido había visto.

¿Por qué debía estar Nabucodonosor en un estudio como este? Porque él fue un personaje de las Escrituras. Fue un gran rey en su tiempo. *Se le recuerda por sus malas acciones y nada más. El Señor Dios de Israel tuvo un plan soberano en la vida de Nabucodonosor.*

Sin embargo, veremos tanto lo *bueno* como lo *malo* acerca de este rey.

IV. LO QUE DICE EL ANTIGUO TESTAMENTO SOBRE NABUCODONOSOR:

1. Nabucodonosor tomó cautivos Judea y Jerusalén durante setenta años (2 Reyes 24:1-2; 10-16; 2 Reyes 25:1-9).

    Esto fue un cumplimiento directo de las palabras del profeta Isaías en 2 Reyes 20:17-18 y de la profecía de Jeremías en Jeremías 25:9-11. Observe que en el v. 9 el Señor llamó a Nabucodonosor *"mi siervo"*.

Escriba Jeremías 25:11: _____

_____

Lea 2 Crónicas 36:6, 7, 10, 19-21. Subraye estos versículos.

Entre sus cautivos estaban Daniel y otros tres, que eran eunucos, todos ellos muy preparados y de linaje real (Daniel 1:1-4).

2. La primera prueba de Nabucodonosor con los siervos de Dios.

    El rey ordenó que los cuatro hebreos comieran y bebieran de su mesa. Ellos se negaron, sabiendo que algunos de los alimentos estaban prohibidos por la ley de Dios. Después de diez días comiendo solo pan (legumbres) y agua, los cuatro hebreos lucían mejor y estaban más robustos que aquellos que comieron la comida y bebida del rey. Lea Daniel 1:15 y 20. En lugar de enfurecerse y ser consumido por el poder, Nabucodonosor vio en ellos una sabiduría única porque podían entender sueños y visiones.

3. El sueño de Nabucodonosor.

    El gran sueño del rey en Daniel 2 fue interpretado por Daniel. En la interpretación, Nabucodonosor supo de la destrucción de su propio reino.

Su reacción es lo importante. Observe Daniel 2:46-49. Escriba Daniel 2:47:

_____

_____

4. La imagen de oro y la reacción del rey.

El rey Nabucodonosor gobernaba en Babilonia, y la convirtió en un gran lugar. Hizo una imagen de oro en la planicie de Dura y proclamó que todo el mundo adorara su imagen. Esto era una autodeificación. La palabra *"adoración"* se usa tres veces en Daniel 3:5-7.

Tres hebreos, Daniel excluido, se negaron a postrarse y adorar la imagen de Nabucodonosor. Eran Sadrac, Mesac y Abed-nego. El rey los metió en un horno que calentó siete veces más de lo normal.

De nuevo, Nabucodonosor aprendió una lección sobre el Señor Dios.

Observe sus palabras en Daniel 3:25: _____

_____

Después, de nuevo en Daniel 3:28: _____

_____

5. El testimonio de Nabucodonosor.

El testimonio del rey en Daniel 4:1-3 pertenece cronológicamente a la conclusión del capítulo 4. Todo el capítulo contiene el testimonio de un rey gentil, relatando cómo llegó a conocer al Dios verdadero: Jehová.

Este capítulo era un documento de estado de Babilonia. Era una confesión de su pecado y orgullo. Era una confesión de su fe en Jehová Dios.

Observe Daniel 4:2-3: _____

_____

Este testimonio vino de Nabucodonosor tras pasar por la agonía descrita en el capítulo 4.

6. La soberanía de Dios.

En el sueño de Nabucodonosor en Daniel 4, Daniel le contó el significado del sueño. Le habló del poder de Dios y que Dios podía reinar. Escriba Daniel 4:17:

_____

_____

Esa es la soberanía de Dios en la vida de hombres y naciones.

Daniel volvió a contar lo mismo en la interpretación del sueño en Daniel 4:25. Escriba la última parte de ese versículo: *"Hasta que conozcas...*

_____

_____

La visión se cumplió en la vida de Nabucodonosor. Subraye Daniel 4:31.

Escriba la última parte del v. 32: *"Hasta que reconozcas...*

_____

_____

Después vivió como una bestia del campo durante siete años comiendo hierba, con su cuerpo mojado por el rocío cada noche, su cabello largo como plumas de águila y sus uñas como garras de pájaro. Después de esto, vemos el verdadero espíritu del hombre.

7. Del juicio a la misericordia.

Nabucodonosor fue juzgado por el Señor. Era un hombre cruel. Hemos visto ya una o dos de sus acciones.

En Jeremías 29:22 el profeta nombra a dos hombres judíos a quienes Nabucodonosor asó en las llamas.

En 2 Reyes 25:7 le sacó los ojos a Sedequías después de matar a los hijos de Sedequías.

Nabucodonosor trajo desgracia al mundo. Desarraigó a las personas y las deportó.

Nabucodonosor era un hombre orgulloso y arrogante. Construyó la ciudad más grande sobre la faz de la tierra.

Pero el juicio fue pronunciado sobre él, y Dios hizo exactamente lo que dijo que haría. El juicio fue severo, pero el rey aprendió una lección tremenda. El Señor disciplina a aquellos que lo conocen y lo reconocen. El Señor siempre actúa en su propio tiempo. En este caso, el juicio llegó doce meses después de que Daniel le contara a Nabucodonosor el significado del sueño. Observe Daniel 4:29 y subráyelo.

Con el juicio en el pasado, se puede ver la gran misericordia del Señor en las acciones y palabras de Nabucodonosor.

Un rey honró y alabó a Dios. Escriba Daniel 4:34 completo:

_____

_____

Primero miró hacia arriba. Una bestia mira abajo. Miró hacia arriba y *"bendijo al Altísimo"*. Subraye el v. 35.

Escriba el v. 37: _____

_____

V. LO QUE DICE EL NUEVO TESTAMENTO SOBRE NABUCODONOSOR:

1. No hay referencia alguna a Nabucodonosor por nombre en el Nuevo Testamento.

   Sin embargo, hay mucha enseñanza en la vida de este famoso rey que es aplicable hoy. (Lo discutiremos en el número VI).

2. Hay mucha enseñanza en forma de "ejemplos", "tipos" o "imágenes" en el estudio de este rey.

   Algunos de estos ejemplos son fáciles de identificar:

   Babilonia: los reinos de este mundo.

   Nabucodonosor: siete años de locura.

   Árbol: un hombre (Salmos 1:3); nación (Mateo 24:32-33).

   Raíces: nueva vida.

   Siete años: prueba, tribulación.

VI. LAS LECCIONES QUE DEBERÍA APRENDER DE ESTE ESTUDIO:

1. *"Que el Altísimo gobierna el reino de los hombres, y que a quien él quiere lo da, y constituye sobre él al más bajo de los hombres"* (Daniel 4:17, véase también 25, 32).

2. Nabucodonosor tomó cada lección de Daniel y de Dios con un profundo sentido de humildad. No se enojó con el judío Daniel por decirle lo que debía hacer.

3. La mayoría de nosotros en el cristianismo moderno tenemos una idea preconcebida o nos han enseñado que Nabucodonosor era un hombre malo, está muerto y probablemente sufriendo el tormento del Hades. Eso es lo que la mayoría de la gente piensa. Pero ¿qué dice la Biblia? Hemos visto en esta lección sus pecados, su juicio y su confesión del Señor Dios.

4. Daniel tuvo a Nabucodonosor postrado a sus pies. Él cayó sobre su rostro y adoró a Daniel; sin embargo, Daniel permaneció en su lugar y no se aprovechó del rey. ¿Cómo pudo Daniel tener tal fortaleza? A través de la oración, oración regular, oración secreta.

5. Nuestras vidas, nuestros líderes, nuestra nación, nuestros pastores, nuestros maestros son importantes para nuestro Señor, y Él todavía dirige en los asuntos de los hombres, grandes o pequeños. Él es *"el mismo ayer, y hoy, y por los siglos"* (Hebreos 13:8).

6. Después de un periodo severo de prueba, deberíamos "mirar hacia arriba" y alabar a Dios, tal como lo hizo Nabucodonosor después de siete años.

RECUERDE:
1. ¿Qué otro nombre hay para Babilonia?
2. ¿Quién profetizó el cautiverio de setenta años?
3. ¿Qué hizo que Nabucodonosor sea un gran rey en su tiempo?
4. ¿Cómo consiguió Daniel tener control sobre el rey?
5. ¿Ha cambiado en algo su opinión de Nabucodonosor?
6. ¿Cuál fue el juicio más severo que recibió Nabucodonosor?

SU SIGUIENTE TAREA:
1. Lea Daniel, Mateo 24:15; Marcos 13:14; Hebreos 11:33-34.
2. Nuestro siguiente estudio será Daniel. En esta lección hemos visto el rey del tiempo de Daniel. Esta lección y la siguiente van juntas. No se pierda ninguna.
3. Repase sus notas sobre Nabucodonosor.
4. Subraye en su Biblia las nuevas verdades que aprendió.

Lección 30
DANIEL

I. EL SIGNIFICADO DEL NOMBRE:

Daniel significa "Dios es mi juez".

II. VERSÍCULOS BÁSICOS:

Daniel 1–12; Mateo 24:15; Marcos 13:14; Hebreos 11:33-34.

III. TRASFONDO FAMILIAR:

Daniel era de sangre noble, sino real (Daniel 1:3). No sabemos nada de sus padres, solo que Daniel era de la tribu de Judá.

A los veinte años aproximadamente, Daniel fue llevado de Jerusalén a Babilonia por Nabucodonosor, rey de Babilonia. Daniel era joven, pero tenía una sabiduría que superaba su edad. Su aptitud era alta en todas las materias, especialmente las ciencias.

Daniel tenía un carácter intachable. Se le menciona tres veces como *"muy amado"* en Daniel 9:23, 10:11 y 19.

Daniel fue, sin duda, un hombre de estado profético de su tiempo. Jeremías fue contemporáneo de Daniel en su ministerio posterior. Daniel reflexionó sobre las palabras de Jeremías 25:8-13, acerca de los setenta años de cautiverio (observe Daniel 9:2).

Daniel y Ezequiel, ambos judíos y ambos profetas, fueron llevados cautivos a Babilonia. Fueron los profetas de Dios durante su cautiverio. Aunque Daniel estaba en cautiverio, había "una nota de nacimiento, crianza y aristocracia en todo su carácter", dice Alexander Whyte, el gran predicador inglés.

IV. LO QUE DICE EL ANTIGUO TESTAMENTO SOBRE DANIEL:

1. Profecía cumplida.

   La profecía de los setenta años de cautiverio de Judá fue anunciada por Jeremías en Jeremías 25:8-13. Observe Jeremías 25:11:

   _____

   _____

   Ahora acuda a Daniel 9:2: _____

   _____

   Lea y subraye 2 Crónicas 36:21.

   Daniel fue llevado en la primera deportación a Babilonia en el tercer año de Joacim, rey de Judá (Daniel 1:1). La deportación se completó en el cuarto año (Jeremías 25:1).

2. Descendientes de Ezequías.

   Isaías dijo en Isaías 39:7: *"De tus hijos que saldrán de ti, y que habrás engendrado, tomarán, y serán eunucos en el palacio del rey de Babilonia"*. Observe también el v. 6 del mismo pasaje en Isaías 39:

   _____

   _____

3. Los nombres hebreos cambiados.

Cuatro hebreos, incluyendo a Daniel, que cumplían con las calificaciones de Nabucodonosor en Daniel 1:3-4, fueron llevados y hechos eunucos. Fueron puestos bajo el mando del príncipe de los eunucos, quien cambió sus nombres hebreos. El propósito de cambiar sus nombres a nombres babilónicos era alejarlos de su tierra, destruir su fe en el Señor Dios y hacer que adoptaran la religión y los hábitos de Babilonia.

Los nombres fueron cambiados (Daniel 1:7) de la siguiente manera:

+   *Daniel*, que significa "Dios es mi juez," a *Beltsasar*, que significa "a quien Baal favorece".

+   *Ananías*, que significa "amado del Señor," a *Sadrac*, que significa "iluminado por el dios sol".

+   *Misael*, que significa "quien es como Dios," a *Mesac*, que significa "quien es Ishtar".

+   *Azarías*, que significa "el Señor es mi ayuda," a *Abed-nego*, que significa "esclavo del dios de la sabiduría".

Ahora tiene a Beltsasar, que era Daniel (no confunda el nombre con Belsasar de Daniel 5). También tiene los tres famosos nombres de Sadrac, Mesac y Abed-nego. No olvide que estos eran sus nombres babilónicos.

Cambiar el nombre de un hombre no siempre cambia su carácter. Estos cuatro hebreos estaban profundamente arraigados en su propia fe y no cambiaron.

4. El representante de Dios en Babilonia.

El propósito de Dios era convertir a los descendientes de Abraham en la nación hebrea, la nación líder del mundo. Su desobediencia e idolatría lo impidieron, y el reinado terrenal se transfirió de Israel a Babilonia.

Dios levantó a Daniel para hablar por Él en las cortes de Babilonia. Daniel hablaba un lenguaje sobrenatural y, por lo tanto, impresionó no solo a los babilonios sino también a su propio pueblo. La única esperanza para los hebreos en cautiverio era este hombre: Daniel. Hablaba de manera tan milagrosa, con el poder de Dios, que incluso los judíos en cautiverio se dieron cuenta de que el Señor Dios de Israel seguía siendo su Dios y ellos eran su pueblo.

Lo que Daniel dijo, por inspiración de Dios, fue profecía. Daniel era diferente. Todos los demás profetas, como Isaías y Jeremías, debían ir al pueblo y proclamar la palabra del Señor. Daniel debía registrar lo que le era revelado a través de visiones. Busque Daniel 12:4 y 9, y subraye estos pasajes en su Biblia.

5. Los milagros y profecías de Daniel.

No podemos estudiar versículo a versículo en esta lección. Solo señalaremos algunas de las profecías milagrosas de Daniel. (Para un estudio del libro de Daniel, lea *A través de la Biblia en un año*, Vol. 1, Lección 21).

a. Daniel y los tres hebreos se negaron a contaminarse comiendo la carne y el vino del rey. Solo comieron pan y agua y lucían más saludables y robustos que los demás (Daniel 1:5-16). ¿Cuál fue el resultado? Observe Daniel 1:17.

Note Daniel 1:20: *"En todo asunto de sabiduría e inteligencia… los halló diez veces mejores que todos los magos y astrólogos que había en todo su reino"*.

¡Esto fue un milagro del Señor!

b. El significado del sueño de Nabucodonosor (Daniel 2).

El rey tuvo un sueño que resumía todo el curso de los "tiempos de los gentiles". Ninguno de los astrólogos y magos pudo interpretar el sueño. Fueron a buscar a Daniel.

Daniel y sus tres compañeros oraron (Daniel 2:17-18).

Dios respondió y reveló el significado del sueño a Daniel en una visión nocturna. Subraye Daniel 2:19-22. Daniel dio testimonio del poder de Dios al rey (Daniel 2:28). Observe, *"lo que ha de acontecer en los postreros días"*, también en el v. 29, *"lo que había de ser en lo por venir"*, dicho dos veces.

Entonces, Daniel expone el significado del sueño. Nombra las potencias mundiales desde Babilonia hasta el reino de los cielos, representado en el sueño como la venida de *"del monte fue cortada una piedra, no con mano"* (v. 45), que es Jesucristo viniendo en los días de los diez reyes (Daniel 2:44-45). Un milagro de Dios.

c. La visión de Daniel (Daniel 7).

Vayamos a Daniel 7, donde el Señor revela a Daniel en un sueño-visión un mensaje referente a las mismas potencias mundiales. Esta fue la manera de Dios de escribir la profecía. Todas estas potencias mundiales han llegado y han caído. La profecía del hombre de pecado (Daniel 7:24-25) y la profecía del reino de nuestro Señor se enfatizan nuevamente (Daniel 7:27). (Detallar estas profecías tomaría doscientas páginas mecanografiadas. Nuestro estudio es Daniel y cómo Dios lo usó).

¡Otro milagro de Dios!

d. Daniel interpreta la visión del árbol del rey (Daniel 4).

El sueño del rey fue uno que debía ser interpretado por Daniel. Podría haber sido fatídico para Daniel, pero él fue fiel al Señor. Tuvo que decirle a Nabucodonosor que Dios todavía gobernaba sobre los hombres y las naciones. Subraye la descripción del rey en Daniel 4:17. Ahora subraye la interpretación de Daniel de las mismas palabras al final del v. 25 y también el v. 32.

¡Otro milagro de Dios!

e. Belsasar y la escritura en la pared (Daniel 5).

El nieto de Nabucodonosor, llamado Belsasar, presenció la escritura de Dios en la pared. Nuevamente, Daniel dio testimonio del poder de Dios y explicó lo que significaba la escritura. El significado está en los vv. 25-28. Esa noche, Belsasar fue asesinado y Darío tomó el reino (vv. 30-31).

¡Otro milagro de Dios!

f. Daniel en el foso de los leones (Daniel 6).

La historia es popular, pero la verdadera prueba en la Escritura es la fe de Daniel. Daniel se negó a obedecer un decreto humano. Observe Daniel 6:7. Debido a que se negó fue lanzado a un foso de leones, pero no resultó herido. Darío reconoció a Dios (v. 26).

¡Otro milagro de Dios!

g. Las setenta semanas de Daniel (Daniel 9).

Lo que se anunció y lo que ha ocurrido en referencia al capítulo 9 es ¡otro milagro de Dios!

h. Israel en los últimos días (Daniel 10–12).

Los tres capítulos van juntos. Hablan de la visión de la gloria de Dios y lo que Dios le dijo a Daniel en Daniel 10:14.

Estos capítulos fueron una visión y una profecía. Daniel pudo declarar la Palabra del Señor e interpretar el futuro desde Darío hasta el hombre de pecado que está por llegar. Daniel escribió sobre el tiempo del fin, al igual que Juan en el Apocalipsis.

¡Otro milagro de Dios!

V. LO QUE DICE EL NUEVO TESTAMENTO SOBRE DANIEL:

1. El Señor Jesús habló de Daniel en Mateo 24:15:

_____

_____

Jesús aludió a Daniel 9:27 y 11:31 en ese versículo.

2. Pablo describe al hombre de pecado en 2 Tesalonicenses 2:3:

_____

_____

Pablo usa la misma imagen que Daniel en Daniel 7:8.

3. En Hebreos 11:33 vemos una alusión a Daniel.

Observe el v. 33: _____

_____

4. También en Hebreos 11:34, la primera parte se refiere a los tres hebreos en el fuego.

VI. LAS LECCIONES QUE DEBERÍA APRENDER DE ESTE ESTUDIO:

1. Daniel fue llevado a Babilonia cuando tenía unos diecinueve o veinte años. Vivió allí hasta el tercer año de Ciro. Debió haber vivido allí no menos de setenta y dos años. Podría haber sido más tiempo. Toda su vida habló por Dios en una tierra de cautiverio.

2. El secreto de la vida victoriosa de Daniel fue la oración.

3. Todo lo que Dios le dijo a Daniel que dijera se cumplió, excepto lo que aún está por suceder (el hombre de pecado y el tiempo del fin). Todas las profecías se cumplieron en la historia. Recuerde que ni Daniel ni ningún otro profeta pudo prever esta era de la Iglesia. La semana setenta de Daniel aún es futura.

4. Daniel fue un hombre que Dios pudo usar para delinear las edades venideras. Habló milagrosamente por Dios.

5. Si Jesús autentificó las palabras de Daniel, nunca deberíamos dudar de su profecía.

6. Daniel 4:17, 25 y 32 dicen: *"Para que conozcan los vivientes que el Altísimo gobierna el reino de los hombres, y que a quien él quiere lo da"*. Esta declaración de Dios sigue siendo cierta.

RECUERDE:

1. ¿Quién fue con Daniel a la cautividad?

2. ¿Por qué les cambiaron los nombres hebreos?

3. ¿En qué sentido Daniel era distinto a los demás profetas?

4. Escriba cuatro milagros de Dios a través de Daniel.

5. ¿Cuánto tiempo estuvo Daniel en Babilonia?

6. ¿Ve usted ahora la importancia de la última lección sobre Nabucodonosor?

SU SIGUIENTE TAREA:

1. Lea Jonás 1–4; 2 Reyes 14:25; Mateo 12:38-41; Lucas 11:29-32.

2. Nuestro siguiente estudio será Jonás, un personaje de gran controversia.

3. Repase sus notas sobre Daniel.

4. Subraye en su Biblia las nuevas verdades que aprendió.

Lección 31
JONÁS

I. **EL SIGNIFICADO DEL NOMBRE:**

Jonás significa "paloma".

II. **VERSÍCULOS BÁSICOS:**

Jonás 1–4; 2 Reyes 14:25; Mateo 12:38-41; Lucas 11:29-32.

III. **TRASFONDO FAMILIAR:**

Jonás era el hijo de Amitai. Provenía de Gat-hefer, una aldea en Galilea. La aldea estaba a unos cinco kilómetros de Nazaret, el pueblo natal de Jesús. Jonás fue un personaje real, una persona real. Era un buen ejemplo de la carnalidad del hombre que quiere hacer su propia voluntad, malhumorado y desobediente.

IV. **LO QUE DICE EL ANTIGUO TESTAMENTO SOBRE JONÁS:**

1. Jonás era un profeta (2 Reyes 14:25).

   En este versículo se confirma la identidad de Jonás. Se dice que era hijo de Amitai. Se le llama profeta y provenía de Gat-hefer. Esto identifica a Jonás como la misma persona mencionada en Jonás 1:1.

   El rey Jeroboam II de Israel fue el mayor rey y, gobernó durante más tiempo sobre el reino del norte. Sus territorios recuperados alcanzaron hasta Hamat, a unos trescientos kilómetros al norte de Samaria, la capital del reino del norte de Israel. Su recuperación del territorio fue un cumplimiento directo de una profecía de *"Jonás hijo de Amitai, profeta que fue de Gat-hefer"*.

   El profeta de 2 Reyes 14:25 es la misma persona que Jonás, quien se menciona en el libro que lleva su nombre. Diríjase a esa referencia poco notada en 2 Reyes 14:25 y subraye la última parte del versículo.

   Esta referencia en 2 Reyes nos da el tiempo aproximado del ministerio de Jonás. Él ministró durante parte del reinado de Joás y Jeroboam II, entre los años 800 y 850 a. C.

   Con este único versículo de 2 Reyes 14 deberíamos reconocer que Jeroboam fue una persona real. Y también un profeta. Gat-hefer fue un lugar real. ¿Por qué alguien cuestionaría la realidad de estas personas y lugares?

   Jonás es un libro de la Biblia, un personaje de las Escrituras, interpretado por algunos como mito, leyenda, parábola, ficción o alegoría. Ha habido mucha controversia en torno a este pequeño libro y a Jonás mismo.

   Proclamamos, basándonos únicamente en la Palabra de Dios, que Jonás fue una persona real y un profeta real. La narrativa del libro es real y factual. Si es solo ficción, no tiene ninguna importancia auténtica. La interpretación literal del libro es imperativa porque está en juego la integridad del Señor Jesucristo.

2. El siervo desobediente (capítulo 1).

   Jonás era un siervo de Dios. El Señor le dio una orden explícita al profeta en Jonás 1:2:

   _____

   _____

Observe las palabras *"levántate y ve"*. Se le dijo que fuera a Nínive, la capital gentil de Asiria. Jonás era un predicador *judío*, comisionado por el Señor para ir en persona y predicar a los gentiles.

Jonás fue en la dirección opuesta, a Tarsis. Tres veces en los primeros diez versículos de Jonás leemos que Jonás huía *"de la presencia de Jehová"* (dos veces en el v. 3 y una en el v. 10). Jonás estaba huyendo de su deber como portavoz de Dios.

El Señor envió una gran tormenta. Los marineros en el barco de Jonás tenían miedo. Jonás bajó al barco y se fue a dormir. Muchas veces "bajó" Jonás.

En Jonás 1:3 – *"descendió a Jope"*.

En Jonás 1:3 – *"entró en ella"* (en la nave).

En Jonás 1:5 – *"había bajado al interior de la nave"*.

Jonás conocía la causa de la tormenta y se lo dijo a los marineros en los vv. 9 y 10. Los marineros intentaron llegar a tierra, pero todo fue en vano. Tomaron a Jonás y lo arrojaron al mar (v. 15).

Recuerde que los marineros sabían quién era (lea de nuevo Jonás 1:9 y 10).

Lea Jonás 1:17: _____

_____

Ningún milagro en la Escritura ha causado más discusión. El hombre natural no aceptará lo sobrenatural hasta que acepte al ser sobrenatural: Jesucristo.

3. El siervo que ora (capítulo 2).

    Jonás fue tragado por un gran pez, un pez especial que *"Jehová tenía preparado"* (Jonás 1:17). Inmediatamente, Jonás comenzó a orar. Toda la oración fue de alabanza, agradecimiento y de una renovada dedicación completa. Subraye Jonás 2:1.

El clímax de la oración es Jonás 2:9: _____

_____

"Y mandó Jehová al pez, y vomitó a Jonás en tierra" (Jonás 2:10).

4. El siervo con su comisión renovada (capítulo 3).

    Las palabras más alentadoras que una persona alejada de Dios puede escuchar son: *"Vino palabra de Jehová **por segunda vez** a Jonás"* (v. 1).

    El Señor restableció más en detalle lo que Jonás debía hacer en Jonás 3:2:

_____

_____

Entonces Jonás escuchó nuevamente: *"Levántate y ve… y proclama"* (v. 2).

Tres veces el Señor habló sobre Nínive como *"aquella gran ciudad"*. Era un viaje de tres días caminando hasta allí (Jonás 3:3).

Cuando Jonás estuvo en la ciudad un día de viaje, comenzó a predicar: *"De aquí a cuarenta días Nínive será destruida"* (v. 4). La gente creyó en Dios. Incluso el rey envió una proclamación para que todo su pueblo orara y dejara sus malos caminos (vv. 5-8).

Los resultados están en Jonás 3:10: _____

_____

Dios le dio a su siervo desobediente una segunda oportunidad. Predicó, y la gran ciudad se volvió a Dios.

La pregunta que siempre está en la mente de la mayoría de los estudiantes es: ¿cómo sucedió? Nos dirigimos al Nuevo Testamento y citamos a Jesús: *"Porque así como Jonás fue **señal** a los ninivitas"* (Lucas 11:30) (hablaremos de este versículo en la sección del Nuevo Testamento), y por esto sabemos que Jonás fue una señal.

¿Qué tipo de señal?

Recuerde en el capítulo 1 que durante la tormenta, Jonás les dijo a los marineros quién era y que había *"huido de la presencia de Jehová"* (v. 10). El barco sufrió mucho (Jonás 1:4). Lograron regresar a puerto, y qué gran historia tenían para contar a toda la gente. Luego, todas las personas cerca de la costa y en las tiendas vieron a Jonás. La gente de la ciudad sabía de él y de su supervivencia. Oyeron la noticia antes de que Jonás llegara. Así, Jonás fue una señal para los ninivitas.

5. El siervo enojado, perplejo y aprendiz (capítulo 4).

Los tres primeros versículos expresan los sentimientos de Jonás (Jonás 4:1):

_____

_____

Subraye el v. 2.

Escriba el v. 3:_____

_____

¿Por qué estaba Jonás tan enojado? ¿Por qué quería morir? ¿Por qué quería que Nínive fuera destruida? Porque Jonás sabía que, si Nínive se arrepentía y se volvía a Dios, entonces Israel estaría en peligro. Jonás no quería que Dios perdonara a Nínive. Asiria era la potencia mundial en ascenso destinada a destruir Israel. Isaías anunció la invasión asiria de veinte a treinta años antes (Isaías 7:17). Si Nínive (la capital asiria) era destruida, Israel sería salvada.

Jonás estaba tan disgustado porque Nínive iba a ser perdonada, que oró para que su vida fuera tomada (Jonás 4:3, 8-9). La respuesta misericordiosa de Dios da el clímax del libro (vv. 10 y 11). La *compasión* de Dios por un pueblo como los gentiles en Nínive, y su *paciencia* con un predicador terco y enojado, son las verdaderas lecciones por aprender.

Jonás aprendió el cuidado vigilante del Señor, el amor del Señor por todas las personas, la gracia de Dios hacia él y hacia Nínive. El siervo, Jonás, finalmente aprendió la lección de servir al Señor. Un siervo llamado no puede huir de la presencia del Señor. Un siervo del Señor debe orar, levantarse e ir, sin importar los sentimientos y deseos personales.

V. LO QUE DICE EL NUEVO TESTAMENTO SOBRE JONÁS:

1. Jesús anunció su muerte y resurrección a los escribas y fariseos mediante la *señal* del profeta Jonás.

Lea Mateo 12:38-41.

Escriba los vv. 39 y 40: _____

_____

Observe en el v. 41 que Jesús habló de la *"predicación de Jonás"*. Jesús fue *"más que Jonás"*.

2. La señal de Jonás (Lucas 11:29-32).

Jesús nos dio la razón por la cual Jonás tuvo tal poder. Observe el v. 30:

_____

_____

La única señal que Jesús daría a la gente sería la señal de Jonás. Esa señal apuntaba a Jesús: *"También lo será el Hijo del Hombre a esta generación"* (Lucas 11:30). En el v. 32 Jesús dijo: *"Porque a la predicación de Jonás se arrepintieron, y he aquí más que Jonás en este lugar"*.

VI. LAS LECCIONES QUE DEBERÍA APRENDER DE JONÁS:

1. Aprenda la verdad de las palabras de Pablo en Romanos 3:29. Búsquelo.

2. El propósito de la gracia de Dios no puede ser frustrado. Si Jonás no hubiera ido a Nínive, ¿habría destruido Dios la ciudad? Dios no habría estado limitado por Jonás ni por la negativa de Jonás. Dios podría haber tenido preparado a otro hombre, sí, incluso a otro pez.

3. Dios es misericordioso. La Palabra del Señor viene a nosotros la segunda, tercera y cuarta vez, y una y otra vez Él trata con nosotros. No nos abandona (Filipenses 1:6).

4. Este es el único libro del Antiguo Testamento que nos da una señal, un tipo, un anuncio de la resurrección de Jesucristo. Pablo dijo: *"Porque los judíos piden señales, y los griegos buscan sabiduría; pero nosotros predicamos a Cristo crucificado"* (1 Corintios 1:22-23).

5. Jonás salió del pez después de tres días y tres noches, tal como Jesús salió de la tumba. Así como Jonás fue una señal para la gentil Nínive, así será el Hijo del Hombre. Después de la resurrección, el evangelio fue llevado a los gentiles.

6. Jesús autentificó a Jonás el hombre, y a Jonás el libro.

RECUERDE:

1. ¿Qué comentarios identificativos recuerda sobre Jonás?

2. ¿Por qué Jonás tenía realmente miedo?

3. Nínive era la capital de _____

4. ¿De qué manera Jonás fue una señal para Nínive?

5. ¿Puede identificarse con Jonás? (Huyendo del Señor, orando cuando está en problemas, enojándose cuando no consigue lo que quiere).

6. ¿Por qué debemos aceptar los hechos de Jonás? ¿Tenemos bases bíblicas para aceptar los hechos de Jonás?

SU SIGUIENTE TAREA:

1. Lea Zacarías 1–14; Mateo 24–25; Apocalipsis 19:7-21.

2. La siguiente lección será sobre el profeta Zacarías, un hombre que escribió mucho acerca de Jesús y de los últimos tiempos.

3. Repase sus notas sobre Jonás.

4. Subraye en su Biblia las nuevas verdades que aprendió.

Lección 32
ZACARÍAS, EL PROFETA

I. EL SIGNIFICADO DEL NOMBRE:

   Zacarías significa "a quien Jehová recuerda".

II. VERSÍCULOS BÁSICOS:

   Zacarías 1–14; Mateo 24–25; Apocalipsis 19:7-21.

III. TRASFONDO FAMILIAR:

   Zacarías fue tanto profeta como sacerdote. El suyo es un nombre común en el Antiguo Testamento. Encontramos veintisiete personas más en el Antiguo Testamento que llevan el mismo nombre. Este Zacarías fue el profeta que escribió el libro que lleva su nombre, que es el penúltimo libro del Antiguo Testamento.

   Zacarías era hijo de Berequías, hijo de Iddo, un profeta y sacerdote (Nehemías 12:4). Esto significa que Zacarías pertenecía a la familia de Aarón, el sumo sacerdote.

   Zacarías fue contemporáneo de Hageo. Cuando se abre la Biblia en esta profecía, se encuentra al pueblo de Israel en un periodo crítico de su historia. Después de setenta años de cautiverio en Babilonia se les concedió permiso para regresar a su propia tierra y reconstruir su amada ciudad de Jerusalén. Solo una minoría, un remanente de unas cincuenta mil personas, regresó bajo el liderazgo de Zorobabel, el gobernador, y Josué, el sumo sacerdote. Este remanente estaba lleno de entusiasmo. En siete meses construyeron el altar de los holocaustos y ofrecieron sacrificios al Señor (Esdras 3:1-6).

   En el segundo año de su regreso a Jerusalén comenzaron a reconstruir el templo. En ese momento se colocaron los cimientos (Esdras 3:8-13). Se desarrolló una oposición amarga por parte de los samaritanos que interrumpió el trabajo (Esdras 4:1-23). La construcción del templo se detuvo y el pueblo se volvió complaciente y despreocupado.

   Dios levantó a un profeta llamado Hageo con el mensaje necesario en ese momento. Su mensaje era exhortar al pueblo a reconstruir el templo (Hageo 1:2-4, 8; 2:3-4). Su predicación produjo un avivamiento. En medio de ese avivamiento, Dios levantó a *otro* profeta para dar *más* mensajes al pueblo en Jerusalén. El nombre de ese profeta era *Zacarías*.

   El libro de Zacarías fue uno de los tres escritos proféticos del Antiguo Testamento después del cautiverio. Su predicación y sus declaraciones proféticas eran de naturaleza alentadora. Hageo tenía la misión de despertar al pueblo para la tarea externa de construir el templo. Zacarías buscaba llevar al pueblo a un cambio interno. El cambio interno era necesario para que el pueblo respondiera terminando el templo del Señor.

   Este trasfondo es necesario para comprender la vida y la predicación de Zacarías.

IV. LO QUE DICE EL ANTIGUO TESTAMENTO SOBRE ZACARÍAS:

   1. Zacarías advirtió al pueblo (Zacarías 1:1-6).

      Zacarías fue usado por Dios para advertir al pueblo que regresara al Señor porque su Palabra es eterna. Escriba Zacarías 1:3:

      _____

      _____

   2. Zacarías recibió diez visiones con respecto a Jerusalén (Zacarías 1:7 y 6:15).

El significado de las diez visiones nocturnas se puede resumir en la frase del Señor en Zacarías 1:14:

_____

_____

El resumen continúa en Zacarías 1:15: _____

_____

El resumen del Señor alcanza su clímax en Zacarías 1:16: _____

_____

Por lo tanto, vemos que en todas las visiones nocturnas dadas a Zacarías, el Señor tenía un gran tema común en las diez visiones. Ese gran tema central se nos da en tres frases:

"Celé con gran celo a Jerusalén y a Sion. Y estoy muy airado contra las naciones que están reposadas; porque cuando yo estaba enojado un poco, ellos agravaron el mal [sobre Israel]… Yo me he vuelto a Jerusalén con misericordia; en ella será edificada mi casa, dice Jehová de los ejércitos" (Zacarías 1:14-16).

3. Respuesta de Zacarías sobre los rituales (Zacarías 7–8).

    En estos dos capítulos hay cuatro mensajes. El Señor habló a través del profeta Zacarías sobre los ayunos que el pueblo había estado observando durante los setenta años de cautiverio.

    La respuesta de Dios fue directa. Su ayuno era una forma religiosa; deberían haber escuchado a los profetas anteriores. Observe Zacarías 7:5-7 y subraye los vv. 5 y 6.

    El pueblo fue informado nuevamente del propósito de Dios. Israel sería bendecido (Zacarías 8:1-8).

    El Señor le dijo al pueblo a través de Zacarías que prestaran atención a las palabras de los profetas _"en estos días"_ (Zacarías 8:9). Los profetas a los que debían escuchar eran Hageo, Zacarías y Malaquías. _Entonces_ hablarían y actuarían con justicia (Zacarías 8:16-17). Entonces todos sus _ayunos_ se convertirían en _fiestas_ de alegría y gozo. Observe Zacarías 8:19 y subráyelo.

4. Zacarías anuncia la venida de Jesucristo (Zacarías 9:14).

    a. La primera _carga_ está en los capítulos 9 al 11.

        Una _carga_ en la Escritura es un mensaje pesado que contiene el juicio de Dios. Es pesado para el profeta declararlo. Encontramos ese término al comienzo del capítulo 9 y del capítulo 12.

        La primera _carga_, o profecía, contenía juicio sobre las ciudades que rodean Palestina (Zacarías 9:1-8).

        De las predicciones de juicio, Zacarías pasó al gran tema y la predicción de un Rey venidero.

En Zacarías 9:9: _____

_____

Observe _"Tu rey vendrá a ti"_ no _un_ rey. Él era el Mesías, Rey de Israel. Este versículo fue la entrada triunfal en Jerusalén por nuestro Señor. (Compare Zacarías 9:9 con Mateo 21:5).

Este v. 9 es una _profecía de la primera venida de Jesucristo._

En esta profecía de Zacarías, como en toda revelación del Antiguo Testamento, no hay una distinción clara entre las _dos venidas_ del Mesías. Los primeros y segundos adventos (venidas) de Cristo se ven en el Antiguo Testamento como dos grandes cimas de montañas en el horizonte. Desde lejos parecen estar muy cerca la una de la otra. Al acercarnos, vemos que un gran valle separa las dos montañas. El valle entre las dos venidas de Cristo nunca se les reveló a los profetas. En ese valle, entre las dos venidas de Cristo, está la *era* actual de la Iglesia. *Los profetas nunca vieron este periodo de tiempo.*

Por lo tanto, en el v. 9 el Mesías vino por primera vez: justo, poseyendo salvación como un Salvador, humilde, montado sobre un asno.

Pero en el v. 10 se ve su *segunda venida* en poder y gloria. Escriba el v. 10:

_____

_____

Jesús hablará de paz, tendrá dominio hasta los confines de la tierra y establecerá la paz en la tierra. No puede haber verdadera paz hasta que Él venga por segunda vez.

En Zacarías 11:7-14 el Señor Jesucristo fue rechazado en su primera venida. Zacarías describió en términos gráficos el rechazo de Cristo.

En Zacarías 11:11 *"los pobres del rebaño"* eran el *"remanente escogido por gracia"* (Romanos 11:5), los judíos que creyeron en Él en su primera venida, aquellos *"que miraban a mí, que era palabra de Jehová"* (Zacarías 11:11).

Escriba el v. 12:_____

_____

Subraye el v. 13 y marque en el margen de su Biblia: "Mateo 27:3-10". Note los términos *"Gracia"* (v. 10) y *"Ataduras"* (v. 14). Gracia se refiere a "la gracia del Señor". Ataduras se refiere a "la unión de Judá e Israel".

b. La segunda *profecía* está en Zacarías 12–14.

Estos capítulos forman una profecía de la segunda venida de Cristo y el establecimiento de su reino sobre la tierra. En Zacarías 12:1-9 se describe el sitio de Jerusalén por las naciones de la tierra. Esto se llama la última batalla: Armagedón. Subraye Zacarías 12:2, 8-9.

En el v. 10 vemos la gracia de Dios y la revelación de Cristo a la casa de David. Escriba el v. 10:

_____

_____

Un resumen de la última batalla se da en Zacarías 14:1-3. Subraye el v. 2.

La segunda venida de Cristo está en Zacarías 14:4:

_____

_____

Subraye ese versículo en su Biblia. Note que Él tocará tierra en el Monte de los Olivos, el mismo lugar desde donde ascendió a la gloria. Él reinará sobre la tierra (v. 9).

_____

_____

El resto de Zacarías 14:16-21 es una descripción del reino de nuestro Señor.

V. LO QUE DICE EL NUEVO TESTAMENTO SOBRE ZACARÍAS:

1. Zacarías no es mencionado en el Nuevo Testamento; sin embargo, sus profecías se mencionan a menudo.

2. Compare Zacarías 9:9 con Mateo 21:4-5:

_____

3. Compare Zacarías 11:12 con Mateo 26:15:

_____

   También subraye Mateo 27:9-10 en su Biblia.

4. Mateo 24 y 25 contienen el discurso del Monte de los Olivos.

   Lea los dos capítulos después de leer Zacarías 12–14.

5. Apocalipsis 19–20 da cuenta del mismo periodo que Zacarías había anunciado casi quinientos años antes.

   También Apocalipsis 16:14-15 da cuenta de la batalla de Armagedón.

VI. LAS LECCIONES QUE DEBERÍA APRENDER DE ZACARÍAS:

1. Las visiones nocturnas de Zacarías exponen un gran hecho: *"Celé con gran celo a Jerusalén"*, dijo el Señor.

2. Dado que el Señor Dios eligió una nación, una tribu y una familia de la cual su Hijo habría de venir, estaba disgustado con las naciones que afligieron a Israel.

3. No debemos dejar que los "rituales" tomen el lugar de la verdadera adoración al Señor.

4. Zacarías vio la primera y segunda venida de nuestro Señor con detalles específicos. Fue un vidente, un profeta del Señor.

5. Dado que su primera venida cumplió al pie de la letra las profecías de Zacarías, Isaías y otros, debemos saber que los detalles de su segunda venida se cumplirán de igual manera.

6. Los profetas vieron tanto la primera como la segunda venida de Cristo, pero nunca vieron la era entre ellas: la era de la Iglesia en la que vivimos.

RECUERDE:

1. ¿Quién fue el contemporáneo de Zacarías?

2. ¿Cuál fue la gran tarea de Zacarías al tratar con el remanente en Jerusalén?

3. ¿Qué significaban las diez visiones de Zacarías?

4. ¿Cuál era el significado de Zacarías 12:10?

5. ¿Dónde regresará Jesús realmente a la tierra?

6. ¿Qué impresión le causó Zacarías?

SU SIGUIENTE TAREA:

1. Lea Mateo 9–10; Marcos 2–3; Lucas 5–6; Hechos 1.

2. El próximo estudio será sobre Mateo, uno de los doce apóstoles. Lea todo lo que pueda encontrar sobre él.

3. Repase su estudio de Zacarías.

4. Subraye en su Biblia las nuevas verdades que aprendió.

Lección 33
MATEO

NOTA: El maestro y el alumno verán un cambio en el formato al abordar los personajes del Nuevo Testamento. En el estudio de personajes del Antiguo Testamento el número IV en cada bosquejo era "Lo que dice el Antiguo Testamento sobre el personaje"; en el estudio de los personajes del Nuevo Testamento el número IV será "Lo que dice el Nuevo Testamento sobre el personaje". El número V será "El uso del Antiguo Testamento por, o en referencia a, el personaje".

I. EL SIGNIFICADO DEL NOMBRE:

Mateo significa "regalo de Jehová".

II. VERSÍCULOS BÁSICOS:

Mateo 9–10; Marcos 2–3; Lucas 5–6; Hechos 1.

III. TRASFONDO FAMILIAR:

Mateo era hijo de Alfeo. Mateo era un *publicano,* es decir, un recaudador de impuestos judío para los antiguos romanos. Marcos y Lucas se refieren a él como Leví, como vemos en Marcos 2:14:

_____

También en Lucas 5:27 (subráyelo en su Biblia).

Un publicano era una persona que los judíos odiaban. El poco aprecio que tenían por una persona en esa posición se puede encontrar en la frase *"publicanos y pecadores"* (Mateo 9:11, 11:19).

Leví indica que era de la tribu de Leví, pero este hombre degradó el nombre sacerdotal. Algunos creen que el Señor cambió su nombre a Mateo, mientras que otros creen que Mateo escogió el nombre él mismo, ya que el nombre significa "el regalo de Dios". Se le llama Mateo desde el momento de su llamado a seguir a Cristo.

IV. LO QUE DICE EL NUEVO TESTAMENTO SOBRE MATEO:

1. Mateo fue llamado al discipulado.

   Mientras estaba sentado donde recaudaba impuestos, Mateo vio a Jesús pasar. Jesús le dijo *una palabra* al publicano: *"Sígueme"* (Mateo 9:9):

   _____

   _____

   También Lucas 5:27: _____

   _____

   Sin dudarlo, Mateo lo dejó todo y siguió a Cristo.

2. Mateo lo celebró con una fiesta.

   Para celebrar su nueva vida en Cristo, Mateo abrió su casa para una gran fiesta dirigida a publicanos y otras personas. Mateo no nos dice que fue en su casa, pero Marcos y Lucas sí (Marcos 2:15; Lucas 5:29). Subraye ambos versículos en su Biblia.

   Observe que los tres escritores indican que Jesús estaba allí comiendo con los publicanos y pecadores. Esta era una forma en la que Mateo podía contarle a todo el mundo que había aceptado al Mesías; una manera de presentar a Jesús a sus viejos amigos conocidos como publicanos y pecadores.

Los siempre presentes escribas y fariseos estaban allí para criticar y condenar al Maestro y a sus discípulos por comer con tal grupo. La respuesta de Jesús es una de las grandes declaraciones del Señor en los tres primeros Evangelios (Mateo 9:12; Marcos 2:17; Lucas 5:31-32).

3. Mateo fue nombrado apóstol.

    Los doce discípulos fueron instruidos por Jesús y enviados. La palabra *apóstol* significa "enviado". Los apóstoles originales fueron aquellos que habían visto a Jesús y habían sido testigos de su resurrección.

Escriba Mateo 10:1-2: _____

_____

Discípulo significa "un aprendiz, un alumno". Por lo tanto, los apóstoles eran discípulos. El término se usa para todos los que han aceptado a Cristo y se han convertido en aprendices o alumnos de sus enseñanzas.

4. Mateo se convirtió en el autor del Evangelio de Mateo.

    Mateo es el *"libro de la genealogía de Jesucristo, hijo de David, hijo de Abraham"* (Mateo 1:1). Esto conecta a Jesús con dos de los pactos más importantes del Antiguo Testamento: el pacto davídico de la realeza (2 Samuel 7:8-16) y el pacto abrahámico de la promesa (Génesis 12:1-9 y 15:1-18).

5. Las características únicas del libro de Mateo.

    a. Mateo presenta a Cristo como el Mesías-Rey. Lea Mateo 2:2:

    _____

    _____

    Subraye Mateo 21:4-5 y 25:34.

    b. Mateo escribió principalmente para los judíos.

        A partir de sus propias Escrituras (el Antiguo Testamento) creían que su Mesías-Rey vendría de la línea de Abraham. Por lo tanto, Mateo proporcionó la genealogía desde Abraham hasta José, el esposo de María. Resumió la genealogía en Mateo 1:17, confirmando cuarenta y dos generaciones desde Abraham hasta Cristo. Enumere los tres grupos de catorce generaciones en Mateo 1:17.

    _____

    _____

    c. Mateo presentó el reino de los cielos.

        El término *"reino de los cielos"* se encuentra treinta y dos veces en Mateo. La palabra *"reino"*, usada cincuenta y cinco veces en Mateo, expone el tema predominante que Mateo presentó a los judíos.

        Juan el Bautista fue el primero en usar la expresión: *"El reino de los cielos se ha acercado"* (Mateo 3:2).

        Jesús comenzó su ministerio con el mismo anuncio. Escriba sus palabras en Mateo 4:17:

    _____

    _____

Dado que ni Juan ni Jesús intentaron explicar el significado del término, es razonable suponer que los oyentes conocían su significado. Ellos entendían que el término era un resumen de todas las profecías del Antiguo Testamento concernientes a un rey que gobernaría sobre un reino visible. El Rey-Mesías reinaría desde el trono de David. Ellos comprendieron el significado en Mateo 1:20-23 y Lucas 1:32-33. ¿Cómo podrían haber entendido tales declaraciones? Habían leído a Isaías, Jeremías, Miqueas y todos los profetas. (Hablaremos de esto en la siguiente sección de la lección).

Jesús vino como el Rey de los judíos. El Rey fue crucificado y el reino rechazado. Cuando Él venga otra vez, reinará desde el trono de David y sobre la casa de Jacob. El reino de los cielos y la Iglesia no son lo mismo.

El reino de los cielos es aún futuro. Cuando el Señor Jesús venga otra vez, todos los que son cristianos entrarán en ese reino, no como súbditos sino para *reinar* con Cristo como Rey en su reino.

En Mateo 13 se menciona el reino de los cielos doce veces. Encuentre las doce y subráyelas en su Biblia.

d. Mateo registró las instrucciones a los doce apóstoles (Mateo 10).

Solo en Mateo se encuentran las instrucciones de nuestro Señor a los Doce. Él escribió 42 versículos sobre el tema. Marcos dedicó solo 7 versículos al tema; Lucas, solo 6 versículos.

Observe en Mateo 10:1: *"Entonces llamando a sus doce discípulos"*. En el v. 2 se les llama *"apóstoles"*. Observe que son nombrados de dos en dos y enviados. Lea Mateo 10:2-5 y escriba los seis pares de dos apóstoles:

_____   _____

_____   _____

_____   _____

_____   _____

_____   _____

_____   _____

En el v. 6, debían predicar a _____

_____

e. Solo Mateo narró la primera mención de la Iglesia.

Todos los escritores de los Evangelios escribieron sobre la confesión de Pedro. Solo Mateo registró las palabras de Jesús al apóstol Pedro en referencia a la Iglesia. Lea Mateo 16:17-18 y subráyelo. Marque en su Biblia "Primera mención de la iglesia". Ahora escriba el v. 18:

_____

_____

En resumen, Jesús *no* quiso decir que la Iglesia iba a ser construida sobre Simón Pedro. La traducción del v. 18 es: "Tú eres Petros (una piedra) y sobre esta Petra (una roca poderosa, Cristo) edificaré mi iglesia". El Señor fundó la Iglesia sobre Él mismo: la Roca de nuestra salvación. Pedro se ocupa de decirnos lo mismo en 1 Pedro 2:3-8. Lea ese pasaje y escriba el v. 6:

_____

_____

f.   Mateo estaba presente en la ascensión del Señor.

En Hechos 1 Jesús enseñó a los discípulos sobre el poder del Espíritu Santo cuando viniera sobre ellos. Presenciaron cómo Jesús ascendía en las nubes y escucharon la instrucción de que Jesús regresaría de la misma manera (Hechos 1:1-11).

En Hechos 1:13 encontrará a Mateo mencionado como uno de los que estaban en el aposento alto, esperando el día de Pentecostés.

Subraye Hechos 1:8 y 13.

V. EL USO DEL ANTIGUO TESTAMENTO POR MATEO:

1.   Mateo cita el Antiguo Testamento alrededor de 100 veces en su escritura. Observaremos solo algunas.

2.   Mateo 1:23 es un cumplimiento de Isaías 7:14:

_____

3.   Mateo 2:5 es un cumplimiento de Miqueas 5:2:

_____

4.   Mateo 2:15 es un cumplimiento de Oseas 11:1:

_____

5.   Mateo 3:3 es un cumplimiento de Isaías 40:3:

_____

6.   Mateo 12:18-21 es un cumplimiento de Isaías 42:1-4:

_____

Escriba Isaías 42:1:_____

_____

7.   Mateo 13:35 es un cumplimiento de Salmos 78:2:

_____

8.   Mateo 21:4-5 es un cumplimiento de Zacarías 9:9:

_____

9.   Mateo 24:21-22 es un cumplimiento de Daniel 12:1:

_____

10. Mateo 26:15 es un cumplimiento de Zacarías 11:12:

_____

11. Mateo 26 y 27 cumplen Isaías 53. Compruébelo por usted mismo.

12. Mateo era un judío brillante que sabía cómo mantener ordenados los escritos.

Su tratamiento minucioso del ministerio de Jesús es una de las obras más hermosas jamás registradas.

Mateo es para el Nuevo Testamento lo que Génesis es para el Antiguo y el Nuevo Testamento. Lea Mateo a menudo.

VI. LAS LECCIONES QUE DEBERÍA APRENDER DE MATEO:

1. Cuando el Señor llama, deberíamos responder como lo hizo Mateo.
2. Incluso aquellas personas odiadas en la sociedad son valiosas en las manos del Señor.
3. Es bueno ofrecer hospitalidad cristiana.
4. La comida fue utilizada en los días de Jesús para ganar y testificar. Mateo abrió su hogar a publicanos y pecadores.
5. Todos somos discípulos si somos creyentes; sin embargo, debemos estar en una posición para aprender y exponernos al aprendizaje. Recuerde que un discípulo es un aprendiz.
6. Jesús regresará, y nosotros, que lo conocemos, reinaremos con Él.

RECUERDE:

1. ¿Quién era Mateo?
2. ¿Cómo se le llamaba y por qué?
3. Mateo era judío ¿A quién escribió principalmente su libro?
4. ¿Cuál es el tema principal a lo largo de su libro?
5. ¿Cuándo vio Mateo al Señor por última vez?
6. Mateo presenta a Cristo como _____

SU SIGUIENTE TAREA:

1. Lea Hechos 12–13; 15:36-41; Colosenses 4:10-11; 2 Timoteo 4:9-11; 1 Pedro 5:13.
2. El siguiente estudio será sobre Marcos.
3. Repase sus notas sobre Mateo.
4. Subraye en su Biblia las nuevas verdades que aprendió.

Lección 34
MARCOS

I. EL SIGNIFICADO DEL NOMBRE:

   Marcos significa "un martillo grande".

II. VERSÍCULOS BÁSICOS:

   Hechos 12–13; 15:36-41; Colosenses 4:10-11; 2 Timoteo 4:9-11; 1 Pedro 5:13.

III. TRASFONDO FAMILIAR:

   Marcos, también conocido como Juan Marcos, escribió principalmente para la mente romana, mientras que Mateo, si recuerda, escribió para la mente hebrea.

   Marcos era su apellido romano, mientras que Juan era su nombre hebreo. Era el hijo de una de las Marías en Jerusalén. Ella debió de ser una viuda con ciertos recursos. Su hermano Bernabé, tío de Marcos, era un rico levita de Chipre. Bernabé tuvo una gran influencia en la vida del joven Marcos. Pedro y Pablo también tuvieron una gran influencia sobre él.

   Marcos, un colaborador de los apóstoles, es mencionado en los escritos de Pablo y Lucas.

IV. LO QUE DICE EL NUEVO TESTAMENTO SOBRE MARCOS:

1. La casa de Marcos, un lugar de oración (Hechos 12:12).

   La primera mención de Marcos por su nombre está relacionada con esa notable reunión de oración en su hogar. Herodes acababa de decapitar a Jacobo (Hechos 12:2) y había arrestado a Pedro. Miembros de la fe se reunieron en la casa de María, la madre de Juan Marcos, para orar por Pedro. El Señor respondió a su oración. Busque Hechos 12:2:

   _____

2. Marcos acompañó a Bernabé y a Pablo (Hechos 12:25).

   Bernabé y Pablo habían estado en Antioquía y habían ido a Jerusalén para llevar una ofrenda para el socorro de los hermanos en Jerusalén (Hechos 11:27-30). Cuando completaron la misión, tomaron a Marcos con ellos y regresaron a Antioquía. Subraye Hechos 12:25. Bernabé y Pablo fueron apartados por el Espíritu Santo para emprender el primer viaje misionero. Llevaron con ellos a Juan Marcos (llamado solo Juan) para ayudar en su predicación y enseñanza. Escriba Hechos 13:5:

   _____

   _____

   Los tres hombres llegaron a Perge y *allí*, Marcos se apartó de los dos líderes y regresó a Jerusalén. Se da a entender, por la reacción de Pablo, que Marcos había tenido miedo de enfrentar el gran desafío de alcanzar al mundo pagano. Observe Hechos 13:13:

   _____

3. La división de Pablo y Bernabé por causa de Marcos (Hechos 15:36-40).

   Sea cual sea la razón para la conducta de Marcos al regresar a Jerusalén, a Pablo le desagradó tanto que se negó a llevar a Marcos consigo cuando se propuso un segundo viaje. Escriba Hechos 15:37:

   _____

   _____

También Hechos 15:38: _____

_____

Esto provocó tal contienda entre Pablo y Bernabé, que se separaron. Bernabé tomó consigo a Marcos y fueron rumbo a Chipre. Subraye Hechos 15:39.

Pablo escogió a Silas (Silvano) para acompañarlo.

4. Años de silencio y la restauración de Marcos (Colosenses 4:10).

Pasan casi veinte años hasta que las Escrituras vuelven a mencionar a Marcos otra vez. ¿Qué le sucedió a Marcos durante esos años? La tradición nos dice que Marcos tuvo un ministerio notable en Egipto, fundando la primera iglesia cristiana en Alejandría.

Después del periodo de silencio, Marcos es mencionado nuevamente en las Escrituras en Colosenses 4:10 y Filemón 24. Pablo estaba en prisión en Roma, donde escribió las dos cartas. En ambas, Pablo menciona a Marcos. Todavía estaba vivo y con Pablo. Parece, según estas escrituras, que lo que causó la división entre Pablo y Bernabé había sido perdonado y olvidado. El impacto de la declaración de Pablo a Colosas se encuentra en Colosenses 4:11: _"Que son los únicos de la circuncisión que me ayudan en el reino de Dios, y han sido para mí un consuelo"._ Solo tres cristianos judíos en Roma permanecieron fieles a Pablo. Uno de ellos era Marcos, que fue restaurado a una posición de pleno honor.

5. La petición de Pablo de que Marcos esté con él (2 Timoteo 4:9-11).

En la última carta de Pablo, escrita desde la cárcel en Roma, Pablo deseaba que Marcos le fuera enviado. Observe 2 Timoteo 4:11:

_____

_____

Marcos había sido amigo de Pablo antes en Roma. Pablo necesitaba a Marcos. Pablo estaba enfrentando el martirio.

6. Pedro se refirió a Marcos como un hijo (1 Pedro 5:13).

Pedro llama a Marcos (Marcus) _"mi hijo"_, indicando que era uno de los conversos de Pedro.

Escriba 1 Pedro 5:13: _____

_____

Marcos había sido restaurado a los ojos de Pablo, y se había vuelto más querido para Pedro.

7. Marcos fue el autor del libro de Marcos.

El libro de Marcos ha sido considerado durante mucho tiempo una escritura influenciada por el apóstol Pedro.

El Dr. J. Vernon McGee dice: "La Epístola a los Romanos había precedido a Marcos y estaba en circulación en Roma". Marcos tenía acceso a esta epístola. En el plano humano, es bueno tener en cuenta:

- ✦ **Primero.** Que Marcos tenía los _hechos_ del evangelio por parte de Pedro.
- ✦ **Segundo.** Tenía la _explicación_ del evangelio por parte de Pablo.

Marcos, entonces, escribió el Evangelio de Marcos bajo la inspiración del Espíritu Santo y con la capacitación, ayuda y experiencia de estar con Pedro y Pablo. Muchas de las cosas escritas en Marcos eran hechos que el apóstol Pedro le relató.

8. Características únicas del libro de Marcos.

a. Marcos presenta a Cristo como Siervo.

En este versículo vemos que era el Siervo de Dios para entregarse por nosotros.

b. El comienzo de Marcos.

Observe el v. 1: *"Principio del evangelio de Jesucristo"*. Marcos no retrocedió al comienzo de Jesús, solo al *"principio del evangelio"*.

c. Las omisiones en el Evangelio de Marcos.

Dado que Marcos presenta a Cristo como Siervo, debemos observar las omisiones:

+ Nada sobre su nacimiento virginal. No hay ninguna referencia a su nacimiento, lo cual es apropiado para un siervo.

+ No se da ningún registro de Jesús como niño en el templo.

+ No hay Bienaventuranzas. Un siervo no tiene reino.

+ No se usan títulos divinos para Jesús. Marcos lo llama "Maestro".

+ No hay relatos detallados y largos. Marcos solo escribió hechos.

+ No hay declaración de que su obra haya terminado. Un siervo no podría hacer tal declaración. (Como el Hijo de Dios, lo hizo en Juan 19:30).

+ No hay un registro completo de parábolas. Mateo registró catorce, mientras que Marcos solo cuatro.

Estas son algunas de las omisiones.

d. Observe algunas de las obras de Jesús como Siervo:

+ Enseñó con autoridad (1:22).

+ Los demonios fueron expulsados (1:23-27).

+ Curó la fiebre (1:29-30) (la suegra de Pedro).

+ Curó diferentes enfermedades (1:32-34).

+ Sanó a los leprosos (1:40-45).

+ Hizo caminar al paralítico (2:1-12).

+ Curó la mano seca (3:1-5).

+ Curó a multitudes (3:6-12).

+ Calmó la tormenta en el mar (4:35-41).

+ Restauró la mente del endemoniado (5:1-15).

+ Detuvo el flujo de sangre de la mujer (5:21-34).

+ Resucitó a la hija de Jairo (5:35-43).

+ Alimentó a cinco mil (6:32-44).

+ Caminó sobre el mar (6:45-51).

+ Todos los que lo tocaron quedaron sanos (6:53-56).

+ Los sordos y mudos oyeron y hablaron (7:31-37).

+ Alimentó a cuatro mil (8:1-9).

+ Curó a un ciego (8:22-26).

Estos milagros de Jesús el Siervo fueron *prueba* de su misión de Dios Padre. Con estas obras llegó una oposición masiva contra Él por parte de los escribas y fariseos (Marcos 7:1-5). Su respuesta está en Marcos 7:6-23.

e. El siervo rechazado.

Aunque Jesús fue presentado como un Siervo en Marcos, sabía que tendría que morir. Observe Marcos 8:31: *"Y comenzó a enseñarles que le era necesario al Hijo del Hombre padecer mucho… y ser muerto, y resucitar después de tres días"*. Se presentó a sí mismo a Jerusalén sobre un burro. En Mateo, leemos: *"He aquí, tu Rey"* (Mateo 21:5); no en Marcos. Lea Marcos 11:9-10. Solo hay referencia al *"reino de nuestro padre David"* (v. 10).

f. El sacrificio del Siervo.

Marcos 14-16 narra la prueba, agonía, oración, crucifixión, entierro y resurrección de Jesús. El Señor habló de la cruz a menudo después del capítulo 8.

Subraye Marcos 10:32-34.

Lea Marcos 14:24-25:_____

_____

Finalmente, el último versículo de Marcos nos dice que el siervo aún está trabajando con nosotros (Marcos 16:20).

V.　　EL USO DEL ANTIGUO TESTAMENTO POR MARCOS:

1. Marcos no usó tantas referencias del Antiguo Testamento como Mateo; sin embargo, conocía y enseñaba del Antiguo Testamento.

   Vamos a enumerar solo algunas. Estas referencias se dan para que usted busque en la Escritura y comprenda que la Escritura enseña la Escritura.

2. Marcos 1:3 es un cumplimiento de Isaías 40:3:

_____

3. Marcos 7:6 es un cumplimiento de Isaías 29:13:

_____

4. Marcos 11:9-10 se refiere a Zacarías 9:9, pero nota que el Siervo no es llamado Rey.

5. Marcos 12:35-36, Jesús afirma Salmos 110:1:

_____

6. Marcos 13:14 es un cumplimiento de Daniel 9:27:

_____

7. Marcos 15:23 se compara con Salmos 69:21:

_____

8. Marcos 15:24 es un cumplimiento de Salmos 22:18:

_____

9. Marcos 15:34 es un cumplimiento de Salmos 22:1:

_____

(La razón principal por la que algunas de las lecciones están diseñadas de esta manera es para que usted busque en las Escrituras).

VI. LAS LECCIONES QUE DEBERÍA APRENDER DE MARCOS:

1. La recompensa de una buena madre. María, la madre de Marcos, tuvo una gran influencia en la vida de Marcos. Su hogar estaba abierto para la obra del Señor.

2. Marcos vivió y trabajó entre cristianos. Los amigos que elegimos sí marcan una diferencia en la vida.

3. Marcos usó su talento dado por Dios para ayudar a los apóstoles y escribir lo que oyó de ellos. Tenemos ese registro en la Palabra de Dios.

4. Cuando el Señor nos coloca en el fondo, en un total silencio como a Marcos, Él nos usa poderosamente.

5. El ministerio de escribir cartas es un ministerio que todos nosotros podemos realizar para el Señor. Marcos escribió y ha bendecido vidas a lo largo de los siglos.

6. La vida de Cristo fue verdaderamente una vida de servicio. Marcos lo describió como el Siervo.

RECUERDE:

1. ¿Quiénes fueron los tres hombres más influyentes en la vida de Marcos?

2. ¿Era Marcos un apóstol?

3. ¿Qué causó la división entre Pablo y Bernabé?

4. La Escritura guarda silencio en referencia a Marcos durante unos veinte años. ¿Qué dice la tradición sobre su ministerio?

5. ¿Qué le impresionó más de Marcos al estudiar esta lección?

6. Después de solo dos lecciones sobre personajes del Nuevo Testamento, ¿ve usted el valor de aprender el Antiguo Testamento, así como el Nuevo?

SU SIGUIENTE TAREA:

1. Lea Lucas 1:1-4; Colosenses 4:14; 2 Timoteo 4:11; Filemón 24; también la sección de *nosotros* en Hechos 16:10-17; 20:5-21:17; 27:1–28:16.

2. El siguiente estudio será sobre Lucas la persona, no el libro.

3. Repase sus notas sobre Marcos.

4. Subraye en su Biblia las nuevas verdades que aprendió.

Lección 35
LUCAS, EL MÉDICO

I. EL SIGNIFICADO DEL NOMBRE:

Lucas significa "luminoso" o "dador de luz".

II. VERSÍCULOS BÁSICOS:

Lucas 1:1-4; Colosenses 4:14; 2 Timoteo 4:11; Filemón 24; también la sección de "*nosotros*" en Hechos (donde Lucas se incluye a sí mismo usando "nosotros"). Esa sección es Hechos 16:10-17; 20:5–21:17; 27:1–28:16. También Hechos 1:1.

III. TRASFONDO FAMILIAR:

Sabemos menos sobre Lucas que sobre cualquier otro escritor del Nuevo Testamento. No se ha escrito nada sobre sus padres ni sobre su vida en el hogar. Sabemos que fue un hombre brillante, poseedor de una calidad de belleza, cultura, retórica y filosofía. Esto es evidente por sus escritos.

No debe ser identificado con el Lucio de Hechos 13:1 ni con el Lucio de Romanos 16:21. Lucas escribió el tercer Evangelio y el libro de los Hechos. Escribió para la mente griega.

IV. LO QUE DICE EL NUEVO TESTAMENTO SOBRE LUCAS:

1. Lucas fue el autor de Lucas y Hechos.

Sabemos que Lucas escribió los libros de Lucas y Hechos. En Hechos 1:1, Lucas menciona a la misma persona a la que se dirigió en Lucas 1:3. Escriba Hechos 1:1:

_____

_____

Observe que se menciona a Teófilo. Es la misma persona mencionada en Lucas 1:3. Era un hombre de alto rango en Roma y un converso a Cristo. Su nombre tiene un significado muy importante: *Teo*, que significa "Dios", y *filus*, que significa "amigo". Teófilo, entonces, era un "amigo de Dios".

Al escribir su Evangelio, Lucas explicó sus razones para hacerlo (Lucas 1:1-4). Observe en estos versículos:

- "*Muchos han tratado de…*" (muchos han escrito).
- "*Poner en orden la historia…*" (escritura sistemática).
- "*De las cosas que entre nosotros han sido ciertísimas…*" (el evangelio).
- "*Tal como nos lo enseñaron…*" (los escritos o creencias fueron entregados, o contados, a Lucas).
- "*Los que desde el principio lo vieron con sus ojos, y fueron ministros de la palabra…*" (Lucas recibió de los apóstoles palabras y escritos).
- "*Me ha parecido también a mí, después de haber investigado con diligencia todas las cosas desde su origen…*" (realmente en griego).
- "*Escribírtelas por orden… para que conozcas bien la verdad de las cosas en las cuales has sido instruido*" (la escritura no es necesariamente en orden cronológico, sino una presentación sistemática de los hechos).

Los primeros cuatro versículos presentan el hecho de que Lucas escribió su libro a partir del registro y el testimonio de testigos oculares. Esto fue confirmado por la inspiración de Dios. *"Toda la Escritura es inspirada por Dios"* (2 Timoteo 3:16).

Al escribir el libro de los Hechos, Lucas se refiere a *"el primer tratado… de todas las cosas que Jesús comenzó a hacer y enseñar"* (Hechos 1:1). Lucas se estaba refiriendo a su Evangelio de Lucas.

2. Lucas fue compañero de Pablo (Hechos 16:10-17).

   En este versículo encontramos el comienzo de lo que se llama la sección *"nosotros"* de Hechos. Por primera vez, Lucas se incluye a sí mismo en los viajes y el ministerio de Pablo. En Troas, Lucas se unió a Pablo. Desde Troas, Lucas fue con Pablo a Filipos. Subraye Hechos 16:12.

   La Escritura indica que Lucas pudo haberse quedado en Filipos, porque en Hechos 20:6, dice: *"Y nosotros… navegamos de Filipos"*. Lucas permaneció con Pablo desde este punto. Notará la palabra *"nosotros"* en todo el capítulo 21. Observe especialmente 21:17:

   _____

   _____

   Lucas estuvo en Cesarea durante la estancia de Pablo en prisión por dos años.

   En Hechos 27:1 se dirigieron a Roma. Llegaron a Roma por la Vía Apia, y allí Pablo fue retenido bajo custodia. La Escritura indica que Lucas estuvo con Pablo hasta que fue martirizado.

3. Lucas era médico (Colosenses 4:14).

   En el Evangelio de Lucas, aproximadamente cincuenta palabras son términos médicos. McGee dice: "Lucas usó más términos médicos que Hipócrates".

En Colosenses 4:14, Pablo dice: _____

   _____

   Lucas, el médico amado, estuvo con Pablo mientras escribió la epístola a la iglesia de Colosas.

4. Lucas fue colaborador de Pablo (Filemón 24).

   Pablo clasificó a Lucas como un *"colaborador"* y confirmó su presencia en Roma. Filemón fue una epístola de la cárcel.

5. *"Solo Lucas está conmigo"* (2 Timoteo 4:11).

   Uno de los capítulos más preciados en las Escrituras es el cuarto capítulo de 2 Timoteo. Fue la última carta de Pablo antes de enfrentar la muerte.

   Todos parecían haber abandonado a Pablo, dejándolo solo. En 2 Timoteo 4:16 Pablo indicó este hecho:

   _____

   _____

   Sin embargo, mientras Pablo esperaba en el palacio de Nerón para ser juzgado, dijo estas palabras: *"Solo Lucas está conmigo"*. Desde la cárcel Mamertina (fría, húmeda, oscura) Pablo escribió ese glorioso capítulo en 2 Timoteo.

6. El Evangelio de Lucas.

   a. Lucas presenta a Cristo como "el Hijo del Hombre". Lea Lucas 19:10:

   _____

   _____

Lucas presenta a Jesús como el humano-divino. Juan presenta a Jesús como el divino-humano. Ambos autores presentan tanto a Dios como al Hombre: el Dios-Hombre.

b. Lucas traza la genealogía de Jesús hasta Adán (Lucas 3:23-38).

Lucas presenta la genealogía de María. Mateo presenta la genealogía de José.

No hay discrepancia en Lucas 3:23. José *no* era el hijo de Elí, sino el hijo de Jacob, como se muestra en Mateo 1:16. La costumbre judía enseñaba que, cuando una mujer estaba en la línea de descendientes, se incluía el nombre de su esposo como el descendiente. Por lo tanto, *"José, marido de María"* en Mateo 1:16 fue nombrado en Lucas como *"el hijo de Elí"*. Elí era el padre de María. José, por costumbre, era llamado *"hijo"*.

c. Lucas estableció la humanidad de Jesús (Lucas 2).

Lucas escribió sobre el precursor de Jesús, Juan el Bautista, y el anuncio del nacimiento virginal de Jesús en el capítulo 1. *"La cual estaba encinta* (Lucas 2:5); *"se cumplieron los días de su alumbramiento"* (v. 6); *"y dio a luz a su hijo primogénito"* (v. 7), *"al niño"* (v. 12), *"cumplidos los ocho días para circuncidar al niño"* (v. 21). Todas estas referencias físicas están en Lucas 2:5-21.

Jesús creció como un niño natural y humano (Lucas 2:40): _____

_____

Cuando tenía doce años, fue con sus padres a Jerusalén. Esta era la edad para la preparación del *bar mitzvá*, que significa "un hijo del mandamiento, o la ley". Su humanidad es el énfasis principal de Lucas (Lucas 2:42).

d. La humanidad de Jesús no le quitó nada a su deidad.

Lucas registra los maravillosos milagros de Jesús. Registra 23 parábolas, 18 de las cuales no se encuentran en ningún otro lugar de las Escrituras. Lucas no quitó nada de su naturaleza divina. Solo enfatizó a Jesús como hombre para darnos una mejor comprensión de sus sentimientos, agonía, dolor y angustia. Lucas presenta más sobre la vida de oración de Jesús que cualquier otro escritor.

7. Los Hechos de los Apóstoles.

a. El bosquejo de los Hechos de los Apóstoles.

El Dr. W. A. Criswell, en su libro *Acts, an Exposition* [Hechos, una exposición] *Volume 1*, dice: "Así como el Señor esbozó para Juan la Revelación, en el libro de los Hechos vemos el bosquejo del Señor para este libro. Sus seguidores deben ser testigos de Él en Jerusalén, en toda Judea, en Samaria y hasta lo último de la tierra. Lucas sigue ese esquema en la redacción del libro".

Por lo tanto, en Hechos 1–7 el evangelio estaba confinado a Jerusalén.

En Hechos 8–12 el evangelio se extiende a Judea y Samaria y a los gentiles, como Cornelio e idólatras griegos en Antioquía.

En Hechos 13 y más allá el evangelio se predica en Roma y hasta lo último de la tierra.

Escriba Hechos 1:8: _____

_____

b. No hay un final para el libro de los Hechos.

La historia y los hechos escritos por Lucas no tienen un final formal. El libro se detiene cuando termina el capítulo 28, pero ese no es el final de los Hechos del Espíritu Santo.

No tiene final porque Dios no ha terminado. Él sigue actuando en nosotros y a través de nosotros para predicar el evangelio a cada parte del mundo.

Jesús declaró esto en Juan 14:12: _____

_____

Jesús continúa su obra desde la gloria mientras preside sobre nosotros al enseñar y predicar su Palabra. Él preside sobre su Iglesia mientras nosotros ministramos a otros.

    c. Jesús nos dio el regalo del Espíritu Santo.

El Espíritu Santo vino con poder después de que Jesús ascendió de nuevo al cielo. Él nos había prometido el poder del Espíritu Santo como un regalo de Él y de Dios el Padre, después de los días de su carne. Busque y subraye:

- ◆ Lucas 24:49
- ◆ Juan 14:16
- ◆ Juan 14:17
- ◆ Juan 14:26
- ◆ Juan 15:26
- ◆ Juan 16:6-7
- ◆ Juan 16:12-14

V.   EL USO DEL ANTIGUO TESTAMENTO POR LUCAS:

1.   Lucas citó el Antiguo Testamento como un erudito.

    Era un hombre brillante y conocía las Escrituras del Antiguo Testamento. Escribiremos solo algunas citas de Lucas, y luego de Hechos.

2.   Lucas 1:31 es un cumplimiento de Isaías 7:14:

_____

_____

3.   Lucas 1:32 es un cumplimiento de Isaías 9:6-7. Subraye en su Biblia.

_____

_____

4.   Lucas 2:4 es un cumplimiento de Miqueas 5:2:

_____

5.   Lucas 4:18 es un cumplimiento de Isaías 61:1. Subraye en su Biblia.

_____

_____

6.   Hechos 2:17-18 es un cumplimiento de Joel 2:28-29:

_____

_____

7.   Hechos 2:19-20 aún está por cumplirse según lo dicho en Joel 2:30-31. Subraye en su Biblia.

_____

8.   Hechos 4:11 es un cumplimiento de Salmos 118:22:

_____

_____

9.   El capítulo 7 de Hechos habla de la historia completa de Israel desde Abraham, en Harán, hasta el momento en que Esteban habló. Él solo citó el Antiguo Testamento. Lucas cita a Esteban, el primer mártir.

10.   Hechos 8:32 habla del poder de las Escrituras (véase Isaías 53:7-8) para salvar al eunuco etíope.

11. En Hechos 13:16-41 Pablo usa el pasado de Israel brevemente para señalar a los judíos hacia Cristo; luego, en los vv. 42-43 a los gentiles. El Antiguo Testamento fue la base para el sermón.

VI. LAS LECCIONES QUE DEBERÍA APRENDER DE LUCAS:

1. Lucas fue un hombre que nunca se mencionó por nombre en sus propios escritos. Debió haber tenido poco o nada de orgullo. Esta es una cualidad para un cristiano.

2. Era un estudiante de las Escrituras y creía en ellas. Deberíamos aprender de él el valor de recordar y escribir.

3. Lucas fue inspirado por el Espíritu Santo (*"desde su origen"* es *"desde arriba"* en Lucas 1:3). El Espíritu Santo habita en todos nosotros si creemos; por lo tanto, podemos hacer cualquier cosa que Él quiera que logremos.

4. Lucas fue leal. Qué bendición es tener un amigo que tiene "poder de permanencia". Pablo escribió: *"Solo Lucas está conmigo"*.

5. Los Hechos del Espíritu Santo no terminaron con Hechos 28.

6. El Espíritu Santo es el don de la ascensión enviado a nuestros corazones por la promesa del Padre en el nombre de Jesús, el Hijo.

RECUERDE:

1. ¿Bajo qué autoridad escribió Lucas el Evangelio de Lucas?

2. ¿Estaba Lucas apelando a (escribiendo para) un tipo específico de mente? Nombre el tipo.

3. ¿Cómo sabemos que escribió los Hechos de los Apóstoles?

4. ¿De dónde obtuvo su bosquejo para el libro de los Hechos?

5. ¿Puede dar ese bosquejo?

6. ¿Dónde acompañó Lucas a Pablo? Nombre dos o tres lugares.

SU SIGUIENTE TAREA:

1. Lea Juan 1–7; 20–21; Mateo 20:20; Marcos 1:19-20. La palabra *"creer"* aparece más de cien veces en el Evangelio de Juan. Subraye todas las que pueda encontrar.

2. El siguiente estudio será sobre el apóstol Juan. Escribió cinco libros de nuestro Nuevo Testamento: el Evangelio de Juan; 1, 2 y 3 de Juan y Apocalipsis.

3. Repase su estudio sobre Lucas.

4. Subraye en su Biblia las nuevas verdades que aprendió.

Lección 36
EL APÓSTOL JUAN

I. EL SIGNIFICADO DEL NOMBRE:

Juan significa "a quien Jehová ama".

II. VERSÍCULOS BÁSICOS:

Juan 1–7; 20–21; Mateo 20:20; Marcos 1:19–20; Apocalipsis 1:1-10.

III. TRASFONDO FAMILIAR:

Había tantos niños llamados Juan en la antigüedad como los hay en la actualidad. Este Juan era hijo de Zebedeo y Salomé. Era el hermano menor de Santiago. Juan provenía de una familia de pescadores en Galilea. Zebedeo era próspero y tenía sirvientes (Marcos 1:16-20). Jesús les dio un apodo a Juan y a Santiago: los hijos del trueno (Marcos 3:17).

Juan era un cristiano judío. Se convirtió en el discípulo *"al cual Jesús amaba"* (Juan 13:23). El significado original de su nombre se correspondía con su experiencia.

IV. LO QUE DICE EL NUEVO TESTAMENTO SOBRE JUAN:

1. Juan fue uno de los primeros discípulos de Jesús (Mateo 4:18-22).

   Jesús comenzó a elegir a los discípulos al inicio de su ministerio público. Eligió primero a Simón Pedro y Andrés. Los siguientes fueron Santiago y Juan. Ambos equipos elegidos eran hermanos.

2. Juan fue nombrado apóstol (Mateo 10:1-6).

   Los doce fueron *primero* aprendices, o alumnos, conocidos como discípulos. Un discípulo es un aprendiz, un estudiante. En Mateo 10:1-6 el Señor Jesús llamó a los doce discípulos y les dio poder.

En Mateo 10:2 observe el cambio de título: _____

_____

Un apóstol era alguien elegido por el Señor y testigo de la resurrección de Cristo (Hechos 1:21-22). La palabra *apóstol* significa "un mensajero, uno enviado con órdenes".

3. Juan y Santiago eran hombres de celo y coraje (Lucas 9:51-56).

   ¿De dónde obtuvieron Juan y Santiago el nombre: los hijos del trueno? Mientras aún estaban con Jesús, mostraron un gran grado de audacia y un temperamento dispuesto.

   En la ocasión en Lucas 9:51-56, a Jesús y a los discípulos se les negó la entrada a una aldea samaritana. Eso enfureció a Santiago y a Juan, y su reacción fue actuar de inmediato. Observe Lucas 9:54:

_____

   Con espíritu de gracia, el Señor los reprendió con palabras de paciencia y amor. Subraye Lucas 9:55-56.

   Encontrará otra reacción de Juan en el mismo capítulo, en Lucas 9:49-50, y nuevamente Jesús lo corrigió.

4. La ambición de Juan y Santiago (Mateo 20:20-28).

Estos dos jóvenes eran entusiastas y estaban llenos de celo. Su madre fue con sus dos hijos y pidió un lugar de honor para Santiago y Juan. Observe Mateo 20:21:

_____

_____

Nuevamente, la respuesta de Jesús los suavizó. Jesús utilizó el ejemplo de Santiago y Juan para enseñar a los Doce el significado del servicio y lo que significaba seguirlo a Él.

Observe la reacción de los otros diez discípulos en Mateo 20:24 y subraye.

Vale la pena memorizar la respuesta de Jesús. Subráyela en Mateo 20:28. Recordará que este versículo era el mensaje central de Marcos. También se encuentra en Marcos 10:45.

Su celo y orgullo fueron suavizados por la gracia del Señor Jesús. Esos defectos se convirtieron en un elemento de fortaleza y gloria. Eran duros. Jesús necesitaba esta cualidad, templada por su gracia y ejemplo.

5. Juan fue el discípulo amado del Señor.

Juan se convirtió en una persona amorosa. Sus escritos están llenos del tema del "amor".

Se convirtió en el discípulo a quien Jesús amó de una manera especial. Lea Juan 13:23:

_____

Subraye Juan 19:26 y 20:2.

Lea Juan 21:7: _____

_____

Ahora Juan 21:20: _____

_____

6. Juan fue uno de los tres apóstoles especiales de Jesús.

Todos hemos escuchado los nombres de los tres en mensajes o lecciones. Jesús eligió a los tres (Pedro, Santiago y Juan) para estar con Él en ciertas ocasiones:
- En la resurrección de la hija de Jairo (Marcos 5:37).
- En la transfiguración (Mateo 17:1).
- En la agonía en Getsemaní (Mateo 26:37; Marcos 14:33).

Busque estas escrituras y subraye los nombres del trío.

7. Juan fue testigo de Cristo resucitado (Juan 20:19-30).

Con los otros discípulos, Juan vio a Cristo resucitado cuando Él vino y se paró en medio de ellos (Juan 20:19). Tomás no estaba presente en ese momento, pero una semana después Jesús se les apareció de nuevo. Jesús permitió que Tomás, el incrédulo, lo tocara. Busque Juan 20:27:

_____

_____

Juan fue a Galilea, como el Señor les había indicado, y nuevamente vio al Señor resucitado (Juan 21:1-2 y Mateo 28:10-16).

Juan estaba en el aposento alto después de la ascensión de Jesús y su promesa del Espíritu Santo (Hechos 1:13).

8. Juan se volvió activo en el trabajo misionero (Hechos 3:1-11).

El Señor Jesús les dijo que predicaran el evangelio. Juan se unió a Pedro y comenzaron su ministerio. Fueron al templo a orar y sanaron a un hombre cojo en la puerta (Hechos 3:1-11). Pedro predicó el evangelio; Juan y Pedro fueron encarcelados (Hechos 3:12–4:4).

Observe Hechos 4:13: _____

_____

Pedro y Juan fueron enviados a Samaria a predicar (Hechos 8:14):

_____

_____

Juan se quedó en Jerusalén durante la persecución de la iglesia primitiva y estuvo allí durante el Concilio de Jerusalén. Compare Hechos 15:6 con Gálatas 2:1-9. Juan era un pilar de fortaleza.

9. Juan escribió el cuarto Evangelio: el Evangelio de Juan.

   a. Los otros tres Evangelios se llaman *Evangelios Sinópticos*, lo que significa "una perspectiva similar", mientras que Juan revela la deidad de Jesús, el corazón interno de nuestro Señor.

   b. El tema del Evangelio según Juan se puede ver en los primeros catorce versículos. Solamente Juan presenta a Jesús de la siguiente manera:

   "En el principio era el Verbo [Jesús], y el Verbo [Jesús] era con Dios, y el Verbo [Jesús] era Dios" (Juan 1:1).

   "En Él estaba la vida; y la vida era la luz de los hombres" (Juan 1:4).

Escriba y memorice Juan 1:12: _____

_____

   "Y aquel Verbo [Jesús] fue hecho carne, y habitó entre nosotros, (y vimos su gloria, gloria como del unigénito del Padre), lleno de gracia y de verdad" (Juan 1:14).

   c. Juan usa la palabra *"creer"* **más de cien veces en este libro.**

   d. Juan dice por qué escribió este Evangelio en Juan 20:30-31:

_____

   e. No se da ninguna genealogía de Cristo porque no se necesita presentar a Jesús como la manifestación de Dios en la carne. Lea Juan 1:18:

_____

_____

   Subraye Juan 16:28.

10. Juan escribió las epístolas de 1, 2 y 3 Juan.

    a. En 1 Juan, el apóstol declara la razón y el propósito de la epístola en Juan 5:13:

_____

_____

    Este es el libro de la seguridad. Uno puede *"saber"* por este libro que es un hijo de Dios. La palabra *"saber"* aparece treinta y ocho veces. Subráyelas.

El versículo de purificación para todos los cristianos es 1 Juan 1:9: _____

_____

Juan escribió este libro por cuatro razones:

+ *"Para que vuestro gozo sea cumplido"* (1 Juan 1:4).

+ *"Para que no pequéis"* (1 Juan 2:1).

+ *"Sobre los que os engañan"* (1 Juan 2:26).

+ *"Para que sepáis que tenéis vida eterna"* (1 Juan 5:13)

b. En 2 Juan, el apóstol escribió la breve epístola de trece versículos para alentarnos a caminar en la verdad y el amor (vv. 1-6) y a guardar la doctrina de Cristo (vv. 7-13). Observe especialmente el v. 9:

_____

_____

La palabra *"doctrina"* significa "una enseñanza, una verdad" de Dios. Hay una advertencia en el libro sobre los falsos maestros (vv. 7 y 10).

c. En 3 Juan, el apóstol escribió a un hombre que amaba en el Señor. Gayo estaba caminando en la verdad. Juan expresa una gran palabra de aliento para Gayo y para nosotros en el v. 2:

_____

11. Juan escribió el Apocalipsis de Jesucristo.

a. En el Apocalipsis, cinco veces el escritor dice que él es Juan:

+ Apocalipsis 1:1

+ Apocalipsis 1:4

+ Apocalipsis 1:9

+ Apocalipsis 21:2

+ Apocalipsis 22:8

b. Juan escribió el Apocalipsis tal como fue delineado por el Señor glorificado en Apocalipsis 1:19.

c. En la terrible guerra que destruyó Jerusalén en el año 70 d. C., Juan se fue a Asia Menor y durante veinticinco años fue el pastor de la iglesia en Éfeso.

Toda la evidencia externa de la historia apoya la evidencia bíblica en referencia a Juan. Juan estaba en la Isla de Patmos en el exilio por predicar la Palabra de Dios. El emperador romano Domiciano lo sentenció a Patmos, donde Juan escribió el Apocalipsis de Jesucristo. Ireneo, que murió en el año 190 d. C., fue discípulo de Policarpo, quien fue un convertido de Juan. Policarpo fue pastor en Esmirna cuando se escribió el Apocalipsis. Ireneo afirmó que había escuchado a Policarpo hablar sobre Juan y la redacción del Apocalipsis durante la última parte del reinado del emperador Domiciano.

V. EL USO DEL ANTIGUO TESTAMENTO POR JUAN:

1. Juan fue un apóstol. Se convirtió en misionero y más adelante en pastor.

Conocía la Escritura (el Antiguo Testamento) y la citaba y predicaba. Damos solo algunas referencias para mostrar, una vez más, que la Escritura enseña y explica la Escritura.

2. Juan 1:21 se refiere a Malaquías 3:1:

_____

3. Juan 1:23 es un cumplimiento de Isaías 40:3:

_____

4. Juan 3:14-16 es un cumplimiento de Números 21:8-9:

_____

5. Juan 8:28 y 12:49-50 hablan de Deuteronomio 18:15 y 18.
   Por favor, subraye los dos versículos en Deuteronomio.

6. Juan 12:12-15 es un cumplimiento de Zacarías 9:9:

_____

7. Juan 12:38 es un cumplimiento de Isaías 53:1. Subráyelo en su Biblia.

8. Juan 12:39-41 es un cumplimiento de Isaías 6:10:

_____

9. Juan 19:24 es un cumplimiento de Salmos 22:18.

_____

10. Juan 7:42 se refiere a Miqueas 5:2. Léalo y subraye.

VI. LAS LECCIONES QUE DEBERÍA APRENDER DE JUAN:

1. Juan y Santiago fueron templados, suavizados, por la gracia del Señor Jesús. Podemos ser cambiados por su gracia.

2. Los "hijos del trueno" se convirtieron en hombres diferentes. Juan se convirtió en aquel *al cual Jesús amaba* (Juan 13:23). Santiago dio su vida por la causa de Cristo (Hechos 12:2).

3. La Biblia es la verdad de Dios, la Palabra de Dios, porque las palabras de la Biblia dan testimonio de Jesús. Juan afirma que Jesús es el "Verbo hecho carne" (véase Juan 1:14).

4. Tenemos a Jesús, la Palabra viva, y la Biblia, la Palabra escrita. Ambos dan testimonio de la gracia salvadora de Dios en Cristo.

5. La ambición está bien si está controlada por el Señor Jesús, quien debería controlar nuestras vidas.

6. La obediencia a los mandamientos y las enseñanzas de Jesús fue algo primordial en la vida de Juan. La obediencia es una necesidad en la iglesia hoy en día. Debemos regresar a la Palabra, la Biblia, y a la Palabra, el Señor Jesús.

RECUERDE:

1. ¿Por qué fueron llamados Juan y Santiago "los hijos del trueno"?
2. Se convirtieron en apóstoles. ¿Qué es un *apóstol*?
3. ¿Cómo mostraron Juan y Santiago ambición hacia el Señor?
4. En el famoso trío del Señor, ¿cuáles fueron nombrados?
5. Juan era conocido como "_____".
6. Juan escribió cinco libros del Nuevo Testamento. Nómbrelos.

SU SIGUIENTE TAREA:

1. Lea Mateo 3; Lucas 1, 3; Juan 1; Isaías 40:3-5; Malaquías 3:1; 4:5-6.
2. La siguiente lección será sobre Juan el Bautista.
3. Repase sus notas sobre el apóstol Juan.
4. Subraye en su Biblia las nuevas verdades que aprendió.

Lección 37
JUAN EL BAUTISTA

I. EL SIGNIFICADO DEL NOMBRE:

Juan significa "a quien Jehová ama".

II. VERSÍCULOS BÁSICOS:

Mateo 3; Lucas 1; 3; Juan 1; Isaías 40:3-5; Malaquías 3:1; 4:5-6.

III. TRASFONDO FAMILIAR:

Juan el Bautista nació de Zacarías y Elisabet, ambos descendientes de Aarón. Era un descendiente totalmente sacerdotal. Lea Lucas 1:5:

_____

Vivían en las colinas de Judea (Lucas 1:39). La madre de Juan, Elisabet, era prima de María, la madre de Jesús. Juan el Bautista nació en un hogar piadoso y fue criado en una atmósfera de amor por el Señor Dios (Lucas 1:6).

IV. LO QUE DICE EL NUEVO TESTAMENTO SOBRE JUAN EL BAUTISTA:

1. El ángel Gabriel anunció de forma divina su nacimiento (Lucas 1:11-19).

   a. Mientras el sacerdote Zacarías estaba en el templo de Jerusalén cumpliendo con sus tareas sacerdotales ofreciendo incienso en el altar, el ángel Gabriel se apareció a su lado. Escriba Lucas 1:11:

   _____

   _____

   b. El ángel anunció a Zacarías que tendría un hijo, e incluso le dijo qué nombre poner al niño, Lucas 1:13:

   _____

   _____

   c. Elisabet era estéril. Tanto ella como Zacarías eran ancianos (Lucas 1:7).

   d. Dudando de lo que había oído, Zacarías le preguntó al ángel: *"¿En qué conoceré esto? Porque yo soy viejo, y mi mujer es de edad avanzada"* (Lucas 1:18).

   e. Entonces el ángel se identificó ante Zacarías. Lea Lucas 1:19:

   _____

   _____

2. Zacarías dudó de las palabras de Gabriel (Lucas 1:20).

   Debido a que Zacarías dudó, quedó mudo y no volvió a hablar hasta que Juan nació y se le puso nombre. Con Gabriel anunciando el nacimiento de Juan, parecería que Zacarías habría creído que Dios cumpliría divinamente todo lo prometido. La falta de fe por parte de Zacarías le causó sufrir alrededor de nueve meses de no poder hablar.

   Escriba Lucas 1:20: _____

   _____

Cuando Zacarías salió del templo, no podía hablar a la gente. Se fue a su casa (Lucas 1:23).

3. Elisabet concibió (Lucas 1:24).

Tras la concepción, Elisabet se ocultó durante cinco meses. Dios había eliminado el reproche (la condición de esterilidad).

Su prima María, la madre de Jesús, visitó a Elisabet. Gabriel le había contado a María la concepción de su prima (Lucas 1:36).

4. El nacimiento de Juan el Bautista (Lucas 1:57-58).

Juan fue uno de los bebés milagro de la Biblia. Como ocurrió con Sara en el Antiguo Testamento, Dios revirtió el proceso natural de envejecimiento de los cuerpos de Zacarías y Elisabet.

Llegado el momento, Elisabet dio a luz a un hijo (Lucas 1:57).

Como era habitual, los vecinos y familiares se alegraron por ella, y en la circuncisión al octavo día intentaron ponerle nombre al niño, el mismo que su padre (Lucas 1:59).

5. Zacarías llamó Juan a su hijo (Lucas 1:60-64).

Elisabet no aceptó la sugerencia de los amigos de llamar al niño como su padre. Ella dijo: *"Se llamará Juan"* (Lucas 1:60).

Se le hicieron señas a Zacarías para ver cómo se llamaría el niño. Él escribió exactamente lo que Gabriel le había dicho. Lea Lucas 1:63:

_____

_____

Después de eso, Zacarías comenzó a hablar de nuevo. Alabó a Dios y comenzó a profetizar (Lucas 1:67-79). Subraye los vv. 76 y 78.

Juan creció en aislamiento en el desierto occidental del Mar Muerto. Observe que estuvo allí *"hasta el día de su manifestación a Israel"* (Lucas 1:80).

6. Juan el Bautista comenzó a predicar (Lucas 3:2-3; Mateo 3:1).

   a. Juan predicaba sin temor. Fue el primer profeta auténtico en aparecer en Israel después de cuatro siglos. Se identificó con un llamado al arrepentimiento. Lea Mateo 3:2-3 y escriba el v. 3.

_____

   b. Proclamó una nueva época, una nueva era llamada "el reino de los cielos". Vino para preparar a la gente para recibir a Cristo y para señalar a Cristo en la persona de Jesús (Mateo 3:2, 6; Juan 1:15).

   c. Anunció a Jesús como la manifestación de Dios (Juan 1:16-18).

Lea Juan 1:18:_____

_____

Subraye el v. 16 en su Biblia.

Al mismo tiempo, la gente preguntaba si Juan era el Mesías. Juan respondió con valentía en Juan 1:19-23. Escriba el v. 20:

_____

_____

Él daba testimonio de la Luz. Él no era esa Luz (Juan 1:7-8).

7. Juan bautizó a Jesús en el río Jordán (Mateo 3:13-17).

   a. Jesús llegó al río Jordán y Juan lo reconoció. ¿Cómo lo reconoció Juan? Él era uno entre la multitud. Hay una clave para esto cuando se comparan todos los escritores de los cuatro Evangelios sobre el tema.

   b. En un encuentro no registrado, a Juan se le dijo la señal que distinguiría a Jesús como el Mesías. Lea Juan 1:33-34, donde Juan dijo: *"Y yo no le conocía; pero el que me envió a bautizar con agua, aquel me dijo: Sobre quien veas descender el Espíritu y que permanece sobre él, ese es el que bautiza con el Espíritu Santo. Y yo le vi, y he dado testimonio de que este es el Hijo de Dios".*

   c. Con estas palabras en su corazón, Juan denunció a los escribas y fariseos como una generación de víboras y bautizó en arrepentimiento a aquellos que creían. De repente, Juan vio a Jesús y dijo: *"Yo necesito ser bautizado por ti, ¿y tú vienes a mí?"* (Mateo 3:14). Ante la insistencia de Jesús, Juan lo bautizó e inmediatamente se dio la señal anunciada. Juan *"vio al Espíritu de Dios que descendía como paloma, y venía sobre él. Y hubo una voz de los cielos, que decía: Este es mi Hijo amado, en quien tengo complacencia"* (vv. 16-17).

   Juan había dicho: *"Y yo no le conocía"* (Juan 1:31, 34). Eventualmente, *"le vi, y he dado testimonio de que este es el Hijo de Dios"* (Juan 1:34).

   d. En el bautismo de Jesús, la Trinidad se manifiesta por primera vez (Mateo 3:16-17).

   - Jesús el Hijo está presente en el agua.
   - El Espíritu Santo descendió como una paloma.
   - Dios el Padre habló desde el cielo.

8. El mensaje de Juan antes y después de su encuentro con Jesús (Mateo 3:2; Juan 1:29).

   Antes, Juan predicaba: *"¡Arrepentíos, porque el reino de los cielos se ha acercado!"* (Mateo 3:2).

   Después, Juan predicaba: *"He aquí el Cordero de Dios, que quita el pecado del mundo"* (Juan 1:29).

   Para un judío devoto, el término *"Cordero de Dios"* traería a la mente todo el sistema sacrificial. Miles de corderos habían sido sacrificados y su sangre solo había "cubierto" el pecado. Juan usó esas palabras familiares para llamar la atención de los judíos. "El Cordero de Dios", en su derramamiento de sangre, resolvería el perdón del pecado y la expiación de una vez por todas.

   Juan tenía una convicción suprema. Búsquela en Juan 3:30: _____

   _____

9. Una mirada más detallada a Juan el Bautista (Juan 3:31-34).

   Juan no deseaba gloria para sí mismo. Esta escritura es factual en referencia a esa pregunta. Juan no hizo milagros (Juan 10:41). Todo lo que dijo sobre Jesús era verdad. Juan era un hombre común y ordinario convertido en extraordinario por su disposición a ser guiado por el Espíritu de Dios.

   Sí, fue ordenado antes de su nacimiento para ser el precursor de Jesucristo; sin embargo, era un hombre en todos los aspectos: rudo, valiente, con una mente enfocada en un solo propósito. Nunca selló sus labios en referencia al Mesías. Su vida coincidía con su mensaje.

10. El tributo supremo a Juan el Bautista (Mateo 11:9-13).

   Jesús mismo dijo en Mateo 11:11: _____

   _____

   _____

   _____

Jesús eligió a Juan el Bautista de entre todos los que le precedieron al darle a Juan un gran honor. Luego, Jesús rindió homenaje a su ministerio profético. Jesús dijo de Juan el Bautista: *"¿A un profeta? Sí, os digo, y más que profeta"* (Mateo 11:9).

Lea los versículos paralelos en Lucas 7:24-29.

11. La muerte de Juan el Bautista (Marcos 6:14-29).

Las ansias de venganza de Herodías causaron la muerte de Juan. Herodes había tomado a la esposa de su hermano y Juan el Bautista habló sobre el tema en Marcos 6:18:

_____

_____

Herodías persuadió a su hija, quien había complacido a Herodes con su danza para que pidiera la cabeza de Juan el Bautista. Subraye Marcos 6:26. (Lamentarse no es suficiente). Herodes concedió la petición, y la cabeza de Juan el Bautista fue presentada a la hija, quien luego la entregó a Herodías (Marcos 6:28).

En el v. 27, observe que Juan fue asesinado en la cárcel. En el v. 29, los seguidores de Juan tomaron su cuerpo y lo enterraron en un sepulcro. Cuando se recuerda que *el ministerio público de Juan se limitó a menos de un año*, se puede comprender la extraordinaria influencia del hombre. Su ministerio tocó cada parte de la sociedad, desde el rey hasta el campesino. Nunca antes un profeta había tenido tanta influencia como Juan. Jesús lo honró como el más grande nacido de mujer.

V. EL USO DEL ANTIGUO TESTAMENTO EN REFERENCIA A JUAN EL BAUTISTA:

1. Lucas 1:17 es una referencia a Malaquías 4:5:

_____

2. Lea Mateo 17:10-13 y compárelo con Malaquías 3:1.

Ahora escriba Mateo 17:12-13: _____

_____

3. Mateo 3:3 es un cumplimiento de Isaías 40:3:

_____

4. Lucas 3:5-6 es un cumplimiento de Isaías 40:4-5. Léalo y subraye en su Biblia.

5. Juan 1:29 se refiere a Isaías 53, especialmente al v. 7:

_____

6. *"¿Eres tú el profeta?"* (Juan 1:21). Su respuesta se remonta a Deuteronomio 18:15:

_____

Hay muchas otras referencias al Antiguo Testamento. Solo enumeramos algunas.

VI. LAS LECCIONES QUE DEBERÍA APRENDER DE JUAN EL BAUTISTA:

1. Juan, rudo y robusto en apariencia, tenía convicciones de tal profundidad que lograba llamar la atención de la nación.

2. Apoyaba y predicaba al Mesías. Lo más grande que un cristiano puede hacer es apoyar la causa de Cristo y permanecer fiel a su enseñanza.

3. *"Es necesario que él crezca, pero que yo mengüe"* (Juan 3:30) debería ser el deseo de nuestras almas.

4. El papel del cristiano y el papel de la Iglesia debería ser atraer a los perdidos a Jesús, no a nosotros mismos. Si pueden ver a Cristo en nosotros y en nuestra iglesia, responderán.

5. La grandeza de Juan el Bautista estaba en su mensaje. Preparó a las personas para encontrarse con Jesús. La lección es clara.

6. Juan era sincero. Tenía esa cualidad. Sus motivos eran verdaderos. El mundo reconoce a un farsante.

RECUERDE:

1. ¿Qué fue inusual sobre el nacimiento de Juan el Bautista?

2. ¿Quién le puso su nombre?

3. Cuando comenzó su ministerio, ¿a quién citó del Antiguo Testamento?

4. ¿Qué dijo Jesús sobre Juan el Bautista?

5. Fue comparado con otro personaje del Antiguo Testamento. ¿Puede nombrarlo?

6. ¿Cuánto tiempo duró su ministerio?

SU SIGUIENTE TAREA:

1. Lea Mateo 1–2; Lucas 1–2; Marcos 6; Juan 19:25–27; Hechos 1:14.

2. La siguiente lección será sobre María, la madre de Jesús.

3. Repase su estudio sobre Juan el Bautista.

4. Subraye en su Biblia las nuevas verdades que aprendió.

Lección 38
MARÍA, LA MADRE DE JESÚS

I. EL SIGNIFICADO DEL NOMBRE:

María es la forma griega de Miriam, que significa "amargura, tristeza". (María, en verdad, tuvo muchas experiencias amargas).

II. VERSÍCULOS BÁSICOS:

Mateo 1–2; Lucas 1–2; Marcos 6; Juan 19:25–27; Hechos 1:14.

III. TRASFONDO FAMILIAR:

Todo el material auténtico que tenemos sobre María proviene de las Escrituras y eso es suficiente, porque muchos mitos han rodeado su nombre. Dios debe haber protegido tanto a ella como su nombre al darnos solamente lo que está en su Palabra.

María era de la tribu de Judá y del linaje de David. En la genealogía de José, que se encuentra en Mateo, es mencionada en Mateo 1:16: *"Y Jacob engendró a José, marido de María, de la cual nació Jesús, llamado el Cristo"*. En Mateo 1:17 se dan las cuarenta y dos generaciones, desde Abraham hasta Cristo. En Lucas se da la genealogía de María, comenzando en Lucas 3:23 y continuando hasta Adán. Observe en Lucas 3:23: *"Jesús... hijo, según se creía, de José, hijo de Elí"*. José era el yerno de Elí, el padre de María. No se dice que Elí engendró a José. Elí era descendiente de David. (En Mateo no se dice que José engendró a Jesús).

María vivía en Nazaret, un pueblo de Galilea. No sabemos nada más sobre su vida familiar o su trasfondo.

IV. LO QUE DICE EL NUEVO TESTAMENTO SOBRE MARÍA, LA MADRE DE JESÚS:

1. María era virgen (Lucas 1:26; Mateo 1:23).

    a. María, la madre de Jesús, estaba en Nazaret en el sexto mes después de la concepción de Juan el Bautista. El ángel Gabriel fue enviado por Dios a una *virgen* comprometida con un hombre llamado José (Lucas 1:26-27).

    b. Mateo confirma el mismo hecho. Observe Mateo 1:18, 23-25. Todos estos versículos proclaman que María era virgen.

Escriba Mateo 1:25: _____

_____

    c. María no había conocido hombre alguno. Lo dijo así en Lucas 1:34:

_____

    d. Pablo confirmó su pureza en Gálatas 4:4:

_____

El nacimiento virginal es una de las doctrinas cardinales del cristianismo.

2. María, la madre de Jesús, fue muy favorecida (Lucas 1:28 y 30).

    a. Gabriel, empleado por Dios para un servicio distinguido, anunció a María que era muy favorecida entre las mujeres (Lucas 1:28).

    b. Gabriel calmó sus temores. Había hallado gracia delante de Dios. Subraye Lucas 1:30

c. María nunca fue objeto de adoración en las Escrituras. Descendía de Adán, a través de David. Lea Romanos 1:3:

_____

En todas las palabras de nuestro Señor a María, nunca insinuó que debería ser adorada. Lea Juan 2:3-4 como un ejemplo (mencionaremos otros ejemplos).

3. María fue elegida para ser la madre de Jesús (Lucas 1:31-33, 35).

a. Gabriel anunció la concepción y su nombre. Lea Lucas 1:31:

_____

Mateo 1:21 es un versículo paralelo. Subraye el versículo.

b. El anuncio identificó al Mesías (Lucas 1:32, 33, 35).

Observe en el v. 32:

+ *"Éste será grande"*.
+ *"Y será llamado Hijo del Altísimo"*.
+ *"El Señor Dios le dará el trono de David su padre"*.

En el v. 33:

+ *"Y reinará sobre la casa de Jacob para siempre"*.
+ *"Y su reino no tendrá fin"*.

En el v. 35:

+ *"El Espíritu Santo vendrá sobre ti [María]"*.
+ *"Y el poder del Altísimo te cubrirá con su sombra"*.
+ *"Por lo cual también el Santo Ser que nacerá, será llamado Hijo de Dios"*.

c. La humildad y sumisión de María ante tal milagro se encuentran en Lucas 1:38: *"He aquí la sierva del Señor; **hágase conmigo conforme a tu palabra**"*.

Agustín dijo: "María concibió primero a Cristo en su corazón por fe, antes de concebirlo en el vientre".

María entregó voluntariamente su cuerpo al Señor Dios y el Espíritu Santo tomó la Deidad y la humanidad y causó la concepción, no de hombre sino de Dios.

4. El cántico de alabanza de María: el *Magníficat* (Lucas 1:46-56).

a. Mientras visitaba a su prima Elisabet, María cantó un cántico de alabanza y acción de gracias a Dios. Esta sección de las Escrituras se llama el *Magníficat*, que significa "cántico de alabanza". Esta expresión de María está entre las mejores producciones de literatura poética y profética.

El gozo interior y la fe de María en el Mesías por llegar se pueden encontrar en sus palabras. Observe especialmente Lucas 1:46-47:

_____

Luego el v. 55: _____

_____

b. María regresó a Nazaret justo antes del nacimiento de Juan el Bautista. Había ido a visitar a su prima Elisabet en su sexto mes y se quedó allí durante tres meses. El precursor del hijo de María estaba a punto de nacer. Lea Lucas 1:56:

_____

5. La revelación de José en un sueño (Mateo 1:18-21).

El pobre José no quería herir a María y pensó que sería bueno apartarla de él, pero un ángel le ordenó que se casara con ella y llamara al niño Jesús. Subraye Mateo 1:20-21. (Consideraremos a José en detalle en la próxima lección).

6. El nacimiento de Jesús (Lucas 2:1-20).

a. Una historia familiar, tan familiar que a menudo perdemos el significado de tal nacimiento.

En lugar de quedarse en Nazaret, María fue a Belén con José para pagar el impuesto. José, siendo de descendencia davídica, obedeció las instrucciones de Augusto. Él *subió de Galilea, de la ciudad de Nazaret, a Judea, a la ciudad de David, que se llama Belén, por cuanto era de la casa y familia de David*" (Lucas 2:4). Eran unos 130 kilómetros.

b. Allí nació Jesús, el Mesías (Lucas 2:7). Esto no fue un accidente. Miqueas había anunciado el lugar donde nacería el Mesías.

¡Una virgen tuvo un hijo!

c. Una escena de pura adoración se encuentra en el resto de Lucas 2.

- ✦ los ángeles del Señor (Lucas 2:13-14)
- ✦ los pastores (v. 8)
- ✦ Simeón (vv. 25-35)
- ✦ Ana (vv. 36-38)

No hay petición, ni confesión, solo adoración.

d. A Simeón se le había dicho que vería al Mesías antes de su muerte (Lucas 2:26). Cuando María y José presentaron a Jesús ante el Señor Dios en el templo, Simeón estaba allí, enviado por el Espíritu. Simeón tomó a Jesús en sus brazos y se regocijó por el Mesías. Observe Lucas 2:30:

_____

_____

Simeón anunció a María que tendría gran dolor por lo que le sucedería a Jesús. Lucas 2:35:

_____

La reacción de María ante todas las cosas milagrosas se puede encontrar en un versículo, Lucas 2:19:

_____

_____

e. ¿Era María sin pecado? Lea Lucas 2:22-24; Levítico 12:8. Subraye las ofrendas *"ella será limpia"*.

7. La huida a Egipto (Mateo 2:13-21).

Advertido por un ángel en un sueño, José llevó a María y a Jesús a Egipto, porque Herodes había buscado destruir al niño. Permanecieron en Egipto hasta la muerte de Herodes. Regresaron a la tierra de Israel y a Nazaret, que iba a ser el hogar de Jesús. (Solo Mateo registra este relato en la vida de Jesús).

8. El servicio de María al Maestro (Lucas 2:40-52).

a. Jesús crecía y se fortalecía en espíritu y sabiduría, y la gracia de Dios estaba sobre Él (Lucas 2:40).

b. María y José lo llevaron a la casa de Dios (Lucas 2:41-50). Mientras estaban en el templo, Jesús se quedó y José y María no se dieron cuenta de que no estaba con ellos. Estaba haciendo preguntas y escuchando a los doctores de la ley. Observe el v. 47:

_____

Cuando lo encontraron, Él respondió, dándonos sus únicas palabras registradas hasta que comenzó su ministerio público. Escriba el v. 49:

_____

_____

c. María no entendía todo lo que Él decía, pero guardaba todas estas palabras en su corazón (v. 51).

d. Ella lo nutrió, lo educó y lo amó. Todo esto se resume en el v. 52:

_____

_____

9. La familia de María (Mateo 13:55-56; Marcos 6:3).

Jesús fue su primogénito. Después, tuvo cuatro hijos y varias hijas con José. Lea Marcos 6:3:

_____

_____

Algunos enseñan la virginidad perpetua de María, diciendo que los hijos mencionados eran primos de Jesús, los hijos de la esposa de Alfeo, también llamada María. Rechazamos esta teoría y creemos en la Escritura tal como está escrita. Los hijos mencionados eran los hijos naturales de María y José después del nacimiento de Jesús, que fue concebido por el Espíritu Santo.

10. María, una seguidora de su Hijo (Juan 2:1-10; Marcos 3:31-35).

a. Al inicio del ministerio público de Jesús, María aparece en las Escrituras. Ella estaba en las bodas de Caná. Intentó dirigir sus acciones, y así escuchó de Él una reprimenda respetuosa pero firme. Subraye Juan 2:3-5.

b. Verdades similares se mencionan en Marcos 3:31-35; Mateo 12:46-50.

María ahora estaba sujeta a Él, como el Hijo de Dios. Ella creía en que era el Mesías. Él era Dios en la carne. Sus hermanos no creyeron en Él durante su ministerio público. Como resultado de su muerte y resurrección, sus hermanos se convirtieron en creyentes. Estaban en el aposento alto antes de Pentecostés (Juan 7:5; Hechos 1:13-14).

c. La agonía más profunda de María fue cuando estaba al pie de la cruz. Ella lo había seguido en ese último viaje a Jerusalén. Fue testigo de su crucifixión.

Jesús le habló en la hora de su sufrimiento. Lea Juan 19:26-27 y subráyelo en su Biblia.

El discípulo amado, Juan, la recibió en su casa.

11. El dolor de María (Lucas 2:34-35).

Simeón había anunciado gran dolor para María debido a todo lo que le sucedería a su Hijo. Ella vio que todas estas cosas se cumplían en la vida de Cristo. Tuvo que entregarlo a Dios, dejarlo ser el Mesías. La predicción de Simeón se había cumplido.

12. La última mención de María (Hechos 1:14).

María estaba reunida en el aposento alto con los apóstoles, orando. Esta es la última mención de María en las Escrituras. No sabemos el momento ni la manera de su muerte.

V. EL USO DEL ANTIGUO TESTAMENTO EN REFERENCIA A MARÍA, LA MADRE DE JESÚS:

1. Lucas 1:31 es un cumplimiento de Isaías 7:14:

   _____

2. Lucas 1:32 es un cumplimiento de Isaías 9:6-7. Subraye en su Biblia.

3. Lucas 2:4 es un cumplimiento de Miqueas 5:2:

   _____

4. Mateo 1:23, 25 y Lucas 1:55 son cumplimientos de la promesa de la simiente de la mujer en Génesis 3:15. Lea Gálatas 3:16:

   _____

   _____

5. Lucas 1:55 es un cumplimiento de Génesis 17:19:

   _____

   Todo lo que hemos estudiado en lecciones anteriores se materializa en esta lección. Todo el Antiguo Testamento habla del Redentor, la Simiente, el Rey y Emanuel.

VI. LAS LECCIONES QUE DEBERÍA APRENDER DE MARÍA, LA MADRE DE JESÚS:

1. Su nombre, que significa "amargura", se cumplió cuando sufrió gran dolor debido a todo lo que le sucedió a su Hijo. Una madre, en cierta medida, sufre lo mismo, pero eso debería acercarla más al Señor, como María.

2. María fue sumisa al Espíritu Santo. Siempre debemos estar en un espíritu similar.

3. Puede que no entendamos todas las cosas en referencia a los hijos, pero es bueno "meditarlas en nuestro corazón" (véase Lucas 2:19) y confiar en el Señor.

4. La simiente prometida en Génesis era la simiente de la mujer, no del hombre. Por lo tanto, debemos creer en el nacimiento virginal de Jesús.

5. María nunca se magnificó a sí misma, solo a su Señor. No debemos magnificar a nadie más que a Jesús.

6. María nació de la raza adámica. Fue honrada por Dios y se convirtió en la madre del Salvador. Ella reconoció su necesidad en el _Magníficat_: "_Y mi espíritu se regocija en Dios **mi** Salvador_" (Lucas 1:47). La entendemos mejor debido a su necesidad y sus sufrimientos.

RECUERDE:

1. ¿Qué Evangelio nos da la genealogía de María?

2. Jesús era la simiente de _____

3. ¿Qué es el _Magníficat_?

4. ¿Era María sin pecado? ¿Cómo lo sabe?

5. ¿Quién hizo el anuncio por Dios?

6. ¿Qué es lo que más recuerda de María?

SU SIGUIENTE TAREA:

1. Lea Mateo 1–2; Lucas 1–4; Juan 1, 6.

2. La siguiente lección será sobre José, el esposo de María y padre adoptivo de Jesús.

3. Repase su estudio sobre María, la madre de Jesús.

4. Subraye en su Biblia las nuevas verdades que aprendió.

Lección 39
JOSÉ, ESPOSO DE MARÍA; JOSÉ DE ARIMATEA

I. EL SIGNIFICADO DEL NOMBRE:

José significa "que Dios añada".

II. VERSÍCULOS BÁSICOS:

Mateo 1–2; Lucas 1–4; Mateo 27:57-60; Juan 1, 6, 19:38-42.

III. TRASFONDO FAMILIAR:

"Es único que dos José estuvieron relacionados con Cristo, uno en su nacimiento y el otro en su muerte. Los dos hombres le dieron a Jesús lo mejor de sí mismos", dice el Dr. Herbert Lockyer en *Todos los hombres de la Biblia*. Vamos a echar un vistazo breve a ambos hombres en esta lección.

José, el esposo de María, era descendiente de David (Mateo 1:20). Era residente de Nazaret y carpintero de oficio.

José de Arimatea era un judío rico y miembro del Sanedrín, conocido como el Consejo. No sabemos nada de este José excepto lo que nos dicen estos breves pasajes.

IV. LO QUE DICE EL NUEVO TESTAMENTO SOBRE JOSÉ, ESPOSO DE MARÍA:

1. José, el esposo de María, la madre de Jesús (Mateo 1:16; Lucas 3:23).

   La mayoría de los hombres resentiría un título como el dado a José. Era conocido como *"el marido de María"* en ambos relatos de las Escrituras. A menudo se hace referencia a José como el "hombre olvidado" en la historia del nacimiento de Jesús. Fue una persona importante en el nacimiento y la vida de nuestro Señor.

   Escriba Mateo 1:16: _____

   _____

   Subraye Lucas 3:23.

2. José era un hombre justo (Mateo 1:19).

   Cuando María estaba comprometida con José, llevaba en su vientre al niño Cristo. Esto era difícil de comprender para José.

   José era un hombre justo y razonable. No podía avergonzar a María públicamente y tenía en mente dejarla en privado. José era un hombre con sentimientos similares a todos los hombres. ¿Puede usted imaginar su sorpresa, sus emociones, cuando María, en quien confiaba con todo su corazón, confesó que estaba esperando un hijo? ¡Pero no era hijo de José! José y María decidieron que ella debería ir a Hebrón a ver a su prima Elisabet (compare Mateo 1:19 y Lucas 1:39-56). Allí, en la casa de Elisabet, que estaba esperando el nacimiento de Juan el Bautista, María encontró ánimo. Zacarías no podía hablar en absoluto, así que las dos mujeres tuvieron una buena conversación.

3. El sueño de José (Mateo 1:20-21).

   Mientras María estaba en Hebrón (Josué 21:11), José estaba solo. No había actuado precipitadamente. Había sido paciente. El Señor fue fiel con José. Envió un ángel a José en un sueño. Observe el sueño en Mateo 1:20-23:

+ *"José, hijo de David"* — fue identificado (v. 20).

+ *"No temas recibir a María tu mujer"* — la duda fue eliminada (v. 20).

+ *"Porque lo que en ella es engendrado, del Espíritu Santo es"* — el milagro comienza a desplegarse en la mente de José (v. 20).

+ *"Y dará a luz un hijo, y llamarás su nombre JESÚS, porque él salvará a su pueblo de sus pecados"* — María llevaba en su vientre al Mesías (v. 21).

4. El cumplimiento de la profecía (Mateo 1:22-23).

¿Cómo y por qué entendió José las palabras del ángel en los vv. 20 y 21? Porque conocía el Antiguo Testamento. Conocía la profecía de un Mesías venidero.

En el mismo sueño, la confirmación fue dada por el ángel del Señor. El ángel solo tuvo que mencionar las palabras de Isaías 7:14 y José supo que iba a ser parte de la vida del Mesías.

5. La obediencia de José (Mateo 1:24-25).

¿Puede usted imaginarse a José después de ese sueño? Había escuchado a un ángel darle la Palabra de Dios. María era inocente. Ella iba a ser la madre de un Hijo: Jesús.

Suponiendo que María aún estaba en Hebrón, como creen la mayoría de los comentaristas, José fue a contar las buenas noticias a María.

La tomó como su esposa. Escriba Mateo 1:24: _____

_____

Fue obediente a las instrucciones del Señor. Escriba Mateo 1:25: _____

_____

Observe la última frase: *"Y le puso por nombre JESÚS"*.

6. El segundo sueño de José (Mateo 2:13-15).

Él protegió a su familia.

Herodes planeaba matar al niño Jesús. Lea el relato en Mateo 2:1-12, que conduce a los versículos críticos. Siendo advertidos por Dios, José y María no regresaron a la tierra de Herodes sino que se fueron por otro camino. El ángel apareció a José por segunda vez. Note el v. 13 y escriba: *"Levántate y toma al niño…*

_____

En el v. 14 José hizo exactamente lo que el ángel le había indicado. Permanecieron en Egipto hasta la muerte de Herodes. Esta fue otra profecía cumplida (v. 15).

7. José era carpintero (Mateo 13:55; Marcos 6:3).

José era carpintero en Nazaret. Parece que enseñó a Jesús el oficio. Lea Marcos 6:3, escriba el versículo y recuérdelo:

_____

_____

En este versículo, Jesús es identificado de tres maneras:

+ Era carpintero.
+ Era el Hijo de María.
+ Era el hermano de cuatro hermanos y también tenía hermanas. Naturalmente, estos serían hermanastros y hermanastras.

8. José cuidaba de Jesús (Lucas 2:51-52).

Jesús estaba sujeto a sus padres. Como padre adoptivo, José enseñó a su Hijo un oficio, lo llevó a adorar, y lo hizo crecer en sabiduría y estatura.

9. José desaparece de la escena.

   José podría haber vivido hasta el inicio del ministerio de Jesús. Lea Juan 6:42.

   _____

   _____

   José desaparece y no se menciona más en las Escrituras. No estuvo en la crucifixión de Cristo; por lo tanto, se deduce que murió antes de la muerte de Cristo.

   Algunos eruditos dicen que, dado que María era viuda, Jesús la encomendó a Juan, el apóstol a quien Jesús amaba (Juan 19:26-27). Si José hubiera estado vivo, Jesús no se habría preocupado por el cuidado de María.

V. LO QUE DICE EL NUEVO TESTAMENTO SOBRE JOSÉ DE ARIMATEA:

1. Era un discípulo secreto (Juan 19:38).

   Este José era del Sanedrín y rico. Era un seguidor de Jesús, en secreto, *"por miedo de los judíos"*. Subraye Juan 19:38. Observe en el siguiente versículo, otro *"que antes había visitado a Jesús de noche"*. Esa persona era Nicodemo. En Juan 3 se encuentra el relato. Aquí es un hombre cambiado.

2. No estuvo de acuerdo con la crucifixión (Lucas 23:50-51).

   José era parte del Sanedrín, el consejo, y era un hombre justo y bueno. Nunca consintió lo que habían hecho a Jesús.

   Subraye Lucas 23:50.

3. Rogó que le dieran el cuerpo de Jesús (Mateo 27:57-58).

   José quería cuidar del cuerpo de Jesús. José, que no había reconocido a Cristo durante su vida, ahora lo hace en su muerte. Era común que los amigos compraran los cuerpos crucificados. Los cuerpos no reclamados se tiraban como basura.

   Escriba Mateo 27:58: _____

   _____

4. Dio a Jesús su propio sepulcro (Juan 19:39-42).

   Juan arroja luz sobre los escritos de Mateo en relación con el cuidado del cuerpo y su colocación en el sepulcro. En Juan 19:39-42 Nicodemo llevó el material para preparar el cuerpo de Jesús. Lea Juan 19:39 y subráyelo en su Biblia.

   Escriba el v. 40:_____

   _____

   Subraye el v. 41. Note que el jardín estaba cerca del lugar de la crucifixión. En el jardín había una nueva tumba (sepulcro).

   "Allí... pusieron a Jesús" (v. 42).

   Mateo 27:60 añade a la escena. Escríbalo:_____

   _____

Los cuatro evangelistas incluyen a este José en sus escritos.

VI. EL USO DEL ANTIGUO TESTAMENTO EN REFERENCIA A LOS DOS JOSÉ:

1. No hay referencia por nombre a ninguno de los José en el Antiguo Testamento; sin embargo, ambos ayudaron a cumplir las profecías del Antiguo Testamento.

2. *Primero.* José, el esposo de María:

   a. Mateo 1:22-23 es un cumplimiento de Isaías 7:14:

   _____

   b. Mateo 2:15 es un cumplimiento de Oseas 11:1:

   _____

3. *Segundo.* José de Arimatea:

   a. Mateo 27:60 es un cumplimiento de Isaías 53:9:

   _____

   b. Compare Mateo 27:60 con Daniel 6:17.

VII. LAS LECCIONES QUE DEBERÍA APRENDER DE AMBOS JOSÉ:

1. El Señor recompensa la paciencia si esperamos en Él, como hizo José, el esposo de María.

2. Cristo vino como el Hijo del Hombre, pero nunca fue el hijo de un hombre.

3. Debemos cuidar a nuestros seres queridos protegiéndolos y proveyéndoles.

4. El "hombre olvidado" tuvo una gran influencia en la vida de nuestro Señor. Nuestra influencia por Cristo puede ser igual de real.

5. José de Arimatea fue un discípulo secreto hasta la muerte de Cristo. Jesús está vivo; por lo tanto, nuestra creencia en Él nunca debería ser secreta.

6. Ambos hombres dieron lo mejor de sí a Jesús. Debemos dar lo mejor de nosotros a Él en todas las áreas de la vida.

RECUERDE:

1. ¿Cuál fue la reacción de José ante la concepción de María?

2. ¿Qué cambió la opinión de José sobre María?

3. ¿Cómo protegió Dios a Jesús de la maldad de Herodes?

4. ¿Cómo influyó José en la vida joven de Jesús?

5. ¿Qué destaca en su mente sobre José de Arimatea?

6. ¿Quién ayudó en la preparación del cuerpo de Cristo para el entierro?

SU SIGUIENTE TAREA:

1. Lea Mateo 26:6-13; Marcos 14:3-9; Lucas 10:38-41; Juan 11; 12:1-3.

2. La siguiente lección será sobre María y Marta de Betania.

3. Repase sus notas sobre los dos José en la vida de Cristo.

4. Subraye en su Biblia las nuevas verdades que aprendió.

MARTA Y MARÍA DE BETANIA

I. **EL SIGNIFICADO DE LOS NOMBRES:**

Marta significa "dama, señora" María significa "amargura, tristeza".

II. **VERSÍCULOS BÁSICOS:**

Mateo 26:6-13; Marcos 14:3-9; Lucas 10:38-41; Juan 11; 12:1-3.

III. **TRASFONDO FAMILIAR:**

Marta y María parecen estar unidas en todos los estudios escritos por un expositor. Sin embargo, cada una tenía su propio ministerio, y una no menosprecia a la otra. La mayoría de la gente se refiere a ellas como "María y Marta", mientras que Jesús puso primero a Marta, luego a María y luego a Lázaro.

Vivían en Betania, una aldea a unos dos kilómetros al este de la cima del Monte de los Olivos. La casa en Betania era un lugar favorito de Jesús.

Algunos expositores han sugerido que Marta podría haber sido la hija, esposa o pariente cercana de Simón el leproso. A la muerte de Simón la casa pasó a ser de ella, ya que era mayor que María o Lázaro. Hay fuertes evidencias para confirmar este patrón en las Escrituras (Mateo 26:6; Marcos 14:3).

Tres personas residían en la casa en Betania: Marta, María y Lázaro. Estudiaremos solo a Marta y María en esta lección. En la próxima, Lázaro será el tema de nuestro estudio.

IV. **LO QUE DICE EL NUEVO TESTAMENTO SOBRE MARTA Y MARÍA:**

1. Marta recibió a Jesús en su casa (Lucas 10:38).

   Marta tenía el don de la hospitalidad. Las Escrituras insinúan que la casa pertenecía a Marta. La recepción fue una experiencia amable y cálida para el Maestro. Se debe recordar que después de que Jesús dejó su hogar en Nazaret, nunca regresó para un periodo de descanso y relajación. Volvió a Nazaret para enseñar y fue rechazado. Incluso dijo: *"No hay profeta sin honra, sino en su propia tierra y en su casa"* (Mateo 13:57).

   Era a esta casa en Betania a la que Él iba a menudo, porque amaba a las tres personas que vivían allí. Encontró una hospitalidad cálida y amorosa en el hogar. Allí podía descansar.

2. Marta también se sentó a los pies de Jesús (Lucas 10:39).

   Con demasiada frecuencia, Marta ha sido presentada como una persona celosa y mundana, mientras que María ha sido alabada por su humildad a los pies de Jesús.

   Hay indicios de que Marta y María compartieron todas las experiencias juntas. Incluso el sentarse a escuchar a Jesús.

3. María ayudó a preparar y recibir a Jesús (Lucas 10:40).

   Marta era la cabeza de la casa y estaba ansiosa por servir tanto prácticamente como espiritualmente. Estaba preparando la comida para el Maestro y en sus palabras se revela algo sobre María, que a menudo se pasa por alto. Observe el v. 40: *"Señor, ¿no te da cuidado que mi hermana me **deje** servir sola?"*.

   Esto sugiere que María había ayudado en la preparación y recepción de Jesús. Mientras María pasaba tiempo a sus pies, Marta también había aprendido a sus pies y se inspiraba para el servicio práctico para Él. Sin embargo, para Marta hacer se había vuelto más importante que ser. *"Marta se preocupaba con muchos quehaceres"* (v. 40). La palabra *"preocupaba"* significa "distraída". Ella también quería estar a los pies de Jesús, pero estaba distraída porque tenía que preparar la comida.

4. Una queja familiar muy típica (Lucas 10:40).

En la última parte del v. 40 leemos una queja familiar típica. Marta dijo (y parafraseo): "Señor, tengo todo por hacer y no puedo escuchar todo lo que estás diciendo. Debemos darte una buena comida y María me ha dejado hacerlo todo. Dile que me ayude". ¿Le suena familiar?

Ambas hermanas amaban al Señor y eran creyentes sinceras. Marta dirigió sus palabras a Jesús, no a María.

5. La respuesta de Jesús (Lucas 10:41-42).

   a. Escriba el v. 41:

_____

_____

Jesús fue amable en su respuesta. Tomó la pregunta de Marta y la usó para enseñar algunas de sus verdades: *"afanada [ansiosa] y turbada estás con muchas cosas"*.

   b. Marta y María entendieron sus palabras. Lea Lucas 12:22:

_____

Lucas 12:26: _____

_____

   c. Parafrasear la declaración que Jesús hizo a Marta podría ayudarnos a entender: "Marta, Marta, estás ocupada con una gran comida, cuando un solo plato sería suficiente. Mis discípulos me han dicho que coma, pero yo tengo una comida que es hacer la voluntad de quien me envió".

Vaya a Juan 4:31-32 y 34. Escriba su impresión: _____

_____

Escriba Lucas 10:42: _____

_____

   d. Marta estaba ansiosa y preocupada por muchas cosas, cuando en realidad solo una cosa era necesaria: el alimento para el alma debería ser más importante que el alimento para el cuerpo. Esto era *"la buena parte, la cual no le será quitada"* (Lucas 10:42).

6. El segundo recibimiento de Jesús por Marta y María (Juan 11:20-29).

La segunda vez que leemos que Jesús fue recibido en Betania, Marta y María lo habían enviado a buscar. Su hermano estaba enfermo y necesitaban al Maestro. (Hablaremos de Lázaro en la próxima lección).

Cuando Jesús decidió ir a Betania, observe las acciones de las dos mujeres. Primero, Marta, luego María.

Juan 11:20: _____

_____

Luego, Juan 11:28-29: _____

_____

Jesús amaba a Marta, María y Lázaro (Juan 11:5).

7. Jesús proclamó una verdad fundamental a Marta (Juan 11:25-26).

Fue a Marta a quien Jesús presentó una de las declaraciones más destacadas de la Biblia sobre su deidad, poder y autoridad.

Juan 11:25: _____

_____

En el v. 26 Jesús extendió la invitación a *"todo aquel que vive y cree en mí, no morirá eternamente"*. Eso incluía a Marta y a María, y a usted y a mí. *"Todo aquel"* incluye a todos.

8. La confesión de fe de Marta (Juan 11:27-29).

Jesús le había preguntado a Marta en el v. 26: *"¿Crees esto?"*. Marta entonces declaró su notable confesión de fe en el v. 27: *"Sí, Señor; yo he creído que tú eres el Cristo, el Hijo de Dios, que has venido al mundo"*.

Marta inmediatamente llamó a María *"en secreto"* (v. 28) y dijo: *"El Maestro está aquí y te llama"* (v. 28).

La respuesta de María se nos da en el v. 29: _____

_____

9. La última visita de Jesús a Marta y María (Juan 12:1-7).

a. Seis días antes de la Pascua, Jesús regresó a Betania. Se preparó una cena para Él. Observe Juan 12:2:

_____

Tome nota: *"Y le **hicieron** allí una cena; **Marta** servía"*, indicando que María había ayudado a preparar la comida. Marta, como de costumbre, era la que servía.

Esta es la última mención de Marta.

b. En esta ocasión, María ungió a Jesús con un ungüento de nardo, un ungüento perfumado en ese tiempo. Era muy caro.

Escriba Juan 12:3: _____

_____

c. Judas Iscariote estaba en la cena. Como de costumbre, su verdadera personalidad y avaricia se hicieron evidentes. Lea Juan 12:5:

_____

La respuesta de Jesús se da en Juan, pero se ofrece una declaración más detallada en Mateo 26:12:

_____

d. Entonces Jesús anunció que dondequiera que se predicara el evangelio en el mundo, se recordaría a María por su acto de amor y devoción (Mateo 26:13). Jesús iba a dejar Betania y hacer su entrada triunfal en Jerusalén al día siguiente (Juan 12:12).

e. Marta y María sabían lo que estaba a punto de suceder. Su hogar estaba en silencio esa última noche. Marta no dijo nada; María no dijo nada. Solo las pocas palabras de Judas y la respuesta de Jesús formaron la conversación de la noche.

V. EL USO DEL ANTIGUO TESTAMENTO EN REFERENCIA A MARTA Y MARÍA:

1. No hay referencia a Marta y María por nombre en el Antiguo Testamento. Las verdades básicas en las que creían y vivían se basaban en las verdades del Antiguo Testamento.

2. Compare *"solo una cosa es necesaria"* en Lucas 10:42 con la declaración de David en Salmos 27:4:

   _____

   _____

3. Jesús proclamó la gran verdad de Juan 11:25. Los santos del Antiguo Testamento de Dios creían como Marta. Lea Job 19:25-26:

   _____

   También Daniel 12:2: _____

   _____

4. En Juan 12:3 María unge a Jesús. El nombre *Cristo* significa "el ungido". Lea Isaías 61:1:

   _____

VI. LAS LECCIONES QUE DEBERÍA APRENDER DE MARTA Y MARÍA:

1. La persona feliz es aquella que tiene ambas características: Marta la práctica y María la espiritual.

2. La Iglesia requiere ambos tipos. Las Marta y las María son necesarias en la obra del Señor.

3. Servir y obedecer al Señor son deberes de todo cristiano. Marta y María hicieron ambos.

4. Marta y María se sentaron a sus pies y aprendieron de Él. Nosotros deberíamos hacerlo a través de la oración, el estudio de la Biblia y la adoración.

5. María dio lo mejor que tenía al Señor porque sabía que Él enfrentaba la crucifixión. Siempre debemos dar lo mejor porque Él ha vencido la muerte y la tumba para que podamos creer en Él y vivir.

6. ¡Regocíjese! Él es la resurrección y la vida. Por lo tanto, tenemos vida eterna si creemos en Jesús.

RECUERDE:

1. ¿Por qué le gustaba a Jesús ir a Betania?

2. ¿Cuál era la diferencia distintiva entre Marta y María, en sus propias palabras?

3. ¿Menosprecia una mujer a la otra en sus acciones?

4. ¿Qué verdad significativa reveló Jesús a Marta?

5. ¿Cuál fue la respuesta de Marta?

6. ¿Cuándo las visitó Jesús por última vez?

SU SIGUIENTE TAREA:

1. Lea Juan 11; 12:1-17.

2. El siguiente tema será Lázaro, el único hombre que murió dos veces físicamente.

3. Repase sus notas sobre Marta y María.

4. Subraye en su Biblia las nuevas verdades que aprendió.

Lección 41
LÁZARO, A QUIEN JESÚS RESUCITÓ

I. EL SIGNIFICADO DEL NOMBRE:

Lázaro significa "Dios ha ayudado".

II. VERSÍCULOS BÁSICOS:

Juan 11; 12:1-17.

III. TRASFONDO FAMILIAR:

Lázaro era hermano de Marta y María de Betania. Era uno de los miembros de ese hogar donde a Jesús le encantaba ir a descansar y tener compañerismo. Jesús amaba a los tres de la familia: Marta, María y Lázaro. Alexander Whyte dice en sus escritos sobre personajes bíblicos:

Lázaro de Betania se acerca tanto a Jesús de Nazaret (en su carácter, sus servicios y su experiencia sin parangón) como un hombre mortal puede llegar a hacerlo. El nombre de Lázaro nunca se lee en el Nuevo Testamento hasta que llega el momento señalado en el que ha de enfermar, morir y ser resucitado de entre los muertos para la gloria de Dios. *Tampoco su voz se escucha jamás.* A Lázaro le gustaba el silencio. Buscaba el anonimato. Le gustaba pasar desapercibido. Se deleitaba en el olvido. Que Marta se afane y reprenda; que María se siente y escuche; y que Lázaro solo sea de alguna utilidad para ellas.

Como se puede ver, Lázaro era alguien que solo quería servir y no se preocupaba por recibir elogios.

Es sorprendente que solamente Juan registre la historia de este hombre a quien Jesús amaba. Lo que se dice en el libro de Juan es exclusivamente suyo, y el Espíritu Santo le da a Juan, *el apóstol a quien Jesús amaba, la inspiración y autoridad para escribir sobre este hombre de Betania a quien Jesús amaba.*

IV. LO QUE DICE EL NUEVO TESTAMENTO SOBRE LÁZARO:

1. Lázaro de Betania se enfermó (Juan 11:1-3).

   María es específicamente identificada en el v. 2 como la que ungió a Jesús con el ungüento. Había tantas mujeres con su nombre, que Juan se aseguró de identificarla.

   Lázaro, el hermano de Marta y María, estaba lo suficientemente enfermo como para que las hermanas se preocuparan. Sus hermanas sabían dónde estaba Jesús y su primer pensamiento fue hacia Él. Enviaron un mensaje especial a Jesús, y el mensaje del v. 3 tenía solo ocho palabras: *"Señor, he aquí el que amas está enfermo".* Jesús estaba *"al otro lado del Jordán"* (Juan 10:40).

2. La enfermedad de Lázaro era para la gloria de Dios (Juan 11:4).

   Una de las declaraciones más asombrosas hechas por Jesús se encuentra aquí en el v. 4. Escriba el versículo y subráyelo en su Biblia:

   _____

   Observe que las palabras de Jesús son enfáticas: *"Esta enfermedad no es para muerte, sino para la gloria de Dios, para que el Hijo de Dios sea glorificado por ella".*

   El Señor puede hacer su mayor obra cuando aquellos que aman a Jesús están enfermos. Nunca tenga la impresión con base en su enseñanza de que la enfermedad es siempre mala. Lejos de eso, la enfermedad puede ser para la gloria de Dios.

   Jesús iba a hacer algo asombroso en la vida de Lázaro "para la gloria de Dios".

3. Jesús demoró su llegada a Betania (Juan 11:6-16).

a. Al demorar su regreso a Lázaro en Betania, Jesús tuvo la oportunidad de hacer más por Lázaro que por cualquier otro en su ministerio. Si hubiera ido de inmediato y curado a Lázaro, no habría hecho más de lo que había hecho por muchos otros. Él esperó intencionalmente dos días para poder realizar un milagro grande y sorprendente.

b. Cuando Jesús dijo en el v. 7: *"Vamos a Judea otra vez"*, sus discípulos le recordaron el peligro que había enfrentado antes (v. 8). Las palabras de los discípulos hicieron que Jesús les enseñara una verdad: a ellos y a nosotros. Lea los vv. 9-10. En esencia, Jesús dijo: "Si un hombre camina según lo que siente en su corazón y según lo que puede ver, solo cae en las trampas de este mundo. Uno debe caminar en la luz de la verdad de Dios".

Jesús sabía lo que estaba a punto de sucederle. También sabía que lo que estaba a punto de hacer por Lázaro causaría la ira del Sanedrín.

c. *"Lázaro duerme"* (v. 11).

Ante tal declaración, los discípulos pensaron que era bueno para Lázaro dormir porque le haría bien, pero Jesús estaba hablando de la muerte. Ellos debieron haber comprendido el significado de las palabras de Jesús. Pablo se refirió a la muerte física como sueño en 1 Tesalonicenses 4:13-14.

d. Jesús tuvo que declarar: *"Lázaro ha muerto"* (v. 14).

La asombrosa declaración de la muerte fue seguida por las palabras del v. 15: *"Y me alegro por vosotros de no haber estado allí, para que creáis"*. Jesús esperó hasta que supo que el milagro que estaba a punto de realizar sería una prueba mayor de su poder que cualquier cosa que los discípulos habían visto.

Subraye el v. 15 en su Biblia.

e. Tomás hizo una declaración audaz (v. 16).

Tomás, o Dídimo, que significa "gemelo", dijo: *"Vamos también nosotros para que muramos con él"*. Conociendo la malicia de los judíos contra Cristo, Tomás expresó una disposición a morir con Cristo. Tomás no quiso decir que morirían con Lázaro. Él solo tenía preocupación por el Maestro, y esta era su forma de expresar tal amor.

4. Jesús llegó cerca de Betania (Juan 11:17-37).

a. Jesús no entró en Betania al principio (v. 30). Cuando Jesús llegó cerca de Betania, descubrió que Lázaro llevaba cuatro días en la tumba (v. 17).

Cuando Marta oyó de su venida, salió a su encuentro mientras María se quedó en la casa (v. 20). Inmediatamente declaró su fe en Dios y en el poder de Jesús (vv. 21-22). Lo recibió con fe y sencilla confianza.

b. Declaración de fe de Marta (vv. 23-27).

Jesús, amando a Marta, dijo: *"Tu hermano resucitará"* (v. 23).

Entonces Jesús declaró una de sus afirmaciones más grandiosas. Escriba el v. 25:

_____

_____

Jesús luego dijo: *"¿Crees esto?"* (v. 26).

Marta dijo: *"Sí, Señor; yo he creído que tú eres el Cristo, el Hijo de Dios, que has venido al mundo"* (v. 27). Si ella creía que Él era el Cristo, no habría dificultad en creer que Él era la resurrección y la vida.

c. Marta llamó a María en secreto (vv. 28-35).

Llamó a María en secreto porque había judíos en la casa llorando con María, y no eran amigos de Jesús. María se apresuró hacia Jesús y cayó a sus pies (vv. 29, 31-32). Su posición usual era *"a sus pies"*. Jesús se conmovió profundamente por el dolor de Marta y María. El v. 33 dice: *"Se estremeció en espíritu"*.

El versículo más corto de la Biblia expresa cómo se sentía Jesús.

Escriba el v. 35:_____

_____

5. En la tumba, Jesús resucitó a Lázaro de entre los muertos (Juan 11:38-44).

    a. Este sería el último milagro de Jesús para despertar a los judíos antes de ir a Jerusalén. Iba a traer de regreso de la gloria a Lázaro después de solo cuatro días. Tal vez Jesús lloró por ese hecho.

    b. Lázaro físicamente había comenzado a descomponerse. Lea y subraye el v. 39.

    c. *"¿No te he dicho que si crees, verás la gloria de Dios?"* (v. 40).

        Nuevamente, Jesús tuvo que recordarle a Marta que la creencia y la fe eran imperativas. Subraye el v. 40. Luego quitaron la piedra de la tumba (v. 41).

    d. Jesús oró para que todos pudieran escuchar (vv. 41-42). Observe que la oración se dijo con una voz entendible, para que las personas que estaban junto a la tumba pudieran creer.

    e. ¡Sucedió! Lázaro salió de la tumba (vv. 43-44). Jesús dijo tres palabras: *"¡Lázaro, ven fuera!"* (v. 43).

Escriba el v. 44:_____

_____

    Observe que Lázaro estaba envuelto en vendas funerarias. Compárelo con Juan 20:5-7

6. Muchos judíos fueron salvos (Juan 11:45-46).

Escriba el v. 45:_____

_____

    Se difundió la noticia entre los fariseos de que Jesús había resucitado a Lázaro.

7. La conspiración para matar a Jesús (Juan 11:47-57).

    La palabra *"concilio"* se refiere al Sanedrín. Conspiraron para matar a Jesús porque era una amenaza para sus seguidores. Resucitar a Lázaro fue demasiado para ellos.

Escriba el v. 53:_____

_____

8. Lázaro asistió a una cena en Betania (Juan 12:2, 9, 17-18).

    a. El resucitado Lázaro se sentó a la mesa con Jesús en la cena. Marta, como de costumbre, sirvió (v. 2).

    b. La aparición de Lázaro causó emoción, y muchos judíos fueron a Betania para ver no solo a Jesús sino también a Lázaro (v. 9).

    c. Lea y subraye los vv.10 y 11. Los principales sacerdotes consideraron matar nuevamente a Lázaro porque muchos judíos creyeron en Jesús. Estos dos versículos en raras ocasiones se mencionan.

d. Muchos fueron salvos porque las personas que vieron a Lázaro salir de la tumba dieron testimonio de Jesús. Muchas personas lo encontraron cuando entró en Jerusalén para enfrentar el juicio y la crucifixión (vv. 17-18).

V. EL USO DEL ANTIGUO TESTAMENTO EN REFERENCIA A LÁZARO:

1. En Juan 11:11 Jesús usó el término *"duerme"* para referirse a la muerte física.

   Este era un término familiar para los discípulos tomado del Antiguo Testamento.
   Busque 2 Samuel 7:12:

   _____

   _____

   1 Reyes 1:21: _____

   _____

   1 Reyes 2:10: _____

   _____

   Deuteronomio 31:16; subraye *"He aquí, tú vas a dormir"*. Salmos 13:3: _____

   _____

2. Juan 11:24 se refiere a Job 19:25-26:

   _____

   _____

   Salmos 49:15: _____

   _____

3. Juan 11:25 habla de Job 14:13. Subráyelo en su Biblia.

VI. LAS LECCIONES QUE DEBERÍA APRENDER DE LÁZARO:

1. Así como Lázaro estaba muerto físicamente, también las personas a nuestro alrededor están muertas espiritualmente.

2. Lázaro fue resucitado porque Jesús lo llamó por su nombre. Agustín dijo que si Jesús no hubiera llamado a Lázaro por su nombre, todos los muertos en las cercanías habrían salido al oír su voz.

3. Jesús nunca cambió su método para resucitar a los muertos. *Él habló*. La vida todavía llega a través de su Palabra.

4. Lázaro fue testigo del poder de Cristo y de lo que Cristo había hecho por él. Cada vez que una persona es resucitada a la vida espiritual, debería dar testimonio de su poder.

5. La noticia de Lázaro hizo que los enemigos de Jesús buscaran matarlo. Cuando el Señor es magnificado, hemos de esperar que Satanás esté cerca.

6. Lázaro nunca habló una palabra que esté registrada en las Escrituras. Sirvió en obediencia silenciosa al Maestro. No es necesario estar "en el centro del escenario" para causar un impacto para Jesús.

RECUERDE:

1. Solo uno escribió sobre Lázaro. ¿Quién fue?

2. ¿Por qué cree que se habla de Lázaro en un solo Evangelio?

3. ¿Por qué Jesús se demoró en ir a ayudar a Marta y María?

4. ¿Puede la enfermedad ser utilizada para la gloria de Dios?

5. ¿Por qué fue tan especial la resurrección de Lázaro para Jesús?

6. ¿Qué sucedió entre los judíos cuando vieron a Lázaro?

SU SIGUIENTE TAREA:

1. Lea Mateo 10:2-6; 26:14-25, 47-50; 27:3-10; Juan 6:70-71; 12:3-8; 13:21-35; Hechos 1:16-19.

2. La próxima lección será un estudio de Judas Iscariote.

3. Repase su lección sobre Lázaro.

4. Subraye en su Biblia las nuevas verdades que aprendió.

JUDAS ISCARIOTE

I. EL SIGNIFICADO DEL NOMBRE:

Judas significa "alabanza de Dios".

Iscariote significa "ciudadano de Queriot".

II. VERSÍCULOS BÁSICOS:

Mateo 10:2-6; 26:14-25, 47-50; 27:3-10; Juan 6:70-71; 12:3-8; 13:21-35; Hechos 1:16-19.

III. TRASFONDO FAMILIAR:

Judas era un nombre popular y tenía un significado importante hasta que este Judas arruinó el nombre. El nombre, que significa "alabanza de Dios", se convirtió en un nombre asociado con traición y perfidia. Judas es la forma griega del nombre propio hebreo Judá.

Judas era hijo de Simón Iscariote (Juan 6:71). Iscariote era su apellido y lo distinguía de otro de los doce que se llamaba Judas.

Iscariote simplemente significa "hijo de Queriot" o "ciudadano de Queriot". Esto nos indica que provenía de una pequeña aldea al sur de Jerusalén, en la misma zona donde nació el profeta Amós. Amós vino de Tecoa, y Queriot estaba en la parte más al sur de Judá. Se menciona en Josué 15:25.

Judas Iscariote provenía de un entorno totalmente diferente al de los otros once. Los once eran todos de Galilea, mientras que Judas era de Judea. Era un hombre con cierta educación, y podríamos llamarlo un "hombre de ciudad". Los demás eran agricultores, pescadores y trabajadores con poca o ninguna educación formal.

IV. LO QUE DICE EL NUEVO TESTAMENTO SOBRE JUDAS ISCARIOTE:

1. Fue enumerado el último entre los Doce en los Evangelios (Mateo 10:4; Marcos 3:19; Lucas 6:15). En todas estas referencias, Judas es mencionado al final. Cada escritor lo colocó en la posición correspondiente.

2. Jesús se refirió a Judas como diablo (Juan 6:70).

   a. Jesús sabía que Judas Iscariote sería quien lo traicionaría. Observe Juan 6:70 y subraye en su Biblia. Escriba el v. 71:

   _____

   _____

   b. La declaración de Jesús de que Judas era diablo se cumplió literalmente. Satanás realmente entró en Judas. Véase Juan 13:27:

   _____

   También Juan 13:2: _____

   _____

   Lucas 22:3: _____

   _____

3. Lucas llamó traidor a Judas (Lucas 6:16).

Al enumerar a los doce, Lucas menciona a Judas al final y también lo llama traidor. Subraye este versículo en su Biblia.Principio del formulario

4. Juan llamó ladrón a Judas (Juan 12:6).

   Judas era el encargado de cuidar la bolsa de dinero de los doce y de Jesús. Era un ladrón, según Juan 12:6:

   _____

   También consulte Juan 13:29 y subraye en su Biblia.

5. Jesús también llamó a Judas el *"hijo de perdición"* (Juan 17:12).

   En la oración de nuestro Señor, se refirió a todos los que Dios Padre le había dado y que ninguno se había perdido excepto uno. Escriba el versículo:

   _____

   El *"hijo de perdición"* era Judas Iscariote. El mismo nombre fue usado por Pablo para el *"hombre de pecado"* (2 Tesalonicenses 2:3).

6. Judas Iscariote hizo un "trato" con los principales sacerdotes (Mateo 26:14-16).

   Después de que Jesús reprendió a Judas por su crítica a María de Betania, Judas se molestó con Jesús. María solo había ungido a Jesús con un ungüento caro, pero Judas prefería vender el ungüento para ayudar a los pobres. Jesús le dijo a Judas que ella lo estaba preparando para el entierro (Mateo 26:6-13).

   Judas quería un Mesías que conquistara a los romanos, aplastara a todos los enemigos de Israel, restaurara la independencia nacional y se convirtiera en el Rey-Mesías. No podía entender las ideas que tenía Jesús sobre ser el Mesías. Jesús nunca dijo que era el Mesías, pero tampoco lo negó (Marcos 8:29-30). Judas sabía que Jesús tenía poderes inusuales. ¿Por qué no los usaba para gobernar la nación? Judas quería dominio; Jesús hablaba de sufrimiento. Judas quería una espada y una corona para gobernar mientras Jesús hablaba de espinas y una cruz.

   Judas no pudo soportarlo más. Decidió hablar con los principales sacerdotes y se ofreció a *"entregar"* (v. 15) a Jesús en sus manos. El traidor había comenzado a actuar.

   Judas, pensando en lo que podía obtener de ello, pidió un precio.

Escriba Mateo 26:14-15: _____

_____

"Y desde entonces buscaba oportunidad para entregarle" (v. 16).

7. Jesús anunció su traición (Juan 13:21-27).

   a. Los cuatro Evangelios registran este evento. Se encuentra en:
      + Mateo 26:20-25
      + Marcos 14:17-21
      + Lucas 22:21-22
      + Juan 13:21-27

      Los cuatro escritores revelan la misma verdad. Los cuatro usan diferentes palabras. Compare los cuatro.

   b. En la última Pascua, Jesús dijo a los doce que uno de ellos lo traicionaría. Él sabía quién era, y Mateo y Marcos registran las palabras de Jesús que fueron muy severas. Lea Mateo 26:24 y Marcos 14:21. En ambos pasajes, Jesús dijo que habría sido mejor si Judas no hubiera nacido.

c. Jesús identificó al traidor en Juan 13:26-27:

_____

d. En Mateo 26:25 Judas preguntó: *"¿Soy yo, Maestro?"*. Jesús dijo: *"Tú lo has dicho"*, que era lo mismo que "sí".

e. Cuando Jesús le dijo a Judas que hiciera rápidamente lo que iba a hacer (Juan 13:27), los once pensaron que Jesús le había dicho a Judas que fuera a comprar las cosas necesarias, o a ayudar a los pobres (Juan 13:28-29).

f. Judas *se fue inmediatamente* (Juan 13:30). Escriba el versículo:

_____

Observe el hecho de que se fue de noche.

8. Jesús en el huerto de Getsemaní (Mateo 26:36-46).

a. Después de la institución de la última cena, Jesús partió con los once y fue al Monte de los Olivos y al lugar llamado Getsemaní. En el camino desde el aposento alto hasta el huerto, Jesús dio algunas de sus enseñanzas más profundas. Todas las palabras de Juan 14-17 se dijeron justo antes y durante la caminata al lugar de oración.

b. En Juan 14–17 Jesús les enseñó que Él volvería otra vez. Les habló de la venida del Espíritu Santo para habitar en los creyentes, el nuevo privilegio de la oración, la vid y las ramas, la obra del Espíritu Santo, su muerte, resurrección, segunda venida y la gran oración de intercesión por nosotros. Todo esto en poco tiempo en estos cuatro capítulos. (Lea los cuatro capítulos).

c. Cuando Jesús llegó al huerto, tomó a Pedro, Jacobo y Juan mientras que los demás se quedaron fuera del huerto. Dejó a los tres y fue más adelante para comenzar a orar. Tres veces regresó y encontró a los tres durmiendo. La tercera vez les dijo (v. 45):

_____

Subraye el v. 46.

9. Judas Iscariote traicionó a Jesús (Mateo 26:47-50).

a. Judas estaba con una gran multitud de gente con espadas y palos. Estaban allí para derramar sangre. Judas estaba al frente con ellos. Judas, que había estado con Cristo por tres años, estaba listo para traicionarlo.

b. La señal que Judas había dado a la multitud fue un beso.

Mateo 26:48: _____

_____

Judas *"se acercó a Jesús y le dijo: ¡Salve, Maestro! y lo besó"* (v. 49). La respuesta de Jesús fue como era de esperar del Maestro. Lea el v. 50: *"Amigo, ¿a qué vienes?"*.

c. Entonces la multitud tomó a Jesús. Comenzó su camino hacia la cruz.

10 El remordimiento de Judas (Mateo 27:3-10).

a. A la mañana siguiente, cuando Judas vio que Jesús fue condenado, tuvo un gran remordimiento. Intentó deshacer lo que había hecho: *"Devolvió arrepentido las treinta piezas de plata a los principales sacerdotes y a los ancianos"* (Mateo 27:3).

b. Observe lo que dijo en Mateo 27:4:

_____

c. Judas arrojó las treinta piezas de plata en el templo, y fue y se ahorcó (v. 5).

Los principales sacerdotes tomaron el dinero y, como no podían ponerlo en su tesorería, compraron un campo del alfarero, que normalmente se usaba para enterrar a extranjeros y a los que no tenían medios (vv. 6-8). La alusión en el v. 9 a Jeremías 18:1-4 y 19:1-3 era más clara para Zacarías, como veremos.

Los detalles macabros de la muerte de Judas se dan en Hechos 1:18.

11. ¿Por qué fue Judas elegido como uno de los Doce?

Solo hay una respuesta. Esa respuesta se encuentra en Mateo 26:56.

Para ir un paso más allá, ¿por qué fuimos elegidos nosotros? Todos los que somos creyentes en Jesús, por nuestra propia voluntad y elección, fuimos elegidos antes de la fundación del mundo (Efesios 1:4).

V. EL USO DEL ANTIGUO TESTAMENTO EN REFERENCIA A JUDAS ISCARIOTE:

1. Salmos 109:5-8, dirigido a un contemporáneo de David, encontró su cumplimiento en Hechos 1:16 y 20. Compare las dos citas.

2. Mateo 26:23 es un cumplimiento de Salmos 41:9:

---

3. Mateo 26:15 es un cumplimiento de Zacarías 11:12:

---

4. Mateo 26:31 es un cumplimiento de Zacarías 13:7. Subráyelo en su Biblia.

5. Mateo 26:45 es una referencia directa a Salmos 69:20. Compare las dos escrituras.

6. Mateo 26:39 es una referencia a Salmos 40:8:

---

7. Mateo 27:5, 9-10 es una referencia directa a Zacarías 11:13:

Jeremías es mencionado en Mateo 27:9. La referencia es a Jeremías 18:1-4. La referencia marginal en la versión Reina-Valera en Jeremías nos lleva a Zacarías 11:13.

VI. LAS LECCIONES QUE DEBERÍA APRENDER DE JUDAS ISCARIOTE:

1. No hay pecado peor que negar a Cristo por no poder aceptar su camino por encima del nuestro.

2. La traición aun ocurre, no solo por parte de Judas. ¿Cuántas veces hemos visto a "seguidores de Cristo" que muestran orgullo amargo, cruel e impaciente?

3. Judas se convirtió en un diablo encarnado. Jesús dijo: *"Uno de vosotros es diablo"* (Juan 6:70). Satanás trabaja de maneras ortodoxas.

4. Judas fue a su propio lugar (Hechos 1:25). Judas hizo lo que hizo a causa del pecado. Fue la decisión de Judas. Hasta el final, Cristo le dio a Judas la oportunidad de cambiar, incluso lo llamó "amigo" antes del beso de la muerte.

5. El camino del pecado siempre va de mal en peor. La velocidad aumenta y sigue descendiendo y descendiendo.

6. Es posible escuchar la Palabra, presenciar su poder en muchas vidas, y aun así negarnos a aceptarlo y entregarle nuestras vidas y, por lo tanto, estar perdidos.

RECUERDE:

1. ¿Cuál fue la diferencia entre Judas y los once?
2. ¿Dónde se encontraba Judas Iscariote entre los doce?
3. ¿Cómo llamó Jesús a Judas Iscariote? (dos nombres)
4. ¿Cuándo dio Jesús algunas de sus mayores enseñanzas?
5. ¿Cuál fue la respuesta de Jesús al beso de Judas? ¿Cómo lo llamó Jesús entonces?
6. La pregunta primordial: ¿estaba perdido Judas Iscariote?

SU SIGUIENTE TAREA:

1. Lea Mateo 10:1-6; Juan 11:1-16; 14:1-6; 20:19-31; 21:1-2; Hechos 1:13.
2. La próxima lección será un estudio de Tomás, un personaje poco conocido, excepto por el hecho de que fue "Tomás el incrédulo".
3. Repase su lección sobre Judas Iscariote.
4. Subraye en su Biblia las nuevas verdades que aprendió.

Lección 43
TOMÁS, EL APÓSTOL INCRÉDULO

I.   EL SIGNIFICADO DEL NOMBRE:

Tomás también llamado Dídimo, significa "gemelo". *Dídimo* es un nombre griego que significa, al igual que Tomás, "gemelo".

II. VERSÍCULOS BÁSICOS:

Mateo 10:1-6; Juan 11:1-16; 14:1-6; 20:19-31; 21:1-2; Hechos 1:13.

III. TRASFONDO FAMILIAR:

En Génesis 25:24 leemos que Rebeca tenía gemelos en su vientre; la palabra hebrea es *thomin*. Probablemente Tomás era gemelo, pero no sabemos nada sobre el hermano o hermana que era su gemelo.

Tomás era nativo de Galilea y pescador de profesión. No se registra en las Escrituras nada sobre sus padres o sus primeros años.

Si el cuarto Evangelio nunca se hubiera escrito, Tomás solo habría sido un nombre. Los tres primeros Evangelios no dan detalles sobre él. Lo que sabemos de él está en el Evangelio de Juan. Su nombre aparece con los apóstoles en Mateo 10:3, Marcos 3:18, Lucas 6:15 y Hechos 1:13.

IV. LO QUE DICE EL NUEVO TESTAMENTO SOBRE TOMÁS:

1. Tomás era impulsado por la emoción (Juan 11:16).

    a. Cuando Jesús anunció su intención de volver a Betania para resucitar de la muerte a Lázaro, Tomás supo de inmediato lo que eso significaría para Cristo. Tomás sabía que allí habría judíos hostiles y el peligro inminente que Jesús tendría que enfrentar.

    b. Tomás fue el único que se opuso a los otros discípulos que intentaron persuadir a Jesús de no ir a Betania, en Judea. Véase Juan 11:8:

    _____

    c. Tomás hizo un llamamiento emocional a sus compañeros discípulos.

Lea Juan 11:16:_____

_____

Algunos comentarios bíblicos indican que Tomás quiso decir que deberían ir y morir con Lázaro. En su contexto, ese significado simplemente no está indicado. Tomás, conociendo el peligro expresado por los discípulos, se refirió a *una disposición a morir con Cristo*.

Matthew Henry parafrasea así las palabras de Tomás: "Vayamos y muramos con nuestro Maestro que ahora se expone a la muerte aventurándose en Judea".

Tomás manifestó una disposición y prontitud para morir con Cristo. Desde un corazón de afecto, Tomás hizo la declaración emocional a los demás.

2. Tomás era inquisitivo (Juan 14:5).

    a. Sin disculpas, Tomás contradijo al Señor Jesús. El Maestro acababa de enunciar esa gran sección de consuelo en Juan 14:1-4, donde les dijo: *"No se turbe vuestro corazón; creéis en Dios, creed también en mí… Voy, pues, a preparar lugar para vosotros… Vendré otra vez, y os tomaré a mí mismo… Y sabéis a dónde voy, y sabéis el camino".*

b. Tomás, al escuchar que debía conocer el camino, le dijo a Jesús en Juan 14:5:

_____

_____

c. ¿No había escuchado las enseñanzas de Jesús a sus propios doce escogidos? ¿Había estado sordo? ¿Había olvidado sus enseñanzas sobre la traición, la muerte y la resurrección?

Tomás, como los demás, soñaba con un reino temporal. Cuando Jesús habló de irse y de que ellos estarían con Él, realmente pusieron en juego su imaginación hebrea. Podían imaginar a Jesús yendo a alguna ciudad, siendo ungido Rey allí y restaurando el reino de Israel. Eso es lo que querían creer.

d. Jesús respondió ambas preguntas como un buen maestro.

Tomás dijo: _"No sabemos adónde vas"_. Luego preguntó: _"¿Cómo podemos saber el camino?"_. La respuesta probablemente la sepa de memoria. Lea Juan 14:6:

_____

_____

3. Tomás era una persona incrédula y escéptica (Juan 20:24-25).

   a. Tomás es conocido como "Tomás el incrédulo", pero tenía que ser más que un hombre de dudas, o su nombre no estaría escrito entre los doce discípulos originales. Jesús lo incluyó para compartir su ministerio y continuarlo después de su muerte.

   b. Durante tres años había vivido cerca de Jesús. Había sentido el impacto de la personalidad de Jesús y había escuchado sus enseñanzas. Tomás estuvo presente en la última cena (Mateo 26:26-29). Estuvo cerca en el huerto de Getsemaní (Mateo 26:36). Sería injusto recordar a Tomás solamente como el que dudó. El Espíritu Santo tenía alguna razón especial para tal enseñanza.

   c. Tomás estuvo ausente la primera vez que Jesús se apareció a los discípulos después de su resurrección. Lea Juan 20:24:

_____

_____

   Las Escrituras no indican una razón para su ausencia. Podemos suponer cómo nos habríamos sentido si hubiéramos estado en el lugar de Tomás.

   Había visto el cuerpo de Jesús ser puesto en la tumba. Estaba destrozado por el dolor, y solamente quería estar a solas con su dolor. Con la pérdida del Maestro y su propia actitud escéptica sobre una resurrección, Tomás estaba sumido en la autocompasión.

   d. Cuando los discípulos dijeron a Tomás: _"Hemos visto al Señor"_, observe lo que les dijo. Escriba el resto de Juan 20:25:

_____

_____

   Esta fue la declaración que le ha dado el nombre a lo largo de los siglos como "Tomás el incrédulo". Tomás necesitaba ver y sentir al Resucitado antes de creer en el testimonio de la resurrección.

   e. Algunos escépticos no quieren creer. Tomás aparentemente era sincero. Realmente quería ver a Jesús nuevamente y saber que no estaba muerto.

4. Las dudas de Tomás quedaron eliminadas (Juan 20:26-29).

a. Desde una duda de profunda desesperación, Tomás permaneció con los discípulos siete días esperando ver si lo que ellos habían dicho era realmente cierto. Durante una semana, Jesús demoró su encuentro con ellos nuevamente. Fue una semana de alegría para los demás, pero una semana de ansiedad para Tomás.

b. Se había reunido con el grupo, indicando que necesitaba estar con ellos. No era momento de alejarse de todo lo que Jesús había enseñado.

Jesús no se apareció a Tomás hasta que estuvo con el resto de los discípulos. Jesús les había enseñado Mateo 18:20:

_____

c. *"Llegó Jesús"* (Juan 20:26). Jesús regresó misericordiosamente a ese lugar en Jerusalén. Las puertas estaban cerradas por miedo a los judíos. Jesús apareció y dijo: *"Paz a vosotros"*. Escriba aquí Juan 20:26:

_____

_____

d. Jesús se dirigió a Tomás en particular. Observe Juan 20:27:

_____

Jesús sabía lo que Tomás había dicho y lo que estaba pensando y, sin embargo, condescendió con Tomás, *un solo hombre*. Jesús podría haber regresado al Padre y estar en medio del trono de Dios. Para nuestro beneficio, así como para el de Tomás, se quedó y visitó a su grupo selecto. Jesús valoró un alma, un hombre.

e. Tomás declaró su fe en Juan 20:28:

_____

Tomás estaba completamente convencido de la verdad de la resurrección de Cristo. Su escepticismo humano y su lentitud para creer deberían ayudarnos a entender dos verdades. En primer lugar, la actitud carnal y dudosa de la mayoría de las personas; y, en segundo lugar, la gracia del Señor Jesús al invitarnos continuamente a "venir a Él". Tomás había visto al Señor resucitado, ¡y creyó!

5. Jesús reprendió a Tomás (Juan 20:29).

Jesús recordó con misericordia a Tomás una verdad fundamental del cristianismo. Esa verdad era la *fe*. Observe el v. 29:

_____

Jesús quería que Tomás aprendiera que la verdadera fe no requiere prueba visible. La verdadera fe cree lo que no puede ver ni tocar. Jesús amaba a Tomás y había regresado para que Tomás pudiera verlo. En el proceso, Jesús declaró la verdad de la fe sin la necesidad de evidencia.

El mismo Tomás que había dicho: *"Vamos también nosotros, para que muramos con él"* (Juan 11:16), fue el Tomás que tuvo que ver al Cristo resucitado para creer que había salido de la tumba. No seamos críticos con Tomás. Él nos representa a la mayoría de nosotros.

V. EL USO DEL ANTIGUO TESTAMENTO EN REFERENCIA A TOMÁS:

1. Juan 20:25 es una referencia a Zacarías 12:10:

_____

_____

2. Juan 20:28, *"¡Señor mío y Dios mío!"*, declara expresamente la deidad de Cristo.

Su deidad se expresa en:

- Salmos 2:2-9
- Isaías 7:13-14
- Isaías 9:6-7

VI. LAS LECCIONES QUE DEBERÍA APRENDER DE TOMÁS:

1. Deberíamos aprender a identificarnos con los discípulos que se regocijaron en lugar de con aquel que tuvo que ver para creer.

2. Muchas personas dentro y fuera de las iglesias se identifican con Tomás porque los escépticos buscan a otros escépticos.

3. La duda sobre la resurrección real de Jesucristo causa dudas sobre la mayoría de las grandes doctrinas de la fe.

4. El mundo dice: "Ver para creer". Jesús dice: "Cree y verás".

5. La depresión, la autocompasión, la ansiedad y el dolor eran las marcas de Tomás, causando dudas emocionales. Todos hemos pasado por la misma condición, pero nunca deberíamos permanecer en esa condición.

6. Hebreos 11:1 debería convertirse en una realidad para nosotros.

7. Primera de Pedro 1:8 es precioso para todos los que creen. Dice: *"a quien amáis sin haberle visto, en quien creyendo, aunque ahora no lo veáis, os alegráis con gozo inefable y glorioso"*.

RECUERDE:

1. ¿Qué significa *Tomás*?

2. ¿Qué valiente llamado hizo Tomás a sus compañeros discípulos?

3. ¿Cuáles fueron las dos preguntas que Tomás le hizo a Jesús cuando habló de ir a preparar un lugar para nosotros?

4. ¿Por qué no estaba presente Tomás cuando Jesús se apareció a los discípulos por primera vez?

5. ¿Qué requiere la fe verdadera?

6. ¿Se identifica usted con Tomás?

Para su información: la tradición y la documentación de hechos revelan que Tomás fue usado poderosamente por el Señor para establecer iglesias en Persia (Irán), e hizo su mayor trabajo en la India al establecer la Iglesia del Oriente, también conocida como la Iglesia Asiria, la Iglesia Nestoriana o la Iglesia Sirocaldea. Tomás murió como mártir en la India. Fue enterrado en Mylapore, India. Su influencia en esa parte del mundo ha sido documentada en muchos libros. Una obra es *Las Tradiciones de los Cristianos de Santo Tomás*, de A. M. Mundadan, quien la escribió como su disertación doctoral en 1960 en una universidad alemana.

SU SIGUIENTE TAREA:

1. Lea Mateo 4:18-25; 16:13-23; 26:69-75; 28:16-20; Juan 1:40-42; 20:1-8; 21:1-22; Hechos 1–12 y 15; 1 y 2 Pedro.

2. La próxima lección será un estudio del apóstol Pedro.

3. Repase su lección sobre Tomás.

4. Subraye en su Biblia las nuevas verdades que aprendió.

Lección 44
SIMÓN PEDRO

I. EL SIGNIFICADO DEL NOMBRE:

Simón, su nombre natural significa "oír".

Pedro, su nuevo nombre dado por Cristo, significa "piedra", que es la forma griega del nombre arameo Cefas, la palabra hebrea para "piedra". El equivalente griego es *Petros*, traducido como *Pedro* en nuestra Biblia.

II. VERSÍCULOS BÁSICOS:

Mateo 4:18-25; 16:13-23; 26:69-75; 28:16-20; Juan 1:40-42; 20:1-8; 21:1-22; Hechos 1–12 y 15; 1 y 2 Pedro.

III. TRASFONDO FAMILIAR:

Simón era hijo de Jonás (Juan). Él y su hermano Andrés eran pescadores en el Mar de Galilea (Mateo 4:18). Eran socios de Jacobo y Juan, los hijos de Zebedeo (Lucas 5:10). Era nativo de *Betsaida*, que significa "la casa de la pesca" (Juan 1:44). Más adelante vivió en su propia casa en Capernaum (Mateo 8:5 y 14). Por el v. 14 sabemos que Simón Pedro estaba casado. Incluso en la actualidad se puede ver el lugar de la casa de Pedro en Capernaum. Jesús frecuentemente se quedaba con Simón Pedro durante su ministerio en Galilea.

IV. LO QUE DICE EL NUEVO TESTAMENTO SOBRE SIMÓN PEDRO:

1. Simón Pedro fue ganado para Cristo por su hermano Andrés (Juan 1:40-42).

    a. Andrés y otro discípulo de Juan el Bautista, que no es nombrado, escucharon a Juan el Bautista declarar: *"He aquí el Cordero de Dios"* (Juan 1:29). Estaban mirando a Jesús en ese momento y lo oyeron hablar, y entonces lo siguieron. Juan los había preparado para el Mesías. Fueron con Jesús, tras su invitación, y pasaron tiempo con Él donde Él moraba (Juan 1:35-39).

    b. Andrés fue a buscar a su hermano Simón (Juan 1:41).

        Después de pasar de seis a ocho horas con Jesús, Andrés tuvo que contar las buenas nuevas. Observe Juan 1:41:

        _____

        En el siguiente versículo, la primera frase es una lección para todos. En el v. 42: *"Y le trajo a Jesús"*. Estos fueron los primeros seguidores de Jesús.

2. Jesús le dio a Simón otro nombre (Juan 1:42).

    a. En la primera reunión de Jesús y Simón, Jesús lo miró y vio en Simón algo que solo Él podía ver. Jesús llamó a Simón por su nombre, y luego le dio otro nombre. Observe el v. 42: *"Tú eres Simón... tú serás llamado **Cefas** [piedra en hebreo, pero Pedro en griego]"*.

    b. ¿Por qué le dio Jesús otro nombre? Simón era su nombre por su primer nacimiento. Era su primer nombre. Él era Simón, hijo de un hombre, con la naturaleza de su padre, carnal y pecaminosa.

        Jesús dijo: *"Tú serás llamado Cefas"*. Este era el nuevo nombre para un hombre nuevo. Era una promesa, pero no vemos que la promesa se cumple hasta la declaración pública de fe en Mateo 16.

3. La confesión de Simón Pedro (Mateo 16:16-18).

a. Simón Pedro confesó a Cristo en Mateo 16:16:

---

b. Jesús entonces declaró en tiempo presente: *"Bienaventurado eres, Simón, hijo de Jonás, porque no te lo reveló carne ni sangre, sino mi Padre que está en los cielos. Y yo también te digo que **tú eres Pedro"*** (Mateo 16:17–18). (Observe el tiempo presente).

c. Jesús le recordó que todavía era Simón. Su confesión no fue resultado de su propio razonamiento como Simón, sino una revelación del Padre del cielo. *"Carne y sangre"* no revelaron nada. En otras palabras, la vieja naturaleza de Simón no tuvo nada que ver con su confesión, sino que fue un don sobrenatural de Dios.

d. Aplicándolo de manera práctica, Jesús le dijo a Simón, en esencia: "Por tu primer nacimiento eras carne y sangre, un hijo de Adán. Ahora, por la fe en mí, te has convertido en un hijo de Dios, un hijo de mi Padre. Aunque tu nombre sigue siendo Simón, tu nuevo nombre ahora es Pedro, y ahora eres dos hombres: Simón, el hombre natural y pecaminoso, y Pedro, el hombre espiritual. Ahora, Simón Pedro, tienes dos naturalezas: la vieja y la nueva. La batalla está entre la carne y el espíritu, y no puede haber ninguna concesión".

e. Pedro nunca se deshizo del viejo Simón, pero gracias a Dios, Simón nunca dejó de ser Pedro, el nuevo hombre. A lo largo del relato, su nombre sigue siendo Simón Pedro. A veces vemos la vieja naturaleza, Simón; y luego, nuevamente, vemos la nueva naturaleza, Pedro, más evidente.

(Nota: hemos colocado la confesión de Simón Pedro aquí para que podamos ver la importancia y el significado de los nombres).

4. Simón Pedro, llamado a ser discípulo y apóstol (Mateo 4:18-20; 10:2).

a. Simón Pedro se convirtió en un discípulo (aprendiz, seguidor) de Jesús. Observe Mateo 4:18 y subraye. Escriba el v. 19:

---

b. Fue uno de los doce apóstoles. Lea Mateo 10:2 y subraye el versículo en su Biblia. Recuerde: un apóstol era "uno enviado" y elegido por el Señor. Un apóstol era alguien que vio a Jesús y fue testigo de la resurrección.

c. Pedro siempre es nombrado primero en las listas de los apóstoles (Mateo 10:2; Marcos 3:16; Lucas 6:14).

d. En el círculo más íntimo de los tres discípulos más favorecidos, también se le nombra primero. Siempre es Pedro, Jacobo y Juan (Mateo 17:1; Marcos 5:37; 9:2; 13:3; 14:33; Lucas 8:51; 9:28). Busque estos versículos en su Biblia.

5. La primera mención de la iglesia fue a Simón Pedro (Mateo 16:18).

a. Después de que Jesús dijo: *"Tú eres Pedro"* (tiempo presente), entonces dijo: *"y sobre esta roca edificaré mi iglesia".* Esta es la primera mención de la Iglesia en toda la Escritura.

b. Jesús no quiso decir que la Iglesia sería edificada sobre Simón Pedro. Su nombre, dado por Jesús, era Pedro. El nombre en griego es *Petros*, y significa "una pequeña roca o piedra". La palabra *"roca"* en el v. 18 es *Petra* en griego, y significa "una roca poderosa". Jesús fundó la Iglesia, la *ecclesia*, los "llamados", sobre Él mismo, la Roca de nuestra salvación.

c. La iglesia fue establecida sobre Cristo, y el v. 18 debería leerse, cuando se traduce: "Tú eres Petros (una pequeña piedra) y sobre esta Petra (una roca poderosa, es decir, Cristo), edificaré mi iglesia". Hay muchas escrituras que confirman la verdad de ese versículo. En 1 Corintios

10:4, Pablo dice: *"La roca era Cristo"*. En 1 Corintios 3:9-11 Pablo afirma que Jesús es el fundamento.

Escriba el v. 11: _____

_____

Efesios 2:20: _____

_____

Pedro sabía muy bien que él no era la roca sobre la cual sería edificada la Iglesia. En 1 Pedro 2:1-6 él mismo dijo que la Iglesia sería edificada sobre Jesucristo. Subraye 1 Pedro 2:5-6.

6. Jesús dio a Simón Pedro las llaves del reino (Mateo 16:19).

   a. Había al menos tres llaves entregadas a Pedro. (Estas no eran las llaves de la Iglesia, sino del reino de los cielos).

   b. Primero, la llave que abrió la puerta a los judíos (Hechos 2). El primer uso de las llaves fue en Pentecostés. Pedro fue el instrumento de Dios para presentar el evangelio primeramente a la nación judía. Esto estaba de acuerdo con el orden divino de Dios, que era *"comenzando desde Jerusalén"* (Lucas 24:47).

   c. El segundo uso de las llaves fue para abrir la puerta a Samaria (Hechos 8:4-25). Después de la muerte de Esteban y la persecución que siguió, Felipe, el diácono predicador, fue a Samaria y presenció un gran avivamiento. En Hechos 8:14, observe:

   _____

   Pedro tenía la llave para abrir la puerta como lo hizo en Pentecostés. El Espíritu Santo habitaba en los creyentes. Subraye Hechos 8:25.

   d. El tercer uso de las llaves del reino fue para abrir la puerta del evangelio a los gentiles (Hechos 10).

   En Hechos 7, Israel rechazó el mensaje final de Cristo a través de Esteban. En Hechos 8, el mensaje fue a Samaria. En Hechos 9, Saulo (Pablo) fue convertido para prepararlo para su ministerio *"hasta lo último de la tierra"* (Hechos 1:8).

   En Hechos 10, Pedro, siendo judío, objeta fuertemente al Señor sobre ir a los gentiles *"impuros"* (v. 14). Lea Hechos 10:14-15.

   Un gentil, Cornelio, envió a buscar a Pedro y llevarlo a Cesarea para presentar el evangelio allí. Pedro recibió la visita del Espíritu Santo en Hechos 10:20:

   _____

   El resultado de la predicación de Pedro se encuentra en Hechos 10:44-45.

   e. Pedro había cumplido su misión abriendo las puertas a Jerusalén, Samaria y Cesarea. El mensaje cambió. Ya no era solo para los judíos: *"Arrepentíos, porque el reino de los cielos se ha acercado"* (Mateo 3:2). El nuevo mensaje era de gracia y del Espíritu Santo morando en todos los que creen. El nuevo mensaje decía, y aún dice: *"Cree en el Señor Jesucristo, y serás salvo"* (Hechos 16:31).

7. Los últimos actos de Simón Pedro (Hechos 15:7-10; 1 y 2 Pedro).

   a. Simón Pedro siempre será conocido como "el gran pescador". Ni el tiempo ni el espacio permitirán hablar completamente de este hombre; pero para emocionarse, vaya a Lucas 5:1-11. En este pasaje vemos al hombre natural, Simón. Jesús estaba con él. Observe que Jesús estaba en la barca de Simón en el v. 3; *"dijo a Simón"* en el v. 4; y *"Respondiendo Simón"* en el v. 5.

Lucas lo llamó Simón Pedro en el v. 8, tras su confesión. Jesús dijo: *"No temas; desde ahora serás pescador de hombres"* (v. 10). Jesús lo llamó Simón, su nombre natural, porque actuaba como un hombre natural.

    b. Después de que el evangelio se abrió a los gentiles, Pedro habló una vez más en Jerusalén, en el famoso Concilio de Jerusalén (Hechos 15:7-10). Subraye los vv. 7 y 10.

    c. Pedro escribió sus dos epístolas desde territorio gentil. Fueron escritas después de su gran ministerio de abrir el evangelio a todas las personas.

Primera de Pedro fue escrita para consolar y edificar a los santos durante un tiempo de sufrimiento y persecución. Es una joya para nosotros leerla en busca de resistencia y paciencia.

Segunda de Pedro fue el "canto del cisne" de Pedro. Fue escrita para advertir contra la apostasía o la enseñanza falsa.

Pedro es conocido como el "apóstol de la esperanza". En sus dos pequeños libros proporciona verdades fundamentales para la vida cristiana. Lea tanto 1 Pedro como 2 Pedro.

    d. Pedro murió como Jesús lo había indicado en Juan 21:19. No se especifica dónde ni cuándo. Jesús indicó que sería crucificado. La leyenda nos dice que él no se consideraba digno de morir como Jesús, por lo que suplicó a sus ejecutores que lo crucificaran cabeza abajo.

V. EL USO DEL ANTIGUO TESTAMENTO EN REFERENCIA A SIMÓN PEDRO:

1. Juan 1:39 es una referencia a Salmos 27:8:

_____

2. Mateo 16:19 es una referencia a Isaías 22:22:

_____

3. Hechos 2:16-18 es parte del sermón de Pedro en el día de Pentecostés y se refiere a Joel 2:28-29. Busque y subraye.

4. Hechos 2:25 es una referencia a Salmos 16:8:

_____

5. Hechos 10:14 es una referencia a Ezequiel 4:14:

_____

6. Hechos 10:34 es una referencia a Deuteronomio 10:17. Subráyelo en su Biblia.

7. Hechos 10:44-45 es una referencia a Salmos 68:18:

_____

8. Primera de Pedro 2:4 es una referencia a Salmos 118:22:

_____

9. Primera de Pedro 2:6 es una referencia a Isaías 28:16. Subráyelo, por favor.

10. Segunda de Pedro 2:15 es una referencia a Números 22:5. Subráyelo, por favor.

Toda la enseñanza de Simón Pedro tiene sus raíces en el Antiguo Testamento y en lo que Jesús le enseñó. Las referencias son innumerables.

VI. LAS LECCIONES QUE DEBERÍA APRENDER DE SIMÓN PEDRO:

1. Todos nosotros simplemente podemos decir a otros que hemos conocido al Señor Jesucristo y lo hemos aceptado. Simón Pedro fue llevado a Cristo por su hermano Andrés.

2. Cuando aceptamos a Jesucristo, nos convertimos en "nuevas criaturas en Cristo" (véase 2 Corintios 5:17). Simón, el hombre natural, se convirtió en Pedro, el hombre espiritual.

3. Simón Pedro nos enseña que, si somos cristianos, tenemos dos naturalezas: la natural y pecaminosa naturaleza adámica, y la naturaleza espiritual regenerada.

4. La Iglesia no está edificada sobre Pedro ni sobre ningún otro apóstol. La Roca (Jesús) es el fundamento de la Iglesia. Pedro era una piedra pequeña (como él mismo dijo en su propia escritura) entre las *"piedras vivas... edificados en casa espiritual"* (1 Pedro 2:5).

5. Simón Pedro tuvo las llaves del reino y abrió el evangelio a todos, incluso a nosotros en nuestra generación. El judío, el samaritano y el gentil recibieron la Palabra, en ese orden.

6. El nuevo mensaje de esperanza, que aceptamos casualmente, fue una revelación notable. El nuevo mensaje causó un crecimiento fenomenal en la iglesia de Jerusalén. El mismo mensaje todavía hace que la gente acepte a Cristo si enseñamos, predicamos y vivimos fielmente de acuerdo con él.

RECUERDE:

1. ¿Cuál es el significado de lo siguiente: *¿Simón? ¿Cefas? ¿Pedro?*

2. ¿Con quién estaba asociado Simón Pedro en el negocio de la pesca?

3. Simón Pedro presenta dos lados de un hombre. Nómbrelos.

4. ¿Cuándo aplicó Jesús el nombre de Pedro?

5. Simón Pedro fue discípulo y apóstol. ¿Cuál es la diferencia?

6. ¿Qué impresión le causó a usted Simón Pedro?

SU SIGUIENTE TAREA:

1. Lea Hechos 6:5; 8; 21:8.

2. La próxima lección será sobre el *laico* Felipe, uno de los siete diáconos; no confundir con el apóstol Felipe.

3. Repase su lección sobre Simón Pedro.

4. Subraye en su Biblia las nuevas verdades que aprendió.

   Nota: La lección sobre Simón Pedro no pudo cubrir todas las áreas de su vida. La negación de Cristo fue omitida, porque es más recordado por sus rasgos negativos. De modo único, su ministerio de abrir las puertas del evangelio fue suyo, aunque en raras ocasiones se cubre en una lección bíblica.

Lección 45
FELIPE, EL LAICO, DIÁCONO, EVANGELISTA

I. EL SIGNIFICADO DEL NOMBRE:

Felipe significa "guerrero" o "amante de los caballos".

II. VERSÍCULOS BÁSICOS:

Hechos 6:5; 8; 21:8.

III. TRASFONDO FAMILIAR:

Felipe, el laico, diácono y evangelista, fue nombrado como uno de los siete hombres elegidos para ayudar a los apóstoles en la administración de la iglesia. No hay nada escrito en las Escrituras sobre su trasfondo o familia. El relato bíblico sí da las cualidades de las siete personas seleccionadas; por lo tanto, tenía una buena reputación entre la gente. Los siete hombres elegidos eran todos judíos griegos o helenistas, es decir, judíos de habla griega. La razón de la selección fue el problema que existía en la iglesia entre los judíos de habla griega y los judíos de habla aramea. Para resolver el problema, los doce apóstoles dejaron que la gente seleccionara a los hombres. En casi todos los comentarios a estos siete se les llama *diáconos*, palabra que significa "siervo o mensajero". Felipe fue nombrado segundo, el primero fue Esteban.

IV. LO QUE DICE EL NUEVO TESTAMENTO SOBRE FELIPE:

1. Felipe fue nombrado como uno de los siete diáconos (Hechos 6:1-7).

   a. Debido al problema en la iglesia, los apóstoles necesitaban ayuda. Surgió una murmuración entre los creyentes judíos helenistas que nacieron fuera de Palestina y los hebreos, los creyentes judíos de habla aramea de Palestina (Hechos 6:1).

   b. Los apóstoles vieron el daño potencial en tal división. Convocaron a la multitud de creyentes y plantearon el problema ante ellos. Observe Hechos 6:2:

   El llamado de los apóstoles era predicar la Palabra de Dios y orar. No debían abandonar la Palabra y "servir mesas". Matthew Henry dice: "Los siete, cuya tarea debería ser servir mesas" (en el original, "ser diáconos para las mesas").

   c. Los apóstoles establecieron los requisitos de los siete que serían seleccionados por el pueblo (Hechos 6:3).

   El pueblo debía nominar a los siete: *"Buscad, pues, hermanos, de entre vosotros a siete varones..."*. Los siete debían poseer tres cualidades:

   + *"De buena testimonio"*, hombres libres de escándalo.

   + *"Llenos del Espíritu Santo"*, que estuvieran llenos del Espíritu Santo.

   + *"Y de sabiduría"*, teniendo la sabiduría del Espíritu.

   Los apóstoles debían designar a los siete seleccionados para ocuparse de los problemas de la iglesia. Entonces estarían libres para dedicarse a lo que Dios los había llamado a hacer como apóstoles.

Escriba Hechos 6:4: _____

_____

   d. Los siete fueron elegidos por el pueblo, todos siendo helenistas, creyentes judíos de habla griega. Los siete fueron designados y Felipe fue colocado en segundo lugar. Observe el v. 5.

El pueblo presentó a los siete ante los apóstoles. Lea el v. 6: _____

_____

   Los apóstoles oraron y ordenaron a los siete. El principio aquí es bueno para la Iglesia hoy en día. La primera controversia en la iglesia cristiana fue sobre un asunto de dinero. Un grupo estaba recibiendo más que otro grupo. El problema, presentado ante el grupo, se resolvió con la selección de hombres piadosos para ayudar a los apóstoles. Los doce entonces podían orar, estudiar la Palabra y proclamar las verdades de Dios. Los pastores hoy en día necesitan la misma asistencia.

   e. Mire el resultado de la acción en el v. 7:

_____

2. Felipe fue uno de los miembros de la iglesia que estaba esparcido en el extranjero (Hechos 8:1-4).
   a. Debido a la muerte (martirio) de Esteban, la iglesia en Jerusalén fue dispersada. Busque Hechos 11:19 y subraye la primera parte del versículo.
   b. Una gran persecución contra la iglesia dispersó a los creyentes por toda Judea y Samaria, *excepto a los apóstoles* (Hechos 8:1).

Escriba Hechos 8:4: _____

_____

   Los apóstoles continuaron en Jerusalén para estar listos y ayudar donde fueran necesarios, como en Hechos 10:23-35.

3. Felipe fue a Samaria y predicó a Cristo (Hechos 8:5).
   a. Todos los dispersados predicaban la Palabra, y Felipe fue a los samaritanos para predicar a Cristo (v. 5). A partir del martirio, los problemas y la persecución, el evangelio comenzó a difundirse. Los samaritanos eran de sangre mixta, medio judíos.
   b. Los judíos de habla griega eran los dispersados. Los samaritanos miraban con desprecio y odio a los judíos. El sumo sacerdote en Jerusalén no tenía jurisdicción en Samaria. Cuando Felipe fue a Samaria, tuvo la oportunidad de predicarles a Cristo. Él era un judío helenista y más aceptable para los samaritanos.
   c. Felipe también tuvo éxito debido al ministerio previo de Jesús en Samaria. Busque Juan 4:4:

_____

   Allí, Jesús habló con la mujer samaritana en el pozo de Jacob. Como resultado, muchos escucharon su testimonio y creyeron. Lea Juan 4:39.

4. Señales de Dios confirmaron la verdad de la Palabra (Hechos 8:6-8).
   a. Hubo señales de Dios confirmando la verdad que Felipe predicaba.
   b. Felipe estaba allí para romper el poder de Satanás. Lea el v. 6:

_____

Mire ese versículo. Dice: *"Oyendo y viendo las señales que hacía".* Uno no *oye* una señal. En el v. 7: *"Porque de muchos que tenían espíritus inmundos, salían estos dando grandes voces".*

La palabra para *"dando voces"* es *boao,* que puede significar "un grito de agonía", pero su primer significado es "un grito de alegría y liberación"; *"grandes voces"* en griego es *megale,* que significa "una voz grande e intensa". Por lo tanto, Felipe predicaba a Cristo a aquellos que estaban poseídos por espíritus inmundos, como la lujuria, el odio y la idolatría; y al ser liberados, gritaban su alegría por la salvación. Por eso se escribió la frase: *"Y la gente... oyendo y viendo las señales que hacía".* Fueron salvados, liberados de viejos hábitos, y el dominio de Satanás sobre ellos fue quebrantado.

    c.   Las sanidades físicas dieron autenticidad al ministerio de Felipe. Probablemente era más conocido por sanar a los cojos y paralíticos que por sanar las almas enfermas de pecado de la multitud. Dios siempre autentificaba su obra durante los días de los apóstoles. Toda sanidad era, y es, sanidad divina, ya sea a través de la oración, la medicina, el cuidado adecuado, los médicos o cualquier otro método. Todos ellos son solo "ayudas" para el cuerpo porque Dios es quien finalmente hace la sanidad.

    d.   *"Así que había gran gozo en aquella ciudad"* (v. 8).

El Dr. W. A. Criswell dijo en su libro *Sermons on Acts* [Sermones sobre Hechos]: "Hay una pequeña familia de palabras en el Nuevo Testamento griego que son similares: *kara* que significa 'gozo'; *karis,* 'gracia'; *karisma,* 'un don de gracia'; y *karismata,* la forma plural. Uno de los significados de *kara* es 'una alegría exaltada en el Señor'. Uno de los significados de *karis,* 'gracia', es 'un espíritu y actitud hermosos' o 'un corazón maravillosamente desbordante'. Y estaba *megale,* 'gran gozo [alegría por liberación y salvación] en aquella ciudad'* (v. 8). Toda la historia es de intervención celestial y avivamiento".

5.   El ministerio de Felipe preparó el camino para los apóstoles (Hechos 8:14-17).

    a.   Si recuerda la lección sobre Simón Pedro, esto reafirmará la enseñanza sobre el uso de las llaves del reino. Dios siempre realiza su obra según un propósito y un plan. El libro de los Hechos es una introducción a una nueva era. Es un relato de transición del judío al gentil, del judaísmo al cristianismo, de Judea a los lugares más remotos de la tierra, de la ley a la gracia.

En Mateo 16:18-19 encontramos el patrón de Dios. En Mateo 18:18 a los apóstoles se les dijo lo mismo acerca de "atar y desatar". (Véase nota al final de esta lección).

En Hechos 1:8 el Señor dio dirección sobre la progresión de su obra. Dijo: *"Pero recibiréis poder, cuando haya venido sobre vosotros el Espíritu Santo, y me seréis testigos en Jerusalén, en toda Judea, en Samaria, y hasta lo último de la tierra".* Se refería al grupo étnico de los judíos. Jerusalén y Judea son como uno. El judío debía ser primero, luego Samaria.

    b.   Cuando Felipe predicaba, predicaba a Cristo y la gente creía. Solo cuando Simón Pedro y Juan fueron a Samaria, enviados por los apóstoles, los samaritanos recibieron el Espíritu Santo. Este fue el segundo uso de las llaves del reino. Subraye Hechos 8:15-16 y escriba el v. 17:

_____

Ahora escriba el v. 25: _____

_____

6.   Felipe predicó a Jesús al etíope (Hechos 8:26-40).

    a.   Felipe fue dirigido por un ángel del Señor. Debía dejar Jerusalén e ir a Gaza, en el desierto. Observe el llamado en el v. 26.

b. *"Él se levantó y fue"*. Felipe obedeció el llamado de Dios. Escriba el v. 27:

El hombre era un eunuco etíope con gran autoridad, un canciller, un tesorero en el gobierno de la reina Candace.

c. Había ido a Jerusalén para adorar. De regreso a su casa, leía Isaías 53. Felipe estaba allí para interpretar la Escritura. Escriba el v. 35:

d. Felipe bautizó al etíope, lo cual indicó completa obediencia y una profesión pública de fe en Cristo. Lea el v. 36. Ahora subraye el v. 37. El requisito previo para el bautismo es la fe, la confianza y la creencia en el Señor Jesucristo. El v. 37 dice exactamente eso en referencia al bautismo.

e. El Señor arrebató a Felipe y quedó el nuevo cristiano, sosteniendo el Antiguo Testamento en sus manos. El arrebatamiento milagroso de Felipe fue una confirmación del poder de Dios para el eunuco. *"Y el eunuco no le vio más; y siguió gozoso su camino"* (v. 39).

7. Felipe predicó en todas las ciudades hasta que llegó a Cesarea (Hechos 8:40).

a. Felipe estaba en Azoto, que es "Asdod" en nuestros días. Estaba a unos treinta kilómetros de donde había dejado al eunuco.

b. Predicó durante todo el camino a su casa. En cada ciudad, les hablaba de Jesús. Finalmente, llegó a Cesarea.

c. Pablo visitó la casa de Felipe (Hechos 21:8). Busque Hechos 21:8-9 y subráyelo. El lugar era Cesarea Marítima y no Cesarea de Filipo.

d. Esta es la última referencia al fiel diácono y evangelista Felipe. Qué gran testimonio de un laico.

V. EL USO DEL ANTIGUO TESTAMENTO EN REFERENCIA A FELIPE:

1. Hechos 6:3 es la enseñanza de Éxodo 18:21. Subraye el v. 21.

2. Compare Hechos 8:27 con Salmos 68:31.

3. Hechos 8:32-33 es una referencia a Isaías 53:7-8. Escriba Isaías 53:7:

4. Compare Hechos 8:39 con 2 Reyes 2:11. Subráyelo en su Biblia.

5. También compare Hechos 8:39 con Ezequiel 8:3.

VI. LAS LECCIONES QUE DEBERÍA APRENDER DE FELIPE:

1. Dios puede usar a una persona que entrega su vida y su voluntad al Señor.

2. El pastor de una iglesia no debe involucrarse en cosas mundanas. Debemos protegerlo para que pueda estudiar, orar y predicar.

3. Nunca deberíamos elegir líderes de la iglesia por *quiénes* son, sino *por lo que son* en su corazón y alma.

4. Un diácono, o funcionario de la iglesia, puede predicar y debería ser *"apto para enseñar"* (2 Timoteo 2:24). Felipe fue un buen evangelista laico.

5. Cuando el Espíritu Santo nos guía, como a Felipe, ¿respondemos a instrucciones como *"Levántate y ve"* (Hechos 8:26)? Raras veces vemos esa respuesta. El campo misionero sufre porque no respondemos.

6. El evangelio puede compartirse en cualquier lugar, en cualquier momento, incluso en un desierto. Satanás se asegura de que simplemente retrasemos hablarle a alguien sobre Cristo.

RECUERDE:

1. ¿Cuáles eran los tres requisitos para los siete?
2. ¿Por qué los apóstoles dejaron que la gente eligiera a los siete?
3. Cuando llegó la persecución a la iglesia, ¿ayudó o perjudicó a la obra del Señor?
4. ¿Qué hizo que Felipe fuera aceptable para los samaritanos?
5. ¿Cómo dejó Felipe al etíope?
6. ¿Tenía Felipe una familia? ¿Cómo lo sabe?

SU SIGUIENTE TAREA:

1. Lea Hechos 6:5-15; 7; 8:1-3; 11:19; 20:20.
2. Nuestro próximo estudio será sobre el primer mártir cristiano, uno de los siete: Esteban.
3. Repase su estudio sobre Felipe.
4. Subraye en su Biblia las nuevas verdades que aprendió.

   (Nota: El tema de "atar y desatar" que se encuentra en Mateo 16:18-19 y en Mateo 18:18 es muy confuso para algunos estudiantes. Para aclararlo un poco, lea Juan 20:21-23. La exhortación no fue dada solo a Pedro, sino también a los apóstoles y a la Iglesia. El contexto de Mateo 18:15-18 muestra la participación de la iglesia.

   ¿Qué significa "atar y desatar"? Cuando los apóstoles o los pastores en la actualidad predican el evangelio, se convierten en el medio para la remisión de los pecados a aquellos que creen, y para la retención de los pecados a aquellos que rechazan el mensaje de Jesús. Pablo aclara el asunto en 2 Corintios 2:15-16. Busque este pasaje y entiéndalo).

Lección 46
ESTEBAN, EL PRIMER MÁRTIR CRISTIANO

I. EL SIGNIFICADO DEL NOMBRE:

Esteban significa "una corona".

II. VERSÍCULOS BÁSICOS:

Hechos 6:5-15; 7; 8:1-3; 11:19; 20:20.

III. TRASFONDO FAMILIAR:

Esteban fue uno de los siete elegidos por el pueblo para ayudar a los apóstoles. Las Escrituras no mencionan nada sobre sus antecedentes familiares, pero podemos estar seguros de su carácter por el relato bíblico dado en el libro de los Hechos.

Esteban era un *helenista*: un judío de habla griega. Era un tipo de hombre diferente. Los apóstoles eran galileos, hombres rudos y sin educación. Esteban era un hombre culto y de gran reputación. Esteban no era apóstol; no era pastor ni tampoco un ministro ordenado. Era un laico y diácono, o "siervo". El relato de su defensa del evangelio muestra el poder de un laico usado por Dios. Él fue responsable, en su testimonio y muerte, de la difusión del evangelio a los samaritanos y a los gentiles.

IV. LO QUE DICE EL NUEVO TESTAMENTO SOBRE ESTEBAN:

1. Era un hombre lleno de fe y del Espíritu Santo y poder (Hechos 6:5; Hechos 6:8).

   Esteban fue el primero de los siete diáconos seleccionados. La Biblia dice: *"Esteban, varón lleno de fe y del Espíritu Santo"* (v. 5). Era un hombre con una fe fuerte, y tal fe producía poder. Observe Hechos 6:8: *"Lleno de gracia y de poder"*. Por su fe, el poder de Dios le fue dado y realizó grandes maravillas y milagros, tal como lo había hecho Felipe. Esto causó una gran perturbación entre los judíos de habla griega en Jerusalén.

2. Esteban delante del Sanedrín (Hechos 6:9-14).

   a. Esteban habló a sus oponentes en la sinagoga de los cilicios. (Saulo, o Pablo, era de Tarso, la capital de la provincia romana de Cilicia. Los judíos de otros países tenían sus propias sinagogas en Jerusalén). En la sinagoga de los cilicios, Esteban se levantó y proclamó el mensaje de Jesucristo. Los maestros y líderes de la sinagoga discutieron con Esteban (v. 9).

   b. Esteban era un erudito, y los líderes judíos no podían sostener sus propios argumentos ni responderle debido a su sabiduría y espíritu. Lea el v. 10:

   _____

   c. Aquellos que disputaban con Esteban y su mensaje no podían igualar el poder de Dios en él. Contrataron testigos para jurar que Esteban había hablado contra Moisés y contra Dios (v. 11).

   d. Los testigos contratados y los que discutían con Esteban agitaron al pueblo, a los ancianos y a los escribas; y lo llevaron ante el concilio, que es el Sanedrín (v. 12).

   Las acusaciones eran falsas, como se lee en los vv. 13 y 14.

3. El semblante de Esteban y su defensa del evangelio (Hechos 6:15-7:50).

   a. Las falsas acusaciones contra Esteban trajeron el poder y la presencia de Dios a él. Escriba Hechos 6:15:

   _____

Dijeron que había pronunciado palabras blasfemas contra Moisés, pero Dios intervino e hizo que el rostro de Esteban pareciera el rostro de un ángel, como el rostro de Moisés cuando descendía del monte santo. Con esta vista asombrosa, el Sanedrín tuvo que preguntarle a Esteban sobre las acusaciones (Hechos 7:1).

b. Una pregunta del sumo sacerdote: "*¿Es esto así?*" (Hechos 7:1) produjo una obra maestra de los labios de Esteban. Él no había creado la confrontación entre el judaísmo y el cristianismo, pero el conflicto era inevitable. Esteban marcó la pauta de la libertad cristiana fundamental.

c. La defensa de Esteban cubrió toda la historia de los actos de Dios con la raza judía. Observe el esquema general:

   ◆ La elección temprana y la guía de Dios hacia los patriarcas (Hechos 7:2-22). Esteban destacó esto desde el inicio. Dios había guiado a Israel hacia un objetivo definido que vendría de la descendencia de Abraham.

   ◆ Habló de la resistencia repetida de Israel hacia Dios y su propósito desde los días de Moisés (Hechos 7:23-43).

Observe el v. 37: _____

_____

¡Ese versículo se refiere a Jesucristo!

   ◆ Israel no pudo ver el carácter temporal y típico del tabernáculo y del templo (Hechos 7:44-50).

Escriba el v. 49:_____

_____

Esto es una cita de Isaías 66:1-2.

4. La alegación y acusación de Esteban (Hechos 7:51-53).

   a. ¡Qué valor! Esteban dijo (y lo parafraseo): "Ustedes le dan mucha importancia al rito de la circuncisión dado a Abraham, pero son incircuncisos de corazón y alma y resisten al Espíritu Santo: como hicieron sus padres, ustedes hacen lo mismo" (véase v. 51).

   b. "Han matado al Justo, Jesús, como sus padres mataron a los profetas" (v. 52, parafraseado).

   c. "Sus padres recibieron la ley, ordenada por ángeles (véase Gálatas 3:19), y no la han guardado ni tienen la intención de guardarla" (v. 53, parafraseado).

   d. La reprimenda fue dura y cortante. Testificó como un cristiano debe testificar, sin miedo, con audacia y valentía.

   e. En su sermón, Esteban habló del carácter temporal de toda la adoración judía. El judío, que rechazó al Mesías, creía que las instituciones y los rituales dados por Moisés eran eternos; nada cambiaría. Esteban predicó que todos necesitan el perdón en Jesucristo, tanto judíos como gentiles. Jesús una vez se dirigió a las mismas personas en Mateo 23:27:

_____

5. Esteban fue martirizado por su fe (Hechos 7:54-60).

   a. La ira de la audiencia era amarga y parecía estar fuera de control. Parecían un grupo de perros rabiosos, mostrando sus dientes con enojo (v. 54).

   b. Esteban vio algo completamente diferente (v. 55). Mientras estaba frente a esa multitud enfurecida, Esteban miró al cielo y vio el cielo abierto. Escriba el v. 55:

_____

Este es el único lugar en la Biblia donde el Señor ascendido está de pie. En todos los demás lugares de las Escrituras está sentado a la diestra de Dios. El Señor Jesús se puso de pie para recibir a su primer mártir. Se levantó en honor a un laico, no a un apóstol o una persona notable; solo un laico lleno del Espíritu.

c. Esteban le dijo al Sanedrín lo que vio en la gloria (v. 56). Él expresó, para que todos pudieran escuchar, lo que vio (v. 55).

d. La reacción de la multitud fue de ira total. No podían soportar escuchar más del laico cristiano. Observe los vv. 57-58:

Tan grande era su enojo que no consultaron a ninguna autoridad, ni siquiera al gobernador romano. Agarraron a Esteban, lo sacaron de la ciudad y, como era costumbre en las ejecuciones judías, pasaron por lo que *ahora* se llama la Puerta de San Esteban en el lado oriental hacia el Valle de Cedrón. Allí, lo arrojaron desde una altura de aproximadamente tres metros, lanzándole dos grandes piedras. Luego, la multitud tuvo la oportunidad de recoger piedras y apedrear al criminal. Era su costumbre, y así fue como murió Esteban.

e. A los criminales se les daba la oportunidad de confesar su crimen antes de ser arrojados al Valle de Cedrón. Mientras hacían una pausa para la confesión de Esteban, escucharon su declaración en el v. 59:

Los testigos, aquellos que habían mentido y lo habían acusado, colocaron sus vestiduras a los pies de un joven llamado Saulo. **No olvide este hecho.**

f. Las últimas palabras de Esteban fueron palabras de testimonio y convicción. Lea el v. 60:

Él oró por sus asesinos y *"durmió"*. "Dormir" es la manera cristiana de describir la muerte física de un cristiano. Dormimos en Jesús, como lo hizo Esteban.

6. La influencia de Esteban nunca morirá (Hechos 8:1, 3; 22:19-20).

a. Presenciando el asesinato de Esteban estaba un joven llamado Saulo. Lea Hechos 7:58. Ahora lea Hechos 8:1:

(Escriba solo la primera parte del versículo).

b. Hechos 8:3 indica que este Saulo era el líder en la persecución de la Iglesia. Pero algo extraño sucedió como resultado de la muerte de Esteban: Saulo había dado consentimiento a su muerte y el Espíritu Santo le dio convicción. Después del evento, cada vez que Saulo estaba solo, el llamado de Esteban estaba en sus pensamientos. En el siguiente capítulo, en Hechos 9, Jesús le dijo a Saulo en el v. 5: *"Dura cosa te es dar coces contra el aguijón* [deshacerte de tu conciencia o convicción]".

c. Saulo nunca vio morir a un hombre como Esteban. En Hechos 22:19-20, Pablo vuelve a relatar su conversión. Observe lo que dice sobre Esteban. Subraye los vv. 19-20.

d. Esteban fue sepultado, y una gran tristeza sobrevino a quienes lo amaban. Lea Hechos 8:2:

Gracias a su vida y testimonio, el evangelio fue predicado a los samaritanos y los gentiles. A causa de la muerte y el testimonio de Esteban, Saulo (Pablo) creyó y se convirtió en apóstol, el gran predicador y escritor de las epístolas paulinas del Nuevo Testamento.

V. EL USO DEL ANTIGUO TESTAMENTO EN REFERENCIA A ESTEBAN:

1. Compare Hechos 6:8 con Miqueas 3:8.

2. Hechos 6:15 remite a Éxodo 34:30:

    _____

3. Hechos 7:3 se refiere a Génesis 12:1:

    _____

4. Hechos 7:2-50 se puede rastrear hasta el Antiguo Testamento.

5. Hechos 7:33 se refiere a Éxodo 3:5 y Josué 5:15. Escriba Josué 5:15:

    _____

6. Hechos 7:37 se refiere a Deuteronomio 18:15 y también Deuteronomio 8:18. Subraye en su Biblia.

    _____

7. Hechos 7:49 se refiere a Isaías 66:1-2. Escriba la idea principal en Isaías:

    _____

    _____

VI. LAS LECCIONES QUE DEBERÍA APRENDER DE ESTEBAN:

1. Un hombre lleno de fe tiene poder con Dios y con la gente. Esteban fue un ejemplo perfecto.

2. Conocer la Palabra de Dios produce convicción incluso a los "religiosos". Esteban conocía bien la Palabra, como se indica en Hechos 7.

3. Un laico martirizado causó la difusión del evangelio. Tenemos los escritos de Pablo hoy debido al fiel testimonio de Esteban.

4. Nunca deberíamos temer la crítica o incluso la persecución por causa de Cristo. La crítica es un signo seguro de éxito en la obra del Señor.

5. Una persona no muere cuando muere. La influencia perdura. Esteban sigue viviendo hoy en nosotros, en la Palabra, en millones de personas que han leído el relato de su fe en la Palabra de Dios.

6. Un laico y no un apóstol, ni un papa, ni un predicador sino un laico, fue el primer mártir cristiano. Jesús se levantó para recibirlo. Qué gran honor. Jesús le dio importancia al trabajo de los laicos.

RECUERDE:

1. ¿Qué es un *helenista*?

2. ¿Qué tenía de único Esteban?

3. ¿Qué hizo que los líderes de la sinagoga se enojaran tanto?

4. ¿Era Esteban como los apóstoles?

5. ¿Cómo mostró el Señor su aprobación de Esteban?

6. ¿Cuál es su impresión de Esteban ahora? Escriba sus propias impresiones.

SU SIGUIENTE TAREA:

1. Lee Hechos 9–28; Romanos 7:15-25; 2 Corintios 4; Gálatas 1:10-24; 3; Efesios 4. Si tiene un tiempo de lectura limitado, asegúrese de leer la parte de Hechos.

2. El próximo estudio será sobre el apóstol Pablo.

3. Repase sus notas sobre Esteban.

4. Subraye en su Biblia las nuevas verdades que aprendió.

Lección 47
PABLO, EL APÓSTOL

I.   EL SIGNIFICADO DEL NOMBRE:

Pablo significa "pequeño" (su nombre gentil).

Saulo significa "pedido", "demandado" (su nombre judío).

II. VERSÍCULOS BÁSICOS:

Hechos 9–28; Romanos 7:15-25; 2 Corintios 4; Gálatas 1:10-24; 3; Efesios 4; 2 Timoteo 4.

III. TRASFONDO FAMILIAR:

Saulo era su nombre judío. Lo utilizó hasta Hechos 13:9, cuando se le llama Pablo. Algunos piensan que esto se debió a la conversión de Sergio Paulo, el procónsul romano de la provincia romana de Chipre. Es más probable que él siempre tuviera ambos nombres, como la mayoría de los judíos. Lucas introdujo su nombre gentil, Pablo, cuando comenzó su trabajo entre los gentiles, y este es el hecho importante a recordar sobre el cambio de nombre.

Pablo era un helenista, un judío de habla griega. Nació en Tarso, la capital de Cilicia (Hechos 21:39). Era de la tribu de Benjamín (Filipenses 3:5). Fue criado en la estricta observancia de la fe hebrea. Era fariseo e hijo de un fariseo (Hechos 23:6). Nació como ciudadano romano, y esto se volvió importante en la obra del Señor (Hechos 22:25-30).

Pablo fue enviado a Jerusalén a una edad temprana y estudió allí bajo uno de los maestros más eruditos y distinguidos: *Gamaliel*. Le enseñaron de acuerdo estrictamente con la ley de los padres (Hechos 22:3). Gamaliel era famoso por su aprendizaje rabínico. Era un fariseo que entendía algo de la cultura griega y era ideal como maestro del joven Pablo. Creció como un ardiente fariseo que creía en la resurrección, los ángeles y otros fundamentos de la fe.

Con el tiempo, el fariseísmo se convirtió en algo completamente diferente. Se convirtió en una religión externa. Los fariseos hicieron cambios y añadieron a lo que Moisés había escrito. Con el tiempo, estos cambios se convirtieron en "tradición", lo cual nuestro Señor reprendió en Mateo 15:1-7.

El joven Saulo tenía un trasfondo inusual. Era ciudadano romano, judío de la tribu de Benjamín y fariseo. Tuvo una estricta formación religiosa en Jerusalén y fue circuncidado como parte de la relación del pacto. Su oficio era fabricante de tiendas. Su trasfondo tuvo una profunda influencia en su vida posterior.

IV. LO QUE DICE EL NUEVO TESTAMENTO SOBRE PABLO:

(Nota del autor: cubrir un tema tan vasto en una lección sería como verter un océano en un vaso. Hablaremos de los puntos más destacados en la vida de Pablo, con la esperanza de que usted haga un estudio personal en profundidad sobre él).

1. Pablo aparece por primera vez en las Escrituras en la muerte de Esteban (Hechos 7:58; 8:1-3).

    a. Estuvo presente en la lapidación de Esteban (Hechos 7:58). Dio consentimiento a su muerte y observó a Esteban morir (Hechos 7:59–8:1). Para él, Esteban era un enemigo acérrimo de la fe hebrea. Pablo, en su mente, pensó que el martirio de Esteban era correcto. En su corazón sabía que nunca había visto a un hombre morir como murió Esteban. Murió orando para que Dios perdonara a quienes lo mataban. Eso quedó en la mente y la conciencia de Pablo.

    b. Fue el principal perseguidor de la Iglesia (Hechos 8:1, 3).

Pablo pensaba que su deber era perseguir a los cristianos. Escriba Hechos 8:3:

_____

_____

Ahora, subraye Hechos 26:9-11, palabras del propio Pablo.

2. La conversión de Pablo, creyente en Jesús (Hechos 9:3-19).

a. Pablo, cuando iba de camino a Damasco para castigar a los cristianos, vio una gran luz del cielo y cayó al suelo. Entonces escuchó una voz que lo llamaba por su nombre: *"Saulo, Saulo, ¿por qué me persigues?"* (v. 4).

Jesús se identificó a sí mismo en el v. 5, diciendo: *"Yo soy Jesús, a quien tú persigues; dura cosa te es dar coces contra el aguijón* [tu conciencia]". Lo que Pablo había visto en la muerte de Esteban y otros cristianos había llegado a su alma, y sintió convicción por su fe en la muerte. A eso se refería Jesús en el v. 5.

b. El punto de inflexión en su vida se encuentra en Hechos 9:6: *"Señor, ¿qué quieres que yo haga?"*. Finalmente se quebró. Se convirtió en un hombre diferente. Realmente temblaba. Sus ayudantes estaban allí.

El Señor le dijo que fuera a Damasco y allí recibiría instrucciones.

c. Estuvo ciego durante tres días. Tampoco comió (v. 9).

d. El Señor envió a Ananías a Pablo. Él obedeció y Pablo fue sanado, bautizado y lleno del Espíritu de Dios (vv. 10-19). Observe especialmente el v. 15:

_____

Pablo reafirmó su experiencia de conversión en Hechos 22:1-16 y en Hechos 26:9-18. Lea los tres relatos.

3. Pablo comenzó su ministerio como apóstol (Hechos 9:15; 1 Corintios 15:8-9).

a. Inmediatamente comenzó a predicar en Damasco. Fue tan exitoso que los judíos intentaron matarlo, pero sus seguidores lo bajaron por un muro en una cesta y escapó (Hechos 9:20-25).

Observe Hechos 9:20: _____

_____

b. Era apóstol porque había visto a Cristo (1 Corintios 15:8-9). Pablo fue un apóstol *"como a un abortivo"* (v. 8). Escriba el v. 9:

_____

_____

c. En lugar de ir a Jerusalén, fue a Arabia y luego regresó a Damasco (Gálatas 1:17). Después de su regreso a Damasco, Pablo subió a Jerusalén para ver a Pedro y se quedó allí quince días (Gálatas 1:18; Hechos 9:26-29). Los cristianos en Jerusalén le tenían miedo debido a su vida anterior. Bernabé creyó en Pablo y lo llevó ante Pedro y Santiago, y les contó la conversión de Pablo. Luego Pablo predicó a sus viejos amigos: los judíos de habla griega en Jerusalén. Hay que comparar el relato en Gálatas 1 y Hechos 9 para ver los eventos en orden.

4. El propósito de Dios fue revelado a Pablo (Hechos 22:17-21; Hechos 11:19-26).

a. Mientras Pablo estaba en Jerusalén tuvo una visión del Señor, quien le dijo que su misión sería a los gentiles (Hechos 22:17-21). Observe que se refiere a la muerte de Esteban en el v. 20.

Luego, en el v. 21, su misión: _____

    b.   Esa misión comenzó cuando la iglesia de Jerusalén envió a Bernabé a Antioquía.

         Aquellos que habían sido dispersados después de la muerte de Esteban comenzaron a predicar. Se necesitaba ayuda en Antioquía.

         Bernabé se fue a Tarso para encontrar a Pablo. Fueron a Antioquía y predicaron y enseñaron durante un año (Hechos 11:19-26). Observe la última frase del v. 26: *"Y a los discípulos...*

_____

         (Nota: esta Antioquía estaba en Siria. Había otra Antioquía en Pisidia).

    c.   El propósito de Dios para Pablo, como se indica, era predicar a los gentiles y difundir el evangelio hasta los confines del mundo.

    d.   La mayor revolución en la fe cristiana ocurrió en Antioquía. Por primera vez, el evangelio fue predicado directamente a adoradores de ídolos griegos y fueron salvos.

5.   El llamado de Pablo y su primer viaje misionero (Hechos 13:2–14:28).

    a.   El llamado por el Espíritu Santo se encuentra en Hechos 13:2:

_____

    b.   El primer viaje misionero fue para alcanzar a las personas y establecer iglesias. Solo se puede cubrir un vistazo rápido. Bernabé y Pablo fueron desde Antioquía, en Siria, a:

           Seleucia (ciudad portuaria de Antioquía, Hechos 13:4) y navegaron a...

           Chipre (donde predicaron en Salamina y Pafos, Hechos 13:5-6); a...

           Perge en Panfilia (Hechos 13:13). Juan Marcos los dejó allí; a...

           Antioquía en Pisidia, donde predicaron mucho (Hechos 13:14-50); a...

           Iconio (Hechos 13:51), una multitud dividida (Hechos 14:4); a...

           Derbe (Hechos 14:6); a...

           Listra (Hechos 14:8-19), y luego regresaron a Derbe, Listra e Iconio (Hechos 14:20-21), y de nuevo a Pisidia, Perge, y ordenaron ancianos en todas las iglesias (Hechos 14:23-25). Luego navegaron a...

           Antioquía en Siria, su punto de partida (Hechos 14:26-28).

    c.   El Concilio de Jerusalén (Hechos 15:1-35).

         El Concilio fue convocado en Jerusalén para responder a la pregunta: ¿puede un hombre convertirse en cristiano confiando en Jesús, o también debe cumplir la ley de Moisés, como la circuncisión? (véase Hechos 15:1, 5). Pedro conocía la voluntad de Dios y defendió a Pablo y Bernabé. Habló en favor de la libertad cristiana (Hechos 15:7-11). Santiago, presidiendo la conferencia, declaró la decisión (Hechos 15:19-27). La decisión fue que los gentiles no estaban bajo la ley. Los gentiles debían mostrar gracia al no ofender a los judíos piadosos (Hechos 15:28-35). *La decisión está explicada en Gálatas 2:7-9.* Pedro, Santiago y Juan debían predicar a los judíos. Pablo y Bernabé debían predicar a los gentiles. Lea Gálatas 2:9:

_____

6.   El segundo viaje misionero de Pablo (Hechos 15:36–18:22).

a. Pablo y Bernabé discreparon sobre llevar a Juan Marcos en el segundo viaje. Bernabé tomó a Marcos y fue a Chipre. Pablo tomó a Silas (Hechos 15:36-41).

b. El viaje para establecer iglesias y predicar los llevó:

A través de **Siria** y **Cilicia** (Hechos 15:41); luego regresaron a **Derbe** y **Listra** (donde encontraron a Timoteo, Hechos 16:1); después a **Frigia** y **Galacia**, descendiendo hasta **Troas** (Hechos 16:6-8). En **Troas**, un hombre en una visión los llamó a **Macedonia** (Hechos 16:9), y Lucas se unió a ellos en el v. 10, usando *"nosotros"*. Desembarcaron en **Neápolis** (ahora en Europa, Hechos 16:11), luego fueron a **Filipos**, donde fundaron una iglesia y fueron perseguidos (Hechos 16:11-40), después a **Tesalónica** (Hechos 17:1-9). Lucas se quedó en **Filipos**. Observe *"ellos"*. Luego viajaron a **Berea** (Hechos 17:10-14), después Pablo fue solo a **Atenas** (Hechos 17:15-34) y luego a **Corinto** (Hechos 18:1-22), donde fundó una iglesia y fue juzgado. (Escribió 1 y 2 Tesalonicenses desde Corinto).

c. El resultado de este viaje fue el establecimiento del cristianismo en Europa. Este fue un paso de gigante para cumplir el plan del Señor en Hechos 1:8.

7. El tercer viaje misionero de Pablo (Hechos 18:23–21:14).

a. Pablo visitó las iglesias de Galacia y luego fue a Éfeso. Allí pasó tres años. Toda la provincia romana de Asia escuchó la Palabra de Dios desde su viaje a Éfeso (Hechos 19). El alboroto en Éfeso lo llevó a regresar a las iglesias de su segundo viaje. Cuando llegó a Mileto, el puerto al sur de Éfeso, llamó a los ancianos de la iglesia y les habló grandes verdades doctrinales (Hechos 20:17-38). Observe especialmente los vv. 21, 27-28, 31-32.

b. El Espíritu Santo advirtió a Pablo que no fuera a Jerusalén, así que se quedó en casa de Felipe (Hechos 21:4-9). Se le dijo por segunda vez que no fuera a Jerusalén (Hechos 21:10-13), pero fue de todos modos (Hechos 21:14-17). Esto concluyó sus viajes misioneros.

¿Por qué hablar de todo ese material? Porque si Pablo no hubiera emprendido esos viajes y abierto el evangelio a Europa y Asia, no tendríamos iglesias en el mundo occidental tal como las conocemos.

8. El sufrimiento de Pablo nos dio doctrina (Hechos 21:27–28:31).

a. Incluso en Jerusalén tuvo que defender la fe (Hechos 21:27–23:11).

Observe que dio un fuerte testimonio de su conversión (Hechos 22:1-21).

Fue llevado ante el Sanedrín por predicar el evangelio, donde hizo que los fariseos y saduceos discutieran entre ellos (Hechos 23:1-9).

Escriba el versículo de gracia en Hechos 23:11: _____

_____

b. Pablo fue enviado a Cesarea para comparecer ante Félix (Hechos 23:23–24:27). Permaneció allí dos años en prisión, y entonces Festo sucedió a Félix como procurador o gobernador de Roma.

c. Pablo compareció ante Festo, Herodes Agripa II y Berenice (Hechos 25:6–26:32). Pablo tuvo que defender su caso ante Festo y luego ante el rey Agripa II (el primer Agripa en Hechos 12 decapitó a Santiago). Nuevamente predicó usando su testimonio. Observe Hechos 26:28:

_____

d. Fue enviado a Roma (Hechos 27 y 28).

El Señor le había dicho que daría testimonio de Él en Roma (Hechos 23:11). Los cristianos que ya estaban en Roma lo encontraron en la Vía Apia (Hechos 28:15). Durante este encarcelamiento, Pablo escribió la carta a los Filipenses. También escribió Filemón, Colosenses y Efesios.

e. Después de dos años, es cierto que fue liberado. No se pueden ubicar las Epístolas Pastorales (1 y 2 Timoteo y Tito) en el libro de Hechos. Después de su liberación en Roma, regresó a Éfeso y dejó a Timoteo allí (1 Timoteo 1:3). Fue a Creta y dejó a Tito (Tito 3:12). Después de esto, fue arrestado nuevamente en o cerca de Dalmacia y llevado de regreso a Roma.

Nerón estaba entonces en el poder, y se agradaba de matar cristianos. Alguien delató a Pablo y fue encarcelado en la prisión Mamertina en Roma.

Sabemos que Pablo escribió 2 Timoteo en Roma poco antes de su muerte. La tradición afirma que fue decapitado.

f. Los escritos de Pablo nos dan la interpretación doctrinal de la obra y la Palabra de nuestro Señor. Él expone doctrinas fundamentales de las Escrituras, como que la salvación está en la justificación del pecador por el Padre, sobre la base de la expiación de Cristo. Los salvos, entonces, son participantes de todas las bendiciones espirituales.

Su teología es enfáticamente la teología de la gracia. Interpretó al Mesías hebreo para el mundo gentil.

Él escribió:

- Romanos — desde Corinto. Tema: en Cristo, *justificación*.
- 1 Corintios — desde Éfeso. Tema: en Cristo, *santificación*.
- 2 Corintios — desde Filipos. Tema: en Cristo, *consolación*.
- Gálatas — desde Corinto. Tema: en Cristo, *liberación*.
- Efesios — desde Roma. Tema: en Cristo, *exaltación*.
- Filipenses — desde Roma. Tema: en Cristo, *regocijo*.
- Colosenses — desde Roma. Tema: en Cristo, *completitud*.
- 1 Tesalonicenses — desde Corinto. Tema: en Cristo, *traslado*.
- 2 Tesalonicenses — desde Corinto. Tema: en Cristo, *exhortación*.

En estas epístolas a las iglesias Pablo nos dice cómo organizar y conducir nuestras iglesias.

El libro de Hebreos es exactamente eso: una carta a los hebreos. Siempre se cuestiona su autoría, pero a partir de la evidencia en las Escrituras y solo leyendo la epístola, un laico puede ver la influencia y autoría de Pablo. Observe Hebreos 10:34; Hebreos 13:24; Hebreos 13:18-19.

9. El ministerio incomparable de Pablo (2 Timoteo 4).

¿Cómo se explica el maravilloso ministerio de Pablo? ¿Fue todo ello tan solo muchos viajes y geografía? Él iba, predicaba unos días o meses, y dejaba allí una iglesia vigorosa, como en Filipos y Tesalónica. ¿Cómo se explica eso? Todas nuestras iglesias de todas las creencias tienen misioneros y trabajan durante años, incluso toda una vida en un lugar. Pueden ganar uno o mil, o construir una iglesia o una escuela. Es muy difícil explicar la diferencia.

Hay un propósito soberano y electivo de Dios que no se puede explicar con palabras. Dios hace las cosas a su manera con sus siervos cuando Él decide. Así que tomó a Pablo, y la única explicación se encuentra en Hechos 9:15.

Pablo resumió su vida en 2 Timoteo 4.

V. EL USO DEL ANTIGUO TESTAMENTO POR PARTE DE PABLO:

1. Cada epístola está llena de referencias del Antiguo Testamento. Pablo había estudiado bajo Gamaliel. Era un hebreo de la tribu de Benjamín. Conocía bien el Antiguo Testamento y lo usaba hábilmente para interpretar a Jesucristo y la gracia de Dios.

2. Solamente es necesaria una de las cartas de Pablo para ver la profundidad y la forma en que usó el Antiguo Testamento. Simplemente lea la carta a los Gálatas. Qué profundidad, qué tesoros, qué verdades se encuentran en esta epístola.

   (No daremos referencias específicas).

VI. LAS LECCIONES QUE DEBERÍA APRENDER DE PABLO:

1. Pablo había sido un hebreo de hebreos. El Señor transformó a Pablo en un instrumento escogido. Nosotros, los creyentes, fuimos escogidos igual que Pablo. El hecho de que seamos escogidos se basa en nuestro libre albedrío para aceptar a Jesús en nuestros corazones.

2. Un testimonio de valentía, como la muerte de Esteban, deja una impresión en aquel que no cree.

3. Pablo comenzó a predicar inmediatamente. A menudo demoramos nuestro servicio y testimonio. La mayor herramienta de Satanás en la iglesia es "demora, postergación, espera".

4. Pablo viajó y fundó iglesias en Europa y Asia. Fue el apóstol de los gentiles. América debería honrar su nombre por la forma en que Dios lo usó para ir a los gentiles.

5. La enseñanza y doctrina de la gracia de Dios de Pablo se encuentran en las epístolas que escribió.

6. La voluntad soberana y el propósito de Dios son difíciles de explicar en términos humanos, pero fáciles en términos espirituales.

RECUERDE:

1. ¿Cuál era el trasfondo de Pablo?

2. ¿Qué hizo a Pablo un instrumento especial escogido por Dios?

3. ¿Qué hizo a Pablo un apóstol?

4. ¿Quién fue el primer compañero de Pablo?

5. ¿Cuál fue la gran decisión del Concilio de Jerusalén?

6. ¿Dónde pasó Pablo sus últimos días y qué hizo?

SU SIGUIENTE TAREA:

1. Lea Hechos 4:32-37 y capítulos 11–15; Gálatas 2:1-18.

2. El próximo estudio será sobre Bernabé, una gran influencia en la vida de Pablo.

3. Repase su estudio sobre Pablo.

4. Subraye en su Biblia las nuevas verdades que aprendió.

   (Nota: los maestros necesitarán un mapa para el estudio en clase. Los estudiantes encontrarán un mapa del ministerio de Pablo en la parte posterior de la mayoría de las Biblias. Para las doctrinas y enseñanzas de Pablo, estudie *A través de la Biblia en un Año*, lecciones del 34 a 46).

Lección 48
BERNABÉ

I. EL SIGNIFICADO DEL NOMBRE:

Bernabé significa "hijo de profecía o exhortación".

II. VERSÍCULOS BÁSICOS:

Hechos 4:32-37 y capítulos 11–15; Gálatas 2:1-18.

III. TRASFONDO FAMILIAR:

Bernabé era un levita de la tierra o isla de Chipre. Poseía tierras en Chipre. En aquellos tiempos habría sido un hombre rico e influyente. Chipre era una zona rica que producía vino, aceites, higos, miel y trigo. La Escritura no da una referencia de su origen o familia, aparte del hecho de que era un levita.

IV. LO QUE DICE EL NUEVO TESTAMENTO SOBRE BERNABÉ:

1. La gran generosidad de Bernabé (Hechos 4:32-37).

    a. Influenciados por la emoción y la felicidad de convertirse en cristianos, y la estela de Pentecostés, muchos hombres renunciaron a sus posesiones y las entregaron a los apóstoles (vv. 34-35).

    b. Bernabé, así llamado por los apóstoles, se destacó por encima de todos debido a su gran riqueza. Subraye Hechos 4:36 y escriba el v. 37:

    _____

    Su gran generosidad hacia la difusión del evangelio habla de su carácter cristiano. Estaba dispuesto a dar todo lo que poseía para ayudar a los apóstoles en su ministerio.

2. Bernabé creyó en Pablo y defendió su conversión (Hechos 9:26-29).

    a. Los discípulos en Jerusalén tenían miedo de Pablo y no podían creer que este hombre, de entre todos los hombres, hubiera recibido a Jesús en su corazón. Escriba Hechos 9:26:

    _____

    Simplemente no podían creer que Saulo de Tarso fuera un discípulo de Jesucristo. Su pasado estaba muy fresco en sus recuerdos. Había perseguido a los creyentes y se había convertido en el hombre más temido y odiado en toda Jerusalén.

    b. Solo Bernabé tendió su mano para ayudar a Pablo. Entre todos los creyentes, Bernabé fue el único que creyó en el testimonio de conversión de Pablo en el camino a Damasco. Se regocijó en el hecho de que un hombre como Pablo hubiera encontrado la misma gracia salvadora que él y otros creyentes. Uno de los versículos más importantes de las Escrituras en referencia a Bernabé se encuentra en Hechos 9:27:

    _____

    c. Bernabé llevó a Pablo ante los apóstoles y les contó sobre su conversión. Si Bernabé no hubiera hecho nada más, merecería nuestro agradecimiento y admiración. Usó su influencia con los discípulos y apóstoles porque creyó en Pablo y se hizo su amigo. Como resultado, Pablo se convirtió en un invitado de honor en cualquier función o en cualquier hogar. Pero fue Bernabé quien primero abrió su corazón y su mano a Pablo.

3. Pablo visitó la casa de Pedro (Gálatas 1:18-19).

   a. Bernabé había hecho un buen trabajo por Pablo. Llevó a Pablo a ver a los apóstoles, y se quedó con él hasta que fue aceptado. Bernabé era un hombre grande, espiritualmente hablando. Dio un paso al lado y Pedro, un pilar en la iglesia, recibió a Pablo.

   b. Pablo registró el hecho en Gálatas 1:18:

   _____

   Pablo se quedó con Pedro durante quince días. También vio a Jacobo, otro pilar de la iglesia, el cual jugaría un papel importante en el ministerio de Pablo. Subraye Gálatas 1:19.

4. Bernabé enviado a la iglesia en Antioquía (Hechos 11:19-23).

   a. La escena ahora se traslada a Antioquía, en Siria. Algunos de los creyentes, que se dispersaron debido al martirio de Esteban, dejaron Jerusalén para dar testimonio. Habían llegado a Antioquía, la tercera ciudad más grande del Imperio romano y la residencia del gobernador romano de Siria.

   b. En Hechos 11:19 algunos que iban a Fenicia (el Líbano moderno), a Chipre y Antioquía predicaron solo a los judíos. Subraye el v. 19.

   c. Sin embargo, aquellos que eran de Chipre y Cirene hablaron a los griegos (en este contexto se refiere a griegos puros, en lugar de judíos de habla griega). En Antioquía existía una colonia judía muy grande. Sin embargo, la ciudad era principalmente gentil y griega, y esos recién llegados predicaron el evangelio directamente a los gentiles. Ellos creyeron y se convirtieron. Escriba Hechos 11:20-21:

   _____

   _____

   (Para mayor edificación, consulte *The Wycliffe Bible Commentary*, así como *Acts, an Exposition*, de W. A. Criswell).

   Esos nuevos conversos nunca habían sido judíos; eran gentiles que habían salido del culto idolátrico griego y habían sido salvos.

   d. Esta nueva empresa fue tan exitosa, que la iglesia en Jerusalén eligió a Bernabé para ir a Antioquía y examinar las condiciones allí. Su selección de Bernabé fue otro ejemplo de su alta estima por este buen hombre. Subraye o marque Hechos 11:22.

   Él debía supervisar y confirmar la obra, como Pedro y Juan habían supervisado la nueva obra en Samaria (Hechos 8:14-17).

   e. Bernabé dio ánimo y exhortó a los nuevos cristianos a ser fieles (Hechos 11:23). Su nombre indica su don de exhortación.

5. Bernabé tuvo un gran ministerio en Antioquía (Hechos 11:24-30).

   a. Las tres gracias dadas a Bernabé también dan la clave de su perspicacia y sabiduría espiritual. Observe Hechos 11:24:

   _____

   Después de mencionar la gracia de Dios, *"una gran multitud fue agregada al Señor"* (v. 24).

   b. Bernabé estaba tan espiritualmente en sintonía con las obras del Espíritu Santo en Antioquía, que supo que necesitaba ayuda. Lidiar con todas las preguntas doctrinales de tantas personas que habían aceptado a Cristo era demasiado para un solo hombre. Bernabé sabía que solamente un hombre se equiparaba al gran desafío en Antioquía, y ese hombre era Pablo; por lo tanto, fue a Tarso a buscarlo. Observe Hechos 11:25:

_____

_____

Observe: *"Y a los discípulos se les llamó cristianos por **primera** vez en Antioquía"* (v. 26).

c. Bernabé encontró a Pablo y lo llevó a Antioquía. Allí pasaron un año trabajando en la iglesia y enseñando la Palabra de Dios a los nuevos cristianos. Escriba Hechos 11:26:

_____

_____

d. La iglesia en Antioquía envió ayuda a la iglesia en Jerusalén, que estaba sufriendo por una hambruna. Pablo y Bernabé fueron enviados para llevar la ofrenda (Hechos 11:27-30). Los dos regresaron a Antioquía con Juan Marcos (Hechos 12:25).

6. Bernabé y Pablo fueron separados por el Espíritu Santo (Hechos 13:1-3).

a. La iglesia en Antioquía fue instruida por el Espíritu Santo para apartar a Bernabé y Pablo para una obra especial. Observe Hechos 13:2:

_____

b. La iglesia reconoció el llamado, oraron, los apartaron y los enviaron a lo que se conoce como "el primer viaje misionero" (véase Hechos 13:3). Lea todo Hechos 13. Observe especialmente los vv. 46-52.

7. Bernabé y Pablo enviados al Concilio de Jerusalén (Hechos 15:1-34).

a. La iglesia en Jerusalén escuchó sobre el mensaje de Pablo y Bernabé. El mensaje estaba dirigido directamente a los gentiles y era un mensaje de gracia. Algunos en la iglesia en Jerusalén argumentaron que la circuncisión y el cumplimiento de la ley eran necesarios para la admisión en la iglesia. No creían que las personas pudieran ser salvas de entre los gentiles confiando en Cristo. Así, se convocó el concilio en Jerusalén para resolver la cuestión (Hechos 15:1-5).

b. El apóstol Pedro defendió el evangelio de la gracia (Hechos 15:7-11). Observe la declaración de Pedro en el v. 7 y subráyelo.

c. Bernabé y Pablo hablaron de la obra del Espíritu Santo entre los gentiles (Hechos 15:12).

d. Jacobo, el oficial presidente del concilio, dio el veredicto (Hechos 15:13-35). El veredicto de Jacobo declaró que los gentiles eran libres. Escriba Hechos 15:19:

_____

Subraye Hechos 15:24 en su Biblia.

El relato dado por Pablo en Gálatas 2 es una historia interna de los resultados en Jerusalén. El versículo clave es Gálatas 2:9:

_____

Desde Jerusalén, Bernabé y Pablo regresaron a Antioquía.

8. La disputa entre Bernabé y Pablo (Hechos 15:36-41).

a. Pablo propuso un segundo viaje misionero (Hechos 15:36). Bernabé quería llevar a Juan Marcos, quien los había dejado en su primer viaje cuando llegaron al continente de Asia Menor y había regresado a Antioquía. A Pablo no le gustó esa inestabilidad y se negó a llevar a Juan Marcos (Hechos 15:37-38).

    b. La disputa fue fuerte entre ellos (Hechos 15:39). Bernabé y Pablo se separaron y Bernabé tomó a Marcos y navegó hacia Chipre. Pablo eligió a Silas y comenzó su segundo viaje misionero (Hechos 15:40-41). Recuerde que Juan Marcos era sobrino de Bernabé (Colosenses 4:10).

9. El afecto entre Bernabé y Pablo no cesó.

    a. Pablo habló de Bernabé en tres de sus epístolas. El lazo que los unía era Cristo. Pablo no podía permitir que un asunto personal destruyera su admiración por Bernabé. Observe 1 Corintios 9:6 y subráyelo en su Biblia.

Ahora mire Gálatas 2:1:_____

_____

    Lea nuevamente Gálatas 2:9.

    b. Pablo habló bien de Juan Marcos: la causa de la disputa.

Observe 2 Timoteo 4:11: _____

_____

    No se nos revela cómo pasó Bernabé el resto de sus días. No aparece más en las Escrituras.

V. EL USO DEL ANTIGUO TESTAMENTO EN REFERENCIA A BERNABÉ:

1. Hechos 11:26 es una referencia a Isaías 62:1-2:

_____

2. Hechos 13:46-47 es una referencia a Isaías 42:6:

_____

3. Hechos 15:1 se refiere a Levítico 12:3. Subráyelo en su Biblia.

4. Hechos 15:16-17 se refiere a Amós 9:11-12:

_____

5. Bernabé y Pablo predicaron el propósito de Dios a través de Israel y usaron las Escrituras del Antiguo Testamento para demostrar su punto. Todo Hechos 13 es un buen ejemplo.

VI. LAS LECCIONES QUE DEBERÍA APRENDER DE BERNABÉ:

1. Fue generoso cuando la obra del Señor necesitaba avanzar.

2. Ofreció su corazón y su mano a alguien que era odiado, como Pablo. Eso fue el cristianismo en acción.

3. Bernabé puso su propia reputación en juego al apoyar a Pablo ante los discípulos y apóstoles. Cambió la marea a favor de Pablo.

4. Tenía las cualidades de un caballero cristiano. *"Era varón bueno, y lleno del Espíritu Santo y de fe"* (Hechos 11:24).

5. Vio la mano de Dios sobre Pablo y fue a buscarlo para que tomara la posición de líder. Debido a que Bernabé hizo eso, Pablo se convirtió en un gigante en la fe.

6. Bernabé nunca tuvo celos. Carecía de toda envidia. Se hizo a un lado y dejó que Pablo liderara el camino. Todas estas son características de la verdadera vida cristiana. Deberíamos aprender de ellas.

RECUERDE:

1. Bernabé era un _____ de _____.

2. ¿Qué hizo Bernabé para mostrar su devoción por el Señor?

3. Cuando todos los demás huyeron o le dieron la espalda, ¿qué hizo Bernabé por Pablo?

4. ¿Qué es algo grande que hace que Bernabé se destaque en nuestras mentes?

5. ¿Cuáles eran algunas de sus cualidades?

6. ¿Qué causó la disputa entre Bernabé y Pablo? ¿Perduró?

SU SIGUIENTE TAREA:

1. Lea Hechos 16–17; 20; 1 Tesalonicenses 3:1-8; 1 Timoteo 4:14; 2 Timoteo 1; 3–4; 1 Corintios 4:17; 2 Corintios 1:19.

2. El próximo estudio será Timoteo, el "hijo en la fe" de Pablo.

3. Repase su estudio de Bernabé.

4. Subraye en su Biblia las nuevas verdades que aprendió.

Lección 49
TIMOTEO,
"EL HIJO EN LA FE" DE PABLO

I. EL SIGNIFICADO DEL NOMBRE:

Timoteo significa "honrado de Dios".

II. VERSÍCULOS BÁSICOS:

Hechos 16–17; 20; 1 Tesalonicenses 3:1-8; 1 Timoteo 4:14; 2 Timoteo 1; 3–4; 1 Corintios 4:17; 2 Corintios 1:19.

III. TRASFONDO FAMILIAR:

Timoteo creció en Listra. Era hijo de Eunice, una judía, y su padre era griego (Hechos 16:1). Su padre probablemente falleció cuando Timoteo era muy joven. Vivía en un hogar que amaba junto a su madre Eunice y su abuela Loida. Ambas mujeres eran judías cristianas. Timoteo tenía una buena reputación en Listra y recibió un buen reporte de los hermanos allí. Pablo deseaba que Timoteo formara parte de su ministerio.

IV. LO QUE DICE EL NUEVO TESTAMENTO SOBRE TIMOTEO:

1. La influencia de la infancia de Timoteo (2 Timoteo 1:5; 3:14-17).

   a. Pablo conocía el trasfondo del joven Timoteo. Obtenemos un vistazo de sus primeras influencias en la carta de Pablo a su hijo en la fe. Lea 2 Timoteo 1:5:

   _____

   b. Timoteo fue enseñado en las Escrituras desde temprana edad en su hogar, por su madre y su abuela. Lea y subraye 2 Timoteo 3:14, y escriba el v. 15:

   _____

   c. Desde niño, Timoteo fue enseñado en las Escrituras. Pablo afirma la importancia de aprender las Escrituras en su famosa declaración al joven Timoteo en 2 Timoteo 3:16:

   _____

2. Timoteo fue el *"hijo en la fe"* de Pablo (1 Timoteo 1:2).

   a. Durante el segundo viaje misionero de Pablo, descubrió a Timoteo y lo invitó a unirse al ministerio. Como Timoteo tenía un padre griego, Pablo lo circuncidó para silenciar a los muchos judíos que conocían a Timoteo (Hechos 16:1-3). Desde ese momento, Timoteo fue el ayudante fiel de Pablo.

   b. Era el hijo en la fe de Pablo, como se indica en 1 Timoteo 1:2:

   _____

   También 2 Timoteo 1:2: _____

   _____

3. Timoteo fue ordenado para el ministerio (1 Timoteo 4:14).

   a. Timoteo fue apartado, u ordenado, para el ministerio del evangelio. Subraye 1 Timoteo 4:14.

Escriba 2 Timoteo 1:6: _____

_____

    b.   Entre muchos dones, tenía el don de evangelismo. Lea 2 Timoteo 4:5:

_____

4.   Timoteo acompañó a Pablo en su trabajo (Hechos 17:14).

    a.   Sin duda, Timoteo salió de Listra en Hechos 16:4-5 y acompañó a Pablo a través de Galacia, hasta Berea. Lea Hechos 17:14 y subráyelo. En el siguiente versículo, Pablo envió un mensaje para que Silas y Timoteo lo siguieran a Atenas. Luego envió a Timoteo a Tesalónica.

    b.   En 1 Tesalonicenses 3:1-2 Pablo da cuenta de que Timoteo fue enviado a esa iglesia. Mire el v. 2:

_____

       Timoteo no se reunió nuevamente con Pablo hasta que Pablo llegó a Corinto. Después de que Pablo salió de Atenas, fue a Corinto. Allí, Silas y Timoteo se unieron a él (Hechos 18:5).

    c.   Timoteo permaneció con Pablo en Corinto. Lea 1 Tesalonicenses 1:1:

_____

Y 2 Tesalonicenses 1:1: _____

_____

       Pero estos versículos fueron escritos a la iglesia en Tesalónica, podría usted decir. Sí, pero fueron escritos desde Corinto, y Pablo menciona que Silvano (es decir, Silas) y Timoteo están con él.

    d.   Timoteo fue enviado a Corinto para ocuparse de algunos problemas en la iglesia. Esto ocurrió durante el ministerio de tres años de Pablo en Éfeso, así que Timoteo fue enviado de regreso. Su tarea era delicada.

Lea 1 Corintios 4:17: _____

_____

       Si desea conocer los problemas que enfrentaba Timoteo, lea 1 Corintios 4–5.

    e.   En Hechos 20:4 se menciona a Timoteo como parte del grupo que escoltó a Pablo en el regreso de su tercer viaje hacia Jerusalén. La Escritura no indica que Timoteo fue a Jerusalén con Pablo. El silencio en la Escritura habla con fuerza. Parecería que Timoteo estuvo en Jerusalén parte del tiempo para conocer y entender la persecución de Pablo.

    f.   No se menciona a Timoteo durante el encarcelamiento de Pablo en Cesarea ni en su viaje a Roma.

5.   Timoteo estuvo en Roma con Pablo durante su primer encarcelamiento (Filipenses 1:1; Colosenses 1:1).

    a.   Evidentemente, Timoteo siguió a Pablo a Roma. Dado que era el amigo más cercano de Pablo, Timoteo llegó de alguna manera. Sabemos este hecho por dos de las epístolas de la prisión escritas por Pablo.

    b.   Busque Filipenses 1:1:

_____

La carta escrita a Filipos desde Roma menciona que Timoteo está con Pablo. ¿Cómo sabemos que están en Roma y encarcelados? Lea Filipenses 4:22 y subráyelo.

Había algunos cristianos incluso en la casa de César. Pablo y Timoteo estaban allí.

   c.   Lea Filipenses 2:19-22 y escriba la verdad central:

_____

   d.   Vaya a Colosenses 1:1:

_____

Timoteo estaba con Pablo cuando escribió esta epístola. Después, Pablo usa *"nosotros"* en su escritura. Observe Colosenses 4:18 y leerá: *"Acordaos de mis prisiones"*. Las palabras nos dicen dónde estaba Pablo, así como Colosenses 4:3:

_____

6.   Timoteo recibió dos de las epístolas pastorales (1 y 2 Timoteo).

   a.   Timoteo estaba sirviendo a la iglesia en Éfeso cuando Pablo le escribió esta primera epístola (1 Timoteo 1:3). Este fue un puesto de gran responsabilidad para alguien aún tan joven. Lea 1 Timoteo 4:12:

_____

(Este es un buen texto para cualquier reunión juvenil).

   b.   Pablo escribió instrucciones a Timoteo sobre el orden de la iglesia. La base de esta primera carta se encuentra en 1 Timoteo 3:15:

_____

Pablo advirtió a Timoteo sobre los falsos maestros; le dio instrucciones sobre el culto en la iglesia; las calificaciones de los oficiales de la iglesia; la conducta y la vida de un ministro.

Todo esto fue, y es, un modelo para la iglesia del Dios vivo.

   c.   Las exhortaciones personales instruyen a la iglesia hoy.

Busque y subraye 1 Timoteo 4:16; 5:21. Escriba 1 Timoteo 6:11:

_____

   d.   La carga para Timoteo era grande. Debía mantener el orden en las iglesias. Lea 1 Timoteo 6:20 y subráyelo.

Este libro, junto con 2 Timoteo y Tito, da a la iglesia actual un estándar, una guía. ¡Oh, que más iglesias enseñaran estos tres libros una y otra vez!

   e.   La segunda epístola a Timoteo fue escrita desde Roma justo antes de la muerte de Pablo.

Observe en 2 Timoteo 1:2: *"A Timoteo, amado hijo"*. Este es un libro muy personal, que contiene algunas de las verdades más profundas que Pablo jamás haya escrito.

Observe 2 Timoteo 2:1-2 y escriba el v. 2:

_____

   f.   En esta epístola final, Pablo advierte nuevamente sobre la apostasía (enseñanza falsa). En el capítulo 3, Pablo escribe una de sus mayores advertencias a la Iglesia. Lea los vv. 1-7 y luego del 11-17. Subraye el v. 16 si aún no está subrayado.

   g.   Las palabras finales de Pablo, escritas por el gran hombre de fe, están en 2 Timoteo 4. Haga que su clase o grupo lea los v. 1-9 al unísono e intenten imaginar a Pablo en prisión, listo para morir, escribiendo una obra maestra así.

7. Timoteo fue el receptor de grandes verdades de la Iglesia.
    a. Las dos cartas a Timoteo son importantes para la Iglesia hoy en día.
    Sin ellas, el orden y la organización de la iglesia serían un problema constante.
    b. La lección en estas epístolas, al leerlas por primera vez, debería ser:
        • El Señor eligió un "*instrumento escogido*" (Hechos 9:15) llamado Pablo.
        • El Señor luego colocó a Timoteo con Pablo.
        • Pablo enseñó a Timoteo cómo cuidar de las iglesias.
        • Pablo enseñó a Timoteo doctrina y cómo reprender la falsa doctrina.
        • Pablo enseñó a Timoteo acerca de la apostasía (enseñanza falsa).
    El Señor usó hombres, elegidos a través de su voluntad soberana, para entregarnos las grandes verdades de la Escritura. Timoteo es uno de esos personajes únicos del Señor.

V. EL USO QUE HACE EL ANTIGUO TESTAMENTO DE TIMOTEO:
    1. Pablo y Timoteo conocían bien el Antiguo Testamento. Estaban tratando principalmente con la iglesia. Nos referiremos solo a algunos pasajes del Antiguo Testamento usados por Pablo para Timoteo.
    2. 1 Timoteo 3:4 se refiere a Salmos 101:2:

    _____

    3. 1 Timoteo 3:6 se refiere a Proverbios 16:18:

    _____

    4. 1 Timoteo 4:14 se refiere a Deuteronomio 34:9:

    _____

    5. 1 Timoteo 5:18 se refiere a Deuteronomio 25:4:

    _____

    Encontrará otras referencias a medida que estudie.

VI. LAS LECCIONES QUE DEBERÍA APRENDER DE TIMOTEO:
    1. A cada niño se le debería enseñar la Palabra de Dios desde muy temprana edad, muy temprano.
    2. Un joven dedicado a Dios puede ser de gran ayuda e influencia al servir en una posición secundaria.
    3. Timoteo aprendió haciendo, escuchando, observando y bajo el liderazgo del Espíritu Santo.
    4. La fidelidad y la lealtad son difíciles de encontrar en nuestro tiempo. Timoteo es un buen ejemplo.
    5. El cristiano que sirve fielmente al Señor debe esperar sufrimiento y represión. Dios puede usar esas cosas para fortalecernos en la fe.
    6. Dios siempre obra a través de las personas. Timoteo es otro personaje del Señor que habla tanto a jóvenes como a mayores igualmente. Agradezcamos a Dios por su vida y ministerio.

RECUERDE:
    1. ¿Cómo se llaman la madre y la abuela de Timoteo?
    2. ¿Cuál era la nacionalidad de Timoteo?
    3. ¿Por qué fueron escritas 1 y 2 Timoteo?
    4. ¿Qué impresión le ha dejado Timoteo?
    5. ¿Cuáles eran sus dones obvios?
    6. Timoteo fue llamado el _____ de Pablo.

SU SIGUIENTE TAREA:

1. Lea Filemón; Colosenses 4.
2. El estudio de nuestra próxima sesión será sobre Filemón.
3. Repase su estudio de Timoteo.
4. Subraye en su Biblia las nuevas verdades que aprendió.

Lección 50
FILEMÓN

I. EL SIGNIFICADO DEL NOMBRE:

Filemón significa "afectuoso" o "provechoso".

II. VERSÍCULOS BÁSICOS:

Filemón; Colosenses 4.

III. TRASFONDO FAMILIAR:

Filemón era un hombre rico e influyente de Colosas. Era cristiano, ganado para el Señor por Pablo. El libro revela la bondad y misericordia de Dios hacia un pobre pecador, un esclavo, y la restauración de este a un lugar de dignidad y servicio. La carta enseña a los ministros y a todos los cristianos a no mirar con desprecio ni juzgar a ninguna persona, sin importar cuál sea su posición en la vida.

Filemón fue escrita por Pablo durante su primera prisión en Roma. Es una página invaluable en las Escrituras porque trata sobre la justicia práctica, la fraternidad cristiana, la cortesía cristiana y el amor.

IV. LO QUE DICE EL NUEVO TESTAMENTO SOBRE FILEMÓN:

1. Filemón, *"amado y colaborador"* (Filemón 1).

    a. Pablo envió la breve carta a Filemón y lo llamó *"amado Filemón, colaborador nuestro"* (v. 1). Se usó el término *"nuestro"* porque Timoteo estaba con Pablo.

    b. Pablo también incluyó a la familia de Filemón en su saludo (v. 2).

    Apia era la esposa de Filemón. Arquipo era su hijo y también el pastor de la iglesia en Colosas. Vaya a Colosenses 4:17:

    _____

    c. La iglesia se reunía en la casa de Filemón (v. 2).

    d. Pablo extiende su deseo de gracia para Filemón con las palabras familiares *"gracia y paz"* (v. 3). Estas eran las mismas palabras cariñosas que el Señor usó con los hijos de Israel en Números 6:24-26. Esta oración es una de las grandes bendiciones en la Biblia. Escriba Números 6:25-26:

    _____

2. Alabanza y oración por Filemón (vv. 4-7).

    a. La intercesión era parte de la vida de oración de Pablo. No hizo afirmaciones como en el v. 4 a la ligera o casualmente. Pablo escribió a esa iglesia en Colosas con el mismo tipo de intercesión. Lea Colosenses 1:3.

    b. Mire las palabras escritas a Filemón en el v. 5 y luego Colosenses 1:4:

    _____

    Recuerde que Colosas era el hogar de Filemón.

    c. La fe de Filemón fue testimonio de lo que Cristo había hecho por medio de él (v. 6).

    d. Los corazones de los creyentes fueron refrescados por el testimonio de Filemón (v. 7).

3. Se hizo intercesión por un esclavo (vv. 8-16).

a. Pablo era un cristiano diplomático. Ya había mencionado su intercesión por Filemón y su familia; lo había elogiado por su fe y amor por el Señor Jesús; le había hablado a Filemón acerca de su testimonio; le había mencionado la alegría que él y Timoteo tenían en el amor de Filemón porque los creyentes eran refrescados por su devoción.

b. Luego, Pablo dijo: *"Por lo cual..."*, y comenzó su intercesión por el esclavo Onésimo (v. 8). Pablo mencionó su propia audacia en Cristo, una buena característica para un cristiano. Onésimo había robado a Filemón y se había dirigido a Roma. Huyó de Filemón y cayó en manos de Pablo.

c. Pablo dio tres razones para su petición (v. 9):

   + *"Por amor"*— el amor de Filemón por Pablo.

   + *"Pablo, ya anciano"* — sus sufrimientos y persecuciones habían envejecido a Pablo.

   + *"Prisionero de Jesucristo"* — en cadenas en Roma.

d. La súplica de Pablo por Onésimo a Filemón (v. 10).

   Pablo lo llamó *"mi hijo Onésimo, a quien engendré en mis prisiones"*. No olvide que el nombre de *Onésimo* significa "provechoso".

e. Pablo conocía el significado del nombre y usó el contraste entre el "viejo hombre" y el "nuevo hombre" con Filemón (v. 11).

   "En otro tiempo te fue inútil, pero ahora a ti y a mí nos es útil". Ya que Onésimo había aceptado a Cristo, sería provechoso para Filemón, para Pablo y para Cristo.

f. Pablo tuvo que enviar de regreso a Onésimo con Filemón (vv. 12-14).

   Pablo habría querido quedarse con Onésimo, pero sintió que era responsabilidad de Filemón decidir. Pablo dijo: *"Recíbele a él como a mí mismo"* (v. 12).

   La Escritura revela que fue recibido en Colosenses 4:9:

   Onésimo había regresado a Colosas con Tíquico, quien había llevado las cartas a Colosas y Éfeso.

g. Pablo enfatizó la nueva relación entre Filemón y Onésimo porque el esclavo se había convertido en cristiano (vv. 15-16).

   Onésimo seguía siendo esclavo según la ley romana. La relación era ahora diferente. Escriba el v. 16:

   Onésimo era un *"hermano amado"* desde que había aceptado a Cristo.

4. La gloriosa ilustración de Pablo sobre la imputación (vv. 17-18).

   a. Pablo escribió a Filemón para que recibiera a Onésimo como si recibiera a Pablo mismo. Esta apelación se basaba en el ruego de Cristo al Padre, en nombre del pecador que confía en Cristo como Salvador. El pecador es recibido en el mismo estatus en que Cristo es recibido.

   b. En el v. 18 Pablo dijo: *"Y si en algo te dañó, o te debe, ponlo a mi cuenta"*. Esta es una ilustración de imputación. *Imputar* significa "atribuir la responsabilidad o culpa... acreditar a una persona o causa" (*Diccionario Merriam-Webster, 11.ª edición*).

   En términos espirituales, imputar o imputación es el acto de Dios mediante el cual Él asigna la justicia al creyente en Cristo, quien ha llevado los pecados del creyente. En otras palabras, nuestros pecados fueron puestos sobre Cristo, quien pagó el castigo; por lo tanto, debido a esa fe, *"le fue contado por justicia".* Lea Santiago 2:23:

---

5. Pablo esperaba que Filemón respondiera como cristiano (vv. 19-21).

   a. Pablo escribió de su propia mano que él mismo pagaría la deuda. En la misma frase le recuerda a Filemón todo lo que él le debía a Pablo. Pablo había ganado a Filemón para el Señor durante su ministerio en Éfeso (Hechos 19:10). Filemón le debía a Pablo cierta consideración, ya que el asunto involucraba el alma y la vida de un *"hermano amado"* (v. 16).

   b. Pablo recibiría gozo en el Señor si pudiera ver el fruto del amor cristiano en Filemón. Pablo necesitaba el gozo y el consuelo de parte de Filemón, ya que estaba en prisiones en Roma (v. 20).

   c. Pablo esperaba y confiaba en que Filemón obedecería, e incluso haría más de lo esperado. Lo dijo muy claramente en el v. 21.

6. La petición final de Pablo a Filemón (vv. 22-25).

   a. Pablo esperaba ser liberado de la prisión. A través de la oración de Filemón y otros, Pablo le dijo a su amigo que preparara su hogar para su visita (v. 22).

   b. Los últimos tres versículos son saludos de otros y una oración por Filemón (vv. 23-25).

V. EL USO QUE HACE EL ANTIGUO TESTAMENTO DE FILEMÓN:

1. Filemón 4 expresa alabanza. Toda alabanza es debida a Él como en 1 Crónicas 29:13-14.

---

2. Filemón 10 se refiere a que Onésimo fue encontrado y ganado. Lea Isaías 65:1:

---

3. Filemón 15 hace referencia a Génesis 45:5-8. Escriba Génesis 45:7:

---

4. Filemón 17 y 18 se refieren a Génesis 15:6:

VI. LAS LECCIONES QUE DEBERÍA APRENDER DE FILEMÓN:

1. Dado que Onésimo fue recibido tan bondadosamente (Colosenses 4:9), tenemos todas las razones para creer que Filemón y la iglesia lo perdonaron por todo en el pasado. No deberíamos guardar rencor en nuestros corazones, independientemente de la vida pasada de una persona.

2. Vemos el efecto del amor cristiano y la preocupación hacia alguien que podría ser un siervo, alguien con pocos bienes mundanos.

3. El Señor permitió que este pequeño libro esté en las Escrituras para que podamos aprender, de una manera real, el acto de la imputación.

4. Esta carta enseña la lección vital de que los problemas sociales se corrigen cuando el corazón se corrige.

5. Deberíamos aprender el valor de una persona, un esclavo, que huyó porque había hecho algo mal. Fue llevado providencialmente a Pablo. Su valor fue restaurado en Cristo.

6. Este pequeño libro enseña el efecto del cristianismo en el trabajo, la gestión, las relaciones comerciales en general y el espíritu de amor y justicia hacia todos.

RECUERDE:

1. ¿Qué enseña el libro de Filemón en lo práctico?
2. ¿Cuál era la posición de Filemón en la vida?
3. Filemón era de Colosas y tenía una iglesia en _____.
4. ¿Cómo mostró Pablo diplomacia al escribir a Filemón?
5. ¿Qué es la imputación?
6. ¿Quién era Onésimo? ¿Qué hizo?
7. ¿Qué aprendió usted de este estudio sobre la vida cristiana?

SU SIGUIENTE TAREA:

1. Lea Mateo 13:55; Marcos 6:3; Hechos 1:13-14; 15:13-23; 1 Corintios 15:7; Gálatas 1:19; 2:9-12; Santiago 1–5; Judas 1.
2. El próximo estudio será sobre el personaje bíblico de Santiago (o Jacobo), el hermano del Señor.
3. Repase sus notas sobre Filemón.
4. Subraye en su Biblia las nuevas verdades que aprendió.

SANTIAGO, EL HERMANO DEL SEÑOR

I.   EL SIGNIFICADO DEL NOMBRE:

Santiago significa "suplantador", igual que *Jacob*. (Santiago, o Jacobo, es el equivalente del nombre hebreo *Jacob*.

II. VERSÍCULOS BÁSICOS:

Mateo 13:55-57; Marcos 6:1-6; Hechos 1:13-14; 15:13-23; 1 Corintios 15:7; Gálatas 1:19; 2:9-12; Santiago 1–5; Judas 1.

III. TRASFONDO FAMILIAR:

Santiago era hijo de José y María. El nombre aparece aproximadamente cuarenta veces en el Nuevo Testamento y se refiere a tres hombres diferentes. Esta lección hablará sobre aquel Santiago (o Jacobo) que fue mencionado como uno de los "hermanos" de Jesús. Existen debates intensos sobre este Santiago. Algunos estudiosos piensan que es Santiago, el primo de Jesús, conocido como hijo de Alfeo. Esto, en la mayoría de los casos, es un argumento a favor de la virginidad perpetua de María. El Nuevo Testamento enseña que Jesús creció en una familia con cuatro hermanos llamados Jacobo, José, Judas y Simón, y varias hermanas. (Naturalmente, eran medio hermanos y hermanas *en la carne*). Este Santiago, de la familia de nuestro Señor, es el Santiago de nuestro estudio en esta lección.

IV. LO QUE DICE EL NUEVO TESTAMENTO SOBRE SANTIAGO:

1. Santiago estaba entre los hermanos de Jesús (Mateo 13:55).

    a. Cuando Jesús regresó a su aldea natal de Nazaret, enseñó en la sinagoga como lo había hecho en otros lugares, pero fue rechazado en su propio país. La multitud se refirió a Jesús: "*¿No es éste el hijo del carpintero? ¿No se llama su madre María?*"

    b. Lea, entonces, Mateo 13:55-56:

    _____

    Sus hermanos son nombrados y se menciona a sus hermanas. *El Santiago de este pasaje no era el hijo de Zebedeo o de Alfeo, sino el hijo de María y del carpintero José.*

    c. Marcos también registró las mismas verdades sobre la familia de Jesús. Que Marcos escribiera sobre los hermanos y hermanas de Jesús hace que sea muy importante. Marcos escribió material breve y factual. No tenía tiempo para escribir detalles, solo los hechos necesarios. Vaya a Marcos 6:1-6 y lea el pasaje. Ahora escriba el v. 3:

    _____

2. Santiago no era creyente durante la vida de Jesús (Mateo 13:57-58).

    a. Parece extraño que los *"hermanos"* (un nombre que designa a los cuatro hermanos de Jesús) no creyeran en el mesianismo de nuestro Señor durante su vida. Lea Mateo 13:57 y observe que Jesús dijo: "*No hay profeta sin honra, sino en su propia tierra **y en su casa**"*. Escriba el siguiente v. 58:

    _____

    b. Lea Juan 7:5:

    _____

    Lea todo el contexto de Juan 7:1-10. El énfasis en la incredulidad se encuentra en todo el pasaje.

c. Santiago fue testigo de la bondad y el carácter de Jesús. Vivió con Jesús en la misma casa. El impacto de Jesús sobre Santiago no se reveló hasta después de que Santiago creyó en Jesús como el Mesías.

3. Santiago fue testigo de la resurrección de Cristo (1 Corintios 15:7).

   a. Fue una manifestación especial del Señor resucitado la que cambió a Santiago. Lea 1 Corintios 15:7:

   _____

   En el v. 5 del mismo capítulo Jesús había sido visto por los doce, luego por quinientos a la vez (v. 6), luego *"apareció a Jacobo"* (v. 7), luego *"y al último de todos, como a un abortivo, me apareció a mí* [Pablo]*"* (v. 8).

   Pablo solo conocía a un Santiago a quien amaba y admiraba. Ese era el Santiago tan prevalente en los Hechos de los Apóstoles, el mismo Santiago que Pablo vio en Jerusalén después de su conversión. Busque Gálatas 1:19:

   _____

   En ese versículo, Pablo lo llama *"Jacobo, el hermano del Señor"*.

   b. Cuando Santiago vio a Jesús después de su resurrección, se transformó en discípulo y creyente.

   c. Santiago, el hermano del Señor, *no era un apóstol*.

4. Los hermanos y María estaban con los apóstoles en el aposento alto (Hechos 1:13-14).

   a. Por el pasaje sabemos que los hermanos de Jesús estaban en el aposento alto con su madre, María. Escriba Hechos 1:14:

   _____

   Nota: *"Y con María la madre de Jesús, y con sus hermanos"*. Estos son los mismos *"hermanos"* que encontrará en Mateo 12:46-50; Marcos 3:31-35; Lucas 8:19-20; Juan 2:12; 7:3-10.

   b. Santiago había visto al Señor resucitado, y luego los "hermanos" están entre los creyentes, junto con María, esperando en el aposento alto. Santiago había ido rápidamente y les había hablado sobre el Señor Jesús.

5. Santiago se convirtió en el líder de la iglesia en Jerusalén (Hechos 12:17; 15:13-34; 21:18; Gálatas 2:9-12).

   a. Desde la primera organización de la iglesia en Jerusalén, Santiago parecía ser el jefe, líder, anciano principal, pastor. Lea Hechos 12:17 y subráyelo.

   b. Santiago presidió el famoso Concilio de Jerusalén. Lea Hechos 15:13:

   _____

   Declaró el resultado final del Concilio en Hechos 15:19-34. Escriba el v. 19:

   _____

   c. Santiago era el líder de los ancianos (Hechos 21:18). Escriba:

   _____

   d. Santiago, junto con Pedro y Juan, eran pilares en la iglesia en Jerusalén. Observe Gálatas 2:9 y 12. Escriba el v. 12:

   _____

   e. En su posición, la obra de la vida de Santiago fue facilitar el paso de los judíos al cristianismo. Él se mantuvo en la misma base de fe que Pablo, como se menciona en Hechos 15:13. Así como Pablo se convirtió en todas las cosas para todos los hombres porque fue enviado a todos, Santiago se convirtió en un cristiano judío para los judíos. No creía prudente que los creyentes gentiles ofendieran a los judíos. Lea Hechos 15:19-21 nuevamente.

6. Santiago fue el autor de la Epístola de Santiago (Santiago 1:1).

   a. Santiago escribió su epístola a los cristianos hebreos. Lea Santiago 1:1:

   En este versículo, Santiago se llama a sí mismo un siervo, no un hermano del Señor Jesús. Escribió a las *"doce tribus que están en la dispersión"*. Al convertirse en cristianos, no habían dejado de ser judíos.

   b. Santiago fue probablemente la primera epístola del Nuevo Testamento, escrita alrededor del año 45 d. C.

7. Santiago, un pastor, escribió como pastor (Santiago 1–5).

   a. Santiago escribió de manera práctica y experiencial. Comenzó la escritura de esta epístola diciéndoles a los cristianos hebreos: *"Tened por sumo gozo cuando os halléis en diversas pruebas"* (Santiago 1:2).

   "La prueba de vuestra fe produce paciencia" (Santiago 1:3). A través de pruebas llegamos al punto de pedir sabiduría, y *"Dios… da a todos abundantemente… Pero pida con fe"* (Santiago 1:5-6).

   b. Santiago escribió: *"Pero sed hacedores de la palabra, y no tan solamente oidores"* (Santiago 1:22). Esto da a cada individuo un espejo, que es la Palabra de Dios, y la Palabra da libertad (Santiago 1:23-25).

   c. Santiago 2:1-13 trata sobre las actitudes hacia las personas. No debemos discriminar entre ricos y pobres en la casa de Dios.

   d. Santiago declaró que la fe es probada por las obras (Santiago 2:14-26). Usó a Abraham como ilustración. La referencia debería evitar malentendidos. La justificación de Abraham por la fe (Génesis 15:6) fue antes del sello del pacto: la circuncisión (Génesis 17:10). Su ofrenda de Isaac fue veinte años después (Génesis 22). El hombre que fue justificado por obras ya había sido justificado por la fe durante veinte años. Entonces, la *fe* justifica a la persona y las *obras* justifican la fe.

   e. Nuevamente, el práctico Santiago habló de la lengua (Santiago 3:5-10). La lengua debe ser controlada por la fe y utilizada para alabar a Dios, no para maldecirlo.

   f. Santiago habló de la actitud cristiana hacia el mundo (Santiago 4:1-10). El tema de Santiago: *"Someteos, pues, a Dios; resistid al diablo, y huirá de vosotros"* (v. 7). Este es uno de los capítulos más prácticos de la Palabra.

   g. La enseñanza de Santiago sobre la oración (Santiago 5:13-16) es una enseñanza práctica fundamental.

   (Nota: el propósito de estos puntos en el libro de Santiago es hacer que el alumno lea el libro y vea qué gran pastor y predicador fue Santiago. Sus escritos revelan su carácter y personalidad).

8. Referencias seculares a Santiago, el hermano del Señor.

   a. El historiador judío Josefo escribió sobre Santiago, y dijo que cuando Anás, el sumo sacerdote y gobernante de Jerusalén, mató a este hombre piadoso, enfureció tanto a la gente de Jerusalén que depusieron a Anás y al gobernador después de un reinado de solo tres meses. Santiago fue martirizado por la causa de Cristo.

   b. Santiago fue el gran personaje del primer siglo cristiano. Los apóstoles Juan, Pedro y Pablo mostraron respeto y deferencia hacia Santiago.

V. EL USO DEL ANTIGUO TESTAMENTO EN REFERENCIA A SANTIAGO:

1. Juan 7:2-3 es una referencia a Levítico 23:34 y Nehemías 8:14, 18:

   _____

2. Juan 7:3-5 es un cumplimiento de Salmos 69:8:

   _____

3. Hechos 15:5 se refiere a Levítico 12:3:

   _____

4. Hechos 15:29 se refiere a Génesis 9:4:

   _____

5. Santiago 1:10-11 se refiere a Isaías 40:8:

   _____

De estos pocos ejemplos podemos ver cómo el Antiguo Testamento explica el Nuevo.

VI. LAS LECCIONES QUE DEBERÍA APRENDER DE SANTIAGO:

1. Jesús creció en una atmósfera normal de un hogar. Tenía una familia de hermanos, hermanas, madre y padre adoptivo. Era humano, pero Dios en la carne.

2. Si usted hubiera estado en la posición de Santiago, ¿habría reaccionado de manera diferente hacia Jesús? Los hermanos a menudo discrepan.

3. La influencia de una persona es a menudo más efectiva con conocidos casuales. Sí, algunas personas no tienen honor en su propia ciudad natal. ¿Por qué? La gente siempre ve a la persona como "ese chico malo" o según algún otro recuerdo.

4. Toda la familia de Jesús creyó cuando Santiago testificó sobre Cristo resucitado. Sería psicológicamente difícil aceptar a un hermano mayor como el Mesías, el Hijo de Dios.

5. Santiago se convirtió en el líder de la iglesia de Jerusalén, un "puente" para el paso de los judíos al cristianismo. Fue una parte vital de la primera iglesia cristiana.

6. Santiago fue un predicador y escritor práctico. El libro de Santiago es el Proverbios del Nuevo Testamento, una experiencia de aprendizaje práctico para el creyente.

RECUERDE:

1. ¿Quién era este Santiago, el de nuestro estudio?
2. ¿Cuándo finalmente creyó Santiago en su hermano como el Mesías?
3. Este Santiago se convirtió en _____.
4. Santiago presidió el _____.
5. ¿Qué tipo de predicador era Santiago?
6. ¿Era este Santiago un apóstol?

SU SIGUIENTE TAREA:

1. Su tarea para el próximo estudio es diferente. Lea todo Gálatas, Efesios, Filipenses y Colosenses.
2. El estudio en la próxima sesión será Jesucristo, "el nombre sobre todo nombre". ¿Qué tienen que ver esos veinte capítulos con Jesús? Léalos y descúbralo por usted mismo.
3. Repase sus notas sobre Santiago.
4. Subraye en su Biblia las nuevas verdades que aprendió.

Lección 52
JESUCRISTO, EL NOMBRE SOBRE TODO NOMBRE

Esta lección será diferente. No habrá un esquema estándar como en otras lecciones. Jesús es el tema tanto del Antiguo como del Nuevo Testamento. La lección no está destinada a ser un estudio teológico completo sobre Jesús. Más bien, es un estudio simple y práctico para la gente común y los jóvenes. Será necesario buscar muchas escrituras para que recuerde las verdades principales de esta lección.

I. SUS NOMBRES:

Se atribuyen más de doscientos nombres a Jesús. Los tres más utilizados son:

Jesús, su nombre personal: *"El salvará a su pueblo de sus pecados"* (Mateo 1:21).

Cristo, su título, que significa "ungido", correspondiente al hebreo *Mashiah*: "ungido, Mesías".

Señor, su soberanía, majestad y poder. Nadie puede reconocerlo como Señor hasta que lo reciba en su corazón y su vida (Lucas 2:11). Lea Hechos 2:36:

_____

II. SU PREEXISTENCIA:

1. Jesús existía antes de venir en forma humana como un bebé en Belén. Unos pocos versículos bíblicos serán suficientes.

2. *"En el principio era el Verbo [Jesús], y el Verbo [Jesús] era con Dios, y el Verbo [Jesús] era Dios"* (Juan 1:1).

Lea Juan 1:2:_____

_____

Ahora, Juan 1:3: _____

_____

3. Jesús declaró su gloria con el Padre. Busque Juan 17:5:

_____

4. Jesús se humilló por nosotros. Lea Filipenses 2:5-8 y subraye los siete pasos descendentes desde la gloria para Jesús:

    ✦ "Siendo en forma de Dios, no estimó el ser igual a Dios como cosa a que aferrarse".

    ✦ "Sino que se despojó a sí mismo".

    ✦ "Tomando forma de siervo".

    ✦ "Hecho semejante a los hombres".

    ✦ "Se humilló a sí mismo".

    ✦ "Haciéndose obediente hasta la muerte".

    ✦ "Y muerte de cruz".

En estos versículos, Pablo habla de la preexistencia de Jesús y por qué vino a la tierra hecho semejante al hombre. Él vino a cargar con nuestros pecados.

5. Jesús existía antes de todas las cosas. Él fue creador con Dios el Padre. Vaya a Colosenses 1:15-19 y subraye el v. 16. Escriba el v. 17:

_____

_____

III. PROFECÍAS DE SU PRIMERA VENIDA:

1. La primera profecía directa de Cristo se encuentra en Génesis 3:15. Este versículo se convierte en uno de los más importantes de las Escrituras. Dios dijo a Satanás (en forma de serpiente): *"Y pondré enemistad entre ti y la mujer, y entre tu simiente y la simiente suya; ésta te herirá en la cabeza, y tú le herirás en el calcañar"*. Esto es algo muy inusual en la Biblia, porque la mujer no tiene simiente. La simiente es masculina. Este término se usa exclusivamente en referencia a Jesucristo y no a ninguna otra persona nacida. Jesús fue la simiente de la mujer y finalmente derrotaría a Satanás. Usted es la simiente de su padre. Su simiente inició su vida, su torrente sanguíneo, y le dio su nombre.

    Jesús, y solo Jesús, fue la simiente de la mujer.

2. Dios eligió una nación que produciría esa simiente. Génesis 9:26 y 11:10 dan la primera pista. Él sería descendiente de Sem. Observe Génesis 11:16, luego los v. 24-26. La nación sería la nación hebrea, más adelante llamada Israel.

    Observe Génesis 12:3; 14:13. Él sería la simiente de Abraham, el primer hebreo.

3. Él, la simiente, Jesús, vendría a través de Isaac (Génesis 17:19).

4. Él sería descendiente de Jacob (Israel) (Génesis 28:10-15).

Lea Números 24:17:_____

_____

5. Él vendría a través de la tribu de Judá (Génesis 49:10).

6. Él nacería de la casa de David y sería heredero del trono de David (2 Samuel 7:12-15). Busque Isaías 9:7 y subráyelo en su Biblia.

7. Miqueas 5:2 anunció su nacimiento en Belén.

8. Isaías 7:14 y Miqueas 5:3 anunciaron su nacimiento virginal.

9. Isaías 53:3 anunció su rechazo por su propio pueblo.

10. Salmos 22:1-21; Isaías 50:6; 53:1-12; y Zacarías 13:7 son todas profecías de su sufrimiento y muerte en la cruz.

11. Isaías 53:9. Su sepultura.

12. Salmos 16:9-10; Jonás 1:17 profetizaron su resurrección.

13. Salmos 8:5-6; 110:1 describen su ascensión al cielo.

    Estas son solo algunas de las profecías sobre su venida, su muerte y resurrección. Estas son profecías puras de hombres de Dios del Antiguo Testamento.

IV. SU ENCARNACIÓN, EL NACIMIENTO VIRGINAL:

1. La palabra *encarnación* significa "en la carne" o "en forma corporal". Jesús vino desde la gloria y tomó sobre sí la carne de la humanidad. Vino como el Hijo de Dios, la simiente de la mujer.

2. Él se hizo hombre y era Dios. Al encarnarse, dejó de lado su gloria; pero en ningún sentido dejó de ser divino. Él fue Dios-hombre.

3. Jesús nació de una virgen, Lucas 1:30-31; Mateo 1:18, 25.

4. La Palabra, Jesús, se hizo carne, se encarnó.

Lea Juan 1:14:_____

_____

5. Jesús vino a la tierra exactamente como los profetas del Antiguo Testamento habían proclamado. Gálatas 4:4 es uno de los grandes pasajes (junto con Juan 1:14) sobre su encarnación. Por favor, escriba Gálatas 4:4:

_____

_____

6. Jesús declaró su encarnación en Juan 16:28. Subráyelo en su Biblia.
7. La encarnación: *"Dios fue manifestado en carne"* (1 Timoteo 3:16).
8. Jesús, la plena revelación de la gloria de Dios, fue la imagen exacta de su persona (Hebreos 1:3).
9. Su encarnación cumplió las profecías de los profetas del Antiguo Testamento. Las profecías mencionadas en la sección anterior de esta lección, sección 3, números 1-8, han sido respondidas. Observe:
   - Génesis 3:15 cumplido en Gálatas 4:4.
   - Génesis 9:26; 11:10 cumplidos en Lucas 3:36.
   - Génesis 12:3; 14:13 cumplidos en Mateo 1:1.
   - Génesis 17:19 cumplido en Lucas 3:34.
   - Génesis 28:10-15 cumplidos en Mateo 1:2.
   - Génesis 49:10 cumplido en Mateo 1:2.
   - Isaías 9:7 cumplido en Lucas 1:32.
   - Miqueas 5:2 cumplido en Lucas 2:4-7.
   - Isaías 7:14 cumplido en Lucas 1:30-31.

   Estas escrituras verifican el hecho de que *"nunca la profecía fue traída por voluntad humana, sino que los santos hombres de Dios hablaron siendo inspirados por el Espíritu Santo"* (2 Pedro 1:21).

V. SU CUERPO, LA IGLESIA:

1. Antes de morir en la cruz, Jesús profetizó que edificaría su Iglesia (Mateo 16:18). *Iglesia* en griego es *ecclesia*, que significa "los llamados".
2. Pablo dijo: *"La casa de Dios... edificada sobre el fundamento de los apóstoles y profetas, siendo Jesucristo mismo la principal piedra del ángulo"* (Efesios 2:19-20). Ahora subraye Efesios 2:21-22.
3. La Iglesia fue un misterio oculto a los profetas de antaño, y Pablo describe el misterio en Efesios 3:1-10. Lea y subraye los vv. 5, 9-10.
4. La Iglesia es el cuerpo de Cristo. La Iglesia es la novia y Jesús es el novio. Pablo comparó la relación esposa-esposo con la de la Iglesia y Cristo. Lea Efesios 5:21-33. Escriba el v. 33:

_____

_____

5. Cada creyente es sacerdote para Dios (1 Pedro 2:5, 9-10).

   Cada miembro de su cuerpo es una piedra viva, siendo Jesús la principal piedra del ángulo. Lea 1 Pedro 2:6 y subráyelo. Escriba el v. 10:

_____

   El principal privilegio de un sacerdote es el acceso a Dios a través de un Mediador: Jesucristo (1 Timoteo 2:5).

Jesús es nuestro Gran Sumo Sacerdote (Hebreos 4:14).

VI. SU MUERTE EN LA CRUZ:

1. Jesús murió como sacrificio por los pecados del mundo. Él se convirtió en nuestro Redentor (*redención* significa "liberar o salvar pagando un precio"). Lea Marcos 10:45; 1 Corintios 6:20; Efesios 1:7. Subraye en su Biblia 1 Pedro 1:18-19 y Gálatas 3:13.

2. Jesús, en su muerte, tomó nuestros pecados y pagó el precio por el pecado (1 Pedro 3:18; 2:24-25; 2 Corintios 5:21).

Escriba Romanos 5:6: _____

_____

También Romanos 5:8: _____

_____

3. Al aceptar a Cristo y su muerte en la cruz, uno es justificado. La justificación es Dios declarando justo a un pecador sobre la base de su fe en Jesucristo. Lea Romanos 3:24, 26 y 28, y escriba el v. 24:

_____

_____

VII. SU RESURRECCIÓN:

1. La resurrección de Jesucristo es la piedra angular de la fe cristiana y prueba su deidad: quién Él es (Hechos 2:24).

2. La resurrección fue la victoria sobre el pecado y la muerte (1 Corintios 15:54-57).

3. Cristo resucitó para ser cabeza de la Iglesia (Efesios 1:20-23).

4. Él fue resucitado para nuestra justificación. Lea Romanos 4:24-25 y escriba el v. 25:

_____

_____

5. La resurrección asegura nuestra fe y nuestra victoria final en Él (1 Corintios 15:14, 17, 25-26). Escriba solo el v. 17:

_____

6. Jesús siempre habló de la resurrección cuando habló de su muerte.

Observe esto en Mateo 16:21: _____

_____

También en Mateo 17:22-23: _____

_____

También en Lucas 9:22; Marcos 9:30; Mateo 20:19.

7. Prueba de su resurrección (1 Corintios 15:6).

Hay al menos 17 apariciones de Cristo después de su resurrección registradas en las Escrituras. Fue visto, reconocido y conversó con muchas personas. Aquí se presentan solo algunos de los pasajes: Mateo 28:9-10; Marcos 16:12-13; 16:14; Lucas 24:34, 36-43; Juan 20:11-17, 26-29; 21:1-23; 1 Corintios 15:5-7.

VIII. SU ASCENSIÓN:

1. Jesús habló de su ascensión (Juan 14:2-3).

Jesús, hablando con los once, dijo: "*Voy, pues, a preparar lugar para vosotros. Y si me fuere y os preparare lugar, vendré otra vez, y os tomaré a mí mismo, para que donde yo estoy, vosotros también estéis*".

En el mismo capítulo, Jesús les dijo que no los dejaría huérfanos. El Espíritu Santo sería enviado por el Padre, en el nombre de Jesús. Él vendría para enseñar toda verdad (Juan 14:16, 17, 26).

Nuevamente en Juan 14:28, Jesús dijo que se iba.

2. La ascensión marcó el fin de su ministerio terrenal (Marcos 16:19; Lucas 24:50-51; Hechos 1:9-11).

Lea Hechos 1:9: "*Y habiendo dicho estas cosas, viéndolo ellos, fue alzado, y le recibió una nube que le ocultó de sus ojos*".

v. 10: "*Se iba*".

v. 11: "*Que ha sido tomado [recibido] de vosotros al cielo*".

Él les había prometido, en el v. 8, el poder del Espíritu Santo.

3. Jesús está a la diestra de Dios, un lugar de señorío universal (Hechos 7:55-56).

Vaya a Efesios 1:20: _____

_____

También a Colosenses 3:1, y subráyelo.

Otras referencias sobre su posición en la gloria son: Hebreos 1:3; 10:12, 1 Pedro 3:22.

4. Su obra presente a la diestra del Padre (Romanos 8:34).

Él es nuestro Sumo Sacerdote (Hebreos 8:1). Él está allí para los creyentes, "*viviendo siempre para interceder por ellos [nosotros]*" (Hebreos 7:25).

Lea Hebreos 2:17: _____

_____

Oramos en el nombre de Jesús. Él intercede por nosotros ante el Padre. Él es nuestro Abogado. Lea Romanos 8:34:

_____

5. Su obra presente en la tierra está indicada en muchas escrituras.

Él está obrando en su Iglesia y está con su Iglesia "*todos los días, hasta el fin del mundo*" (Mateo 28:20). Lea Mateo 28:19-20; Juan 10:10; 14:18, 20.

Su obra actual es la formación, llamando a un pueblo para formar su cuerpo: la Iglesia.

XI. SU SEGUNDA VENIDA (Juan 14:3).

1. El mismo Jesús vendrá otra vez de la misma manera que ascendió al cielo.

Lea Hechos 1:11: _____

_____

2. Jesús se fue y dijo que volvería (Juan 14:3).

3. Jesús vendrá por su novia (1 Tesalonicenses 4:13-18). Lea esa escritura y escriba el v. 16:

_____

Observe: "*el Señor **mismo***". Él viene, literalmente.

4. Él vendrá en las nubes, así como ascendió en las nubes.

Lea Apocalipsis 1:7: _____

_____

También 1 Tesalonicenses 4:17, y subráyelo. Él estará vestido con las vestiduras de Dios.

5. Él vendrá como Rey (Mateo 25:31, 34).

Se sentará en el trono de su gloria como se indica en el v. 31:

_____

6. Él vendrá en poder y gloria (Mateo 24:27-31).

Mateo 24 debería ser leído y estudiado. La venida de Jesús será literal, tan literal como su ascensión, su resurrección y su muerte.

7. Deberíamos esperar su aparición (2 Timoteo 4:8).

Lea Tito 2:13: _____

_____

8. Entonces se cumplirá Apocalipsis 22:20:

_____

"Amén; sí, ven, Señor Jesús".

X. OTROS NOMBRES DE JESÚS

- *Emanuel* — Isaías 7:14
- *Maravilloso Consejero* — Isaías 9:6
- *Dios Fuerte* — Isaías 9:6
- *Príncipe de Paz* — Isaías 9:6
- *El Renuevo* — Zacarías 6:12
- *El último Adán* — 1 Corintios 15:45

Hay muchos nombres para Jesús. Estos son los más familiares para la mayoría de la gente.

Al cerrar este estudio de personajes bíblicos, su conocimiento de Jesucristo debería aumentar en su corazón. Desde la primera profecía de Jesús en Génesis 3:15 hasta Apocalipsis 22:20, el propósito supremo ha sido revelar cómo Dios utiliza a las personas para cumplir su voluntad y su propósito.

Comenzamos el estudio con el primer Adán y concluimos con el segundo Adán, los únicos dos hombres creados sin pecado. El primero era "terrenal" y el segundo era "celestial". Entre estos dos encontramos el registro de Dios del pecado del hombre y su plan de salvación ofrecido a todos a través de su Hijo, el segundo Adán.

En las cincuenta y dos lecciones, que cubren sesenta y un personajes, usted ha sido testigo de cómo Dios obra de maneras misteriosas en vidas y naciones. Él sigue siendo el mismo. Si usted es parte de su cuerpo, ahora debería estar listo para el servicio. Si no es cristiano, la redención depende de la aceptación personal del Redentor.

"Cosas que ojo no vio, ni oído oyó, ni han subido en corazón de hombre, son las que Dios ha preparado para los que le aman" (1 Corintios 2:9). ¡Amén!

ACERCA DEL AUTOR

El Dr. Alan B. Stringfellow (1922–1993), maestro de la Biblia y ministro del evangelio durante más de cuatro décadas, se especializó en educación cristiana. Preocupado por la dificultad que la mayoría de las personas experimentan para entender la Biblia, se propuso redactar un curso de estudio que proporcionara a los creyentes más conocimiento y una mayor apreciación de la Palabra de Dios.

Entre las obras del Dr. Stringfellow se encuentran *Un análisis profundo del libro de Isaías, Un análisis profundo del libro de Apocalipsis, Un análisis profundo del libro de Daniel, A través de la Biblia en un año* y *Grandes verdades de la Biblia.* Todas están diseñadas para laicos, para ser enseñadas por laicos con la ayuda de esquemas sencillos, pero efectivos.

Veterano de la Marina de los Estados Unidos en la Segunda Guerra Mundial, el Dr. Stringfellow se formó en el Seminario Teológico Bautista del Suroeste en Fort Worth, Texas. Fue pastor en la Iglesia Bautista de Travis Avenue en Fort Worth; en la Primera Iglesia Bautista de West Palm Beach, Florida; en la Primera Iglesia Bautista de Fresno, California; y en la Primera Iglesia Bautista de Van Nuys, California.